大学生沟通与礼仪

主　编　张　辉　夏　英
副主编　陈金花　杨婵容

电子工业出版社
Publishing House of Electronics Industry
北京·BEIJING

内 容 简 介

本书由沟通篇和礼仪篇两部分组成。沟通篇主要包括沟通概述、语言沟通系统与非语言沟通系统、自我沟通、沟通障碍、沟通艺术；礼仪篇主要包括礼仪概论、个人形象礼仪、社交礼仪、职场礼仪、宴请礼仪。

本书的内容紧跟时代步伐，融科学性、实用性和创新性于一体，注重吸收相关领域最新研究成果，采用多种视角，对人际交往中的沟通的理论、方法、技巧和礼仪的知识、内涵、规范做了较为全面的讲解和分析。在内容的编排上，本书重视理论与知识，重视实践与应用，书中精心挑选并讲述了一些实际案例，将理论与实际紧密结合，以期达到生动、直接、即时可用的效果，帮助学生将理论知识应用于实践之中，为将来的学习、生活和择业、就业做好充分的准备。

本书既可以作为普通高等院校礼仪与沟通方面课程的教材，也可以作为相关读者的自学参考用书。

未经许可，不得以任何方式复制或抄袭本书之部分或全部内容。
版权所有，侵权必究。

图书在版编目（CIP）数据

大学生沟通与礼仪 / 张辉，夏英主编. -- 北京：电子工业出版社，2024.9. -- ISBN 978-7-121-48787-3

Ⅰ.G645.5

中国国家版本馆 CIP 数据核字第 20246MP155 号

责任编辑：李　双
印　　刷：中国电影出版社印刷厂
装　　订：中国电影出版社印刷厂
出版发行：电子工业出版社
　　　　　北京市海淀区万寿路 173 信箱　邮编：100036
开　　本：787×1092　1/16　印张：14.75　字数：358 千字
版　　次：2024 年 9 月第 1 版
印　　次：2024 年 12 月第 2 次印刷
定　　价：48.80 元

凡所购买电子工业出版社图书有缺损问题，请向购买书店调换。若书店售缺，请与本社发行部联系，联系及邮购电话：（010）88254888，88258888。
质量投诉请发邮件至 zlts@phei.com.cn，盗版侵权举报请发邮件至 dbqq@phei.com.cn。
本书咨询联系方式：qiyuqin@phei.com.cn。

前　言

礼仪是人类文明的标志之一，是一个国家社会文明、道德风尚、风俗习惯的反映，也是个人道德修养的外在表现。中国有礼仪之邦的美称，礼仪文明是中华民族优秀文化的重要组成部分。

古人云：国尚礼则国昌，家尚礼则家大，身有礼则身修，心有礼则心泰。

孔子曰：不学礼，无以立。

习近平总书记指出："要认真汲取中华优秀传统文化的思想精华和道德精髓，大力弘扬以爱国主义为核心的民族精神和以改革创新为核心的时代精神，深入挖掘和阐发中华优秀传统文化讲仁爱、重民本、守诚信、崇正义、尚和合、求大同的时代价值，使中华优秀传统文化成为涵养社会主义核心价值观的重要源泉。"

礼仪文化是中国传统文化的核心内容之一，其中蕴含着中国传统文化价值观念的思想精华和道德精髓，因此，科学地阐述中国礼仪文化的思想内涵，分析其价值取向及行为规范，将中国礼仪文化融入社会主义核心价值观的培育和践行之中，以礼仪文化教育促进社会主义核心价值观教育，就是把价值观教育落小、落细、落实的具体实践。

随着社会的快速发展，人们的社会交往日益频繁，礼仪作为联系、沟通、交往的桥梁，显得更为重要。礼者，敬人也。我们既要尊重别人，也要尊重自己。现代社会是一个注重仪表的文明社会，从一个人的整体形象，不仅能看出这个人的审美水平、文化素养、综合素质，更能体现他对别人的尊重。

沟通是人与人之间交流思想、传递信息的桥梁，是人类社会赖以生存和发展的根本手段之一，是形成良好人际关系的润滑剂，是建立彼此信任的良方，是促进理解和协作的基础，是解决问题、冲突的有效途径，也是促进个人和组织发展的重要素养。对于大学生而言，树立沟通意识，积极学习并灵活运用沟通技巧，是适应社会发展、实现自我价值的必由之路。

礼仪和沟通是相互关联、相互促进的两个方面。在实际生活中，我们需要不断学习和实践，提升自己的礼仪修养和沟通技巧，建立和谐的人际关系，共同创造健康美好的和谐社会。

为了帮助学生掌握沟通与礼仪的基本知识和技能，满足学校相关课程的教育、教学需要，我们组织了长期从事相关领域工作的教师和专家编写了本书。

本书由沟通篇和礼仪篇两部分组成。沟通篇主要包括沟通概述、语言沟通系统与非语言沟通系统、自我沟通、沟通障碍、沟通艺术；礼仪篇主要包括礼仪概论、个人形象礼仪、社交礼仪、职场礼仪、宴请礼仪。

本书的内容紧跟时代步伐，融科学性、实用性和创新性于一体，注重吸收相关领域最新研究成果，采用多种视角，对人际交往中的沟通的理论、方法、技巧和礼仪的知识、内涵、规范做了较为全面的讲解和分析。在内容的编排上，本书重视理论与知识，重视实践与应用，书中精心挑选并讲述了一些实际案例，将理论与实际紧密结合，以期达到生动、直接、即时可用的效果，帮助学生将理论知识应用于实践之中，为将来的学习、生活和择业、就业做好充分的准备。

本书由张辉、夏英担任主编，参与编写工作的还有陈金花、杨婵容、崔明月、贾超、沈中印。在编写本书的过程中，张晓明、袁林等提供了很大的帮助，在此表示衷心的感谢。另外，本书参考了部分教材及文献资料，在此一并向相关作者表示诚挚的感谢。

由于编者水平有限，书中难免存在不妥和疏漏之处，敬请广大读者批评指正。

编者

2024 年 8 月

目 录

第一篇 沟 通 篇

第一章 沟通概述 ... 3
第一节 沟通概论 ... 4
一、沟通的定义 ... 4
二、沟通的基本内容 ... 5
三、沟通的特征 ... 10
四、沟通的类型 ... 11
第二节 沟通过程 ... 13
一、沟通过程 ... 13
二、沟通要素 ... 14
第三节 沟通与人生 ... 17
一、沟通是生存的需要 ... 17
二、沟通是心理的需要 ... 18
三、沟通是社会人际关系的需要 ... 19
四、沟通是学习的需要 ... 19
五、沟通是自我工作环境的需要 ... 19
六、沟通是构建和谐家庭的需要 ... 20
七、沟通是决策的需要 ... 21

第二章 语言沟通系统与非语言沟通系统 ... 24
第一节 语言沟通系统 ... 24
一、语言沟通的类型 ... 25
二、语言沟通的基本要求 ... 26
三、交谈的技巧 ... 29
第二节 非语言沟通系统 ... 36
一、非语言沟通的作用和特点 ... 36
二、非语言沟通的类型 ... 38
三、非语言沟通的主要形式 ... 39

第三章 自我沟通 ... 51
第一节 自我沟通与自我认识 ... 52
一、自我沟通 ... 52
二、自我认识 ... 53

第二节　自我情绪管理 54
　　　　一、情商 54
　　　　二、情绪管理 55
　　第三节　大学生自我认知与就业 59
　　　　一、性格 60
　　　　二、能力 61
　　　　三、自我定位与就业 65
　　　　四、就业误区 67

第四章　沟通障碍 70
　　第一节　语言障碍 71
　　　　一、语音差异造成隔阂 71
　　　　二、语义不明造成歧义 72
　　　　三、专业术语或行业暗语造成误解 73
　　第二节　观念障碍 74
　　第三节　角色障碍 75
　　　　一、年龄不同形成的代沟 75
　　　　二、行业不同形成的行沟 76
　　　　三、职位不同形成的位沟 76
　　第四节　个性心理障碍 77
　　　　一、自卑心理 77
　　　　二、嫉妒心理 79
　　　　三、恐惧心理 81
　　　　四、报复心理 82
　　　　五、逆反心理 84
　　　　六、猜疑心理 85

第五章　沟通艺术 92
　　第一节　倾听的艺术 93
　　　　一、倾听概述 93
　　　　二、主动倾听 94
　　　　三、专注倾听的技巧 96
　　第二节　人际沟通风格及技巧 98
　　　　一、人际沟通风格的作用 98
　　　　二、人际沟通风格的类型及其沟通技巧 99
　　第三节　说服的艺术 104
　　　　一、说服的定义 104
　　　　二、说服的技巧 105

第二篇 礼 仪 篇

第六章 礼仪概论 113
第一节 礼仪的起源和发展 114
一、礼仪的起源 114
二、礼仪的发展 115
第二节 礼仪的概念及特征 116
一、礼仪的概念 116
二、相关概念的辨析 117
三、礼仪的基本特征 118
第三节 礼仪的作用与学习方法 118
一、礼仪的作用 119
二、提高礼仪修养的方法 121

第七章 个人形象礼仪 124
第一节 仪容修饰 125
一、化妆礼仪 125
二、发型修饰 130
三、不可忽视的其他细节 133
第二节 仪态举止 134
一、体姿 134
二、表情语 140
第三节 仪表服饰 143
一、仪表服饰的重要内涵 144
二、着装原则 145
三、职业男性着装 147
四、职业女性着装 150
五、礼服 151

第八章 社交礼仪 154
第一节 相识礼仪 155
一、问候礼仪 155
二、称呼礼仪 157
三、介绍礼仪 160
四、握手礼仪 163
五、常见的其他见面礼 166
第二节 拜会礼仪 169
一、拜访礼仪 169
二、待客礼仪 171

三、馈赠礼仪 174
第三节　通联礼仪 178
　　一、电话礼仪 178
　　二、其他礼仪 180

第九章　职场礼仪 186

第一节　常用公务礼仪 187
　　一、办公室礼仪 187
　　二、公务迎送礼仪 190
第二节　会议礼仪 192
　　一、会议准备与筹划阶段的礼仪 192
　　二、会议进行阶段的礼仪 195
　　三、会议结束阶段的礼仪 196
第三节　求职礼仪 197
　　一、求职准备礼仪 198
　　二、求职面试的基本礼仪 201
　　三、面试后必备礼仪 209

第十章　宴请礼仪 213

第一节　宴会的筹备 214
　　一、宴请的几种常见形式 214
　　二、宴请安排 215
　　三、宴会的席位安排 216
　　四、宴会的现场布置和餐具摆放 217
　　五、宴会菜单确定和酒水安排 218
第二节　用餐礼仪 219
　　一、应邀 219
　　二、仪表服饰 219
　　三、入席 220
　　四、中式进餐礼仪 220
　　五、西式进餐礼仪 221
第三节　酒水礼仪 223
　　一、饮酒礼仪 223
　　二、茶道礼仪 225
　　三、饮咖啡礼仪 227

第一篇 沟通篇

第一章　沟通概述

【学习目的】

（1）了解沟通的定义。
（2）掌握沟通的基本内容。
（3）熟悉沟通的基本特征。
（4）熟悉沟通的过程及其分类。
（5）理解沟通的价值。

【课程导入】

　　随着飞机、高铁等现代交通工具的普及，家长带孩子出行变得日益频繁。然而，孩子在旅途中的吵闹有时会影响其他乘客休息，引发一些不愉快的冲突。尽管有些家长以孩子天性活泼为由进行辩解，但社会普遍对此持批评态度。

　　值得称赞的是，一些家长采取了更为负责任的措施。例如，太原的王女士在带宝宝乘坐飞机时，担心宝宝哭闹影响到其他的乘客，提前准备了小礼物送到乘客们手里，希望他们能多多理解，这份周到和体贴不仅让同机乘客赞不绝口，也赢得了网友的盛赞。在山东日照到江苏无锡的高铁上，一位妈妈怕孩子无聊，打扰到其他乘客，用投影仪给孩子放无声版动画片。对此，许多网友纷纷感叹："这位妈妈有素质""家长、孩子都有素质，这是本来该有的样子""有素质的家长总是能预判问题，并能提前解决问题"。

　　一项调查显示，暑期出行乘高铁遇到孩童吵闹，65.5%的受访者认为必要时可友善提醒家长，但要避免言行过激；50.1%的受访者建议直接向乘务员求助，请乘务员出面处理；41.2%的受访者建议准备好耳机、耳塞等物品，减小被干扰的概率。

　　沟通在我们的生活中扮演着至关重要的角色，它是我们不可或缺的日常需求。作为人类社会进步的基石，沟通促进了相互理解、合作与共同发展。它不仅是人际关系中的润滑剂，也是建立信任、推动理解与协作的关键，更是解决冲突和促进个人及组织成长的重要技能。因此，我们应该主动树立沟通的意识，努力掌握沟通的知识与技巧。

第一节　沟通概论

一、沟通的定义

沟通是一个外来词语，译自英文的"Communication"，其拉丁词根"Communis"，原意为"分享"或"建立共识"。

对于沟通的定义，可以说是众说纷纭、莫衷一是。

★沟通是用任何方法，彼此交换信息，它包括个人与个人之间通过视觉、符号、电话、电报、收音机、电视或其他媒介进行信息交换的过程。

——《大英百科全书》

★沟通是文字、文句或消息的交流，思想或意见的交换。

——《韦氏大词典》

★沟通是人与人之间、人与群体之间思想与感情的传递和反馈的过程，以求思想达成一致和感情的通畅。

——百度百科

总体来说，将沟通的定义归纳起来可以分为以下四类。

（1）影响说。这类定义强调沟通的结果，将沟通视为一个影响双方的过程，即通过沟通，信息的发送者和接收者相互产生影响。

（2）交流说。这类定义突出了沟通的双向性，认为沟通是一个有来有往的互动过程。在有效的沟通中，不仅信息的传递是必要的，接收者对所接收信息的反馈也是必要的。

（3）共享说。这类定义强调沟通的作用，认为沟通本质上是满足人们对信息共享的需求。在这个过程中，信息的发送者和接收者共同参与信息的分享。

（4）符号说。许多传播学者将沟通视为信息符号在人们之间的流动过程，强调了沟通中符号的使用和理解对信息传递的重要性。

行为学者将沟通定义为一个涉及信息传递和理解的动态过程，包括以下几个要点。

（1）主体是两人或两人以上的团体。

（2）沟通过程主要是信息的传递。

（3）沟通通常是有目的的。

综上所述，沟通是人们在交往过程中，借助共享的语言与非语言系统，在知识、观点、情感、愿望、态度、观念等方面进行传递、交换的社会行为过程。

二、沟通的基本内容

沟通是我们在日常生活中必备的技能，它能帮助我们解决许多实际问题，促进个人成长、组织发展与社会和谐。其本质在于通过多种方式将信息清晰、准确地传递给他人，同时确保这些信息被正确理解和接受，从而达到相互理解、形成共识或解决问题等目的。有效的沟通要求我们充分了解对方，主动适应对方，清晰、准确地表达自己的意思；善于倾听，保持耐心与尊重，注重反馈与确认，注意运用和关注非语言沟通。

正如管理大师德鲁克所言："一个人必须知道该说什么、什么时候说、对谁说，以及怎么说。"这强调了沟通的策略性。根据不同的沟通对象、内容和情境，选择合适的沟通策略至关重要。

很多人对沟通存在认知偏差，认为它不过是简单的语言或非语言交流。然而，有效的沟通远不止于此，它要求沟通双方对沟通的基本内容有清晰的认识。我们通常将这些基本内容归纳为六个方面，即"6W"，下面对"6W"分别进行介绍。

1. Why（为什么）

"为什么"，即沟通的目标（目的），是沟通活动的核心。这一目标是沟通的精髓，指导着沟通的计划、准备和实施的每一个环节。缺乏明确目标的沟通很容易偏离预定轨道，导致资源浪费和效果不佳。

没有明确的沟通目标，我们难以评估沟通是否达到了预期的效果，或是否偏离了沟通的初衷。当沟通缺乏清晰的目标时，信息的发送者可能会传递出混乱、模糊或不明确的信息，导致接收者只能依靠个人经验和沟通场景来推测信息的意图，从而极易导致沟通误差或沟通失败。另外，不同的沟通目标通常需要采取不同的沟通方式和行为，自然也会产生不同的沟通效果。

确定沟通目标是沟通过程中的关键步骤，它不仅至关重要，而且往往具有挑战性。我们经常讲的"与虎谋皮"就是一个沟通目标不恰当的典型例子。

确定沟通目标的首要任务是了解沟通各方的底线，包括他们的理解能力、态度转变的可能性、行动能力及意愿的范围。沟通目标应与接收者的认知能力相匹配。例如，对两三岁孩子的教育目标应适应他们的发展阶段，避免超出其理解范围。向幼儿传达抽象的教育目标可能无效，但使用他们喜欢的小零食或玩具作为奖赏来激励他们背一首唐诗宋词则是有效果的。

在大多数社交活动中，摸清沟通各方的底线并非易事。这要求我们在沟通过程中保持专注，全身心投入，通过观察、倾听和分析来了解对方的意图和态度。我们可以通过话题试探等方法来逐步揭示对方的立场和需求，这就要求沟通双方具有根据实际情况不断调整沟通目标的能力与技巧。

在沟通的过程中，需要区分主动沟通方、被动沟通方和对等沟通方。主动沟通方是指在沟通过程中事先经过计划、具有明确沟通目标的一方。被动沟通方是指事先没有计划，也没有明确的沟通目标，只是被动卷入沟通过程的一方。一般来说，主动沟通方在沟通中处于有利的地位，但有时也会遭到被动沟通方的拒绝。对于主动沟通方而言，只要他能够避免被另一方完全终止沟通，就可以通过不断调整具体的沟通目标和范围获得利益。对等沟通是一种双方都有明确计划和目标的交流方式，谈判就是一种典型的对等沟通。

2. Who（谁）

【案例】

小公主的愿望

一个小公主病了，她娇憨地告诉国王，如果她能拥有月亮，病就会好。

国王立刻召集全国的聪明智士，让他们想办法摘到月亮。

总理大臣说："它远在三万五千里外，比公主的房间还大，而且是由熔化的铜做成的。"

魔法师说："它有十五万里远，是用绿奶酪做的，而且有皇宫的两倍大。"

数学家说："月亮远在三万里外，又圆又平像个钱币，有半个王国大，还被固定在天上，不可能有人能拿下它。"

国王又烦又气，只好叫宫廷小丑来弹琴给他解闷。小丑问明一切后，得到了一个结论：如果这些有学问的人说的都对，那么月亮的大小一定和每个人想的一样大、一样远。所以当务之急便是要弄清楚小公主心中的月亮到底有多大、多远。

于是，小丑到公主房里探望公主，并问公主："月亮有多大？""大概比我拇指的指甲小一点吧！因为我只要把拇指的指甲对着月亮就可以把它遮住了。""那么有多远呢？""不会比窗外的那棵树高！因为有时候它会卡在树梢上。""用什么做的呢？""当然是金子！"公主斩钉截铁地回答。

了解到公主心中的月亮是如此小巧、触手可及，小丑立刻请金匠打造了一个小小的金月亮，并穿上金链子，作为项链送给了公主。公主收到这份特别的礼物非常高兴，她的病也随之奇迹般地好转了。

同一个事物在不同人眼中可能呈现出截然不同的概念和理解，这种差异性在我们的日常交流中同样显著。即使我们认为自己已经清晰地表达了意思，不同的听众可能会有截然不同的理解，这可能导致沟通的效率和效果大打折扣。因此，当我们与他人进行沟通的时候，需要体会对方的感受，做到用"心"去沟通。

"谁"在沟通中指代的是沟通的对象，不同的对象可能对相同的信息有不同的反应和理解，产生的沟通效果是不一样的。有效的沟通不仅需要关注自身的沟通目标和信息的清晰度，还需要关注对方的感受和反馈，否则即使信息表达得再清晰，也会导致沟通失败。因为沟通效果的最终评价标准是信息接收者的理解和接受程度，而非信息发送者的表达清晰度。

沟通主体之间要达成有效的沟通，必须考虑到相互之间沟通的历史情形，这是因为人都是依据自己的经验、情绪和期望对各种情形做出反应的。如果不了解沟通对象的过去，则会影响我们预测他现在或将来的行为，而这种预测会明显影响我们与沟通对象在当下的沟通行为。对沟通对象了解得越多，我们越能找到有效的沟通切入点和方法。

在沟通之前，必须要明确以下5个问题。

（1）沟通对象是谁。

（2）沟通对象属于哪一类人群。

（3）沟通对象的性别、年龄、种族、民族、受教育程度、地位、身份、经历等。

（4）沟通对象对沟通信息的了解程度。

（5）沟通对象对沟通的方式和内容等持什么态度。

3. Where（何处）

"你同客户之间谈话的互动程度有多大？对你而言，给予信息和获得信息的比率是多少？这与你选择的谈话时机和周围环境是有一定联系的。"

——艾米莉·贝特蒙

地点指的是沟通发生的物理空间，包括地理区域、特定场所和室内布置等。地理区域常常与特定的文化背景和特征相关联。例如，法国可能让人联想到浪漫和艺术，而非洲可能让人联想到自然和原始。消费者可能会根据产品的产地来判断其质量和价值，尽管这种判断可能并不总是准确的。

特定的场所往往暗示着一定的身份和地位，影响人们对事件重要性的看法。例如，商务接待如果安排在五星级饭店，则暗示着接待方对此事非常重视；如果安排在公司普通会客室进行，则可能被理解为接待方不是很重视。很多擅长沟通的人往往选择某些特定场所作为见面或谈话的地点，以显示自己的特殊背景或关系。

室内场所的布局和陈设对沟通双方的心理也有影响。试想，当企业老板坐在宽敞的办公桌后，而员工坐在小椅子上或站立时，这种布局一定会让员工在沟通时感到紧张和压力。如果办公室内采用两张相同大小的沙发或椅子，垂直摆放供老板和员工使用，这种布局有助于减少员工感受到的地位差距，则沟通起来也会更加顺畅。

沟通的地点常常被称为场合，是沟通发生的特定环境或背景。场合对沟通至关重要，因为它决定了人们如何解读和理解信息。人们基于过往经验形成的思维定式和习惯，影响他们对信息的快速解读。相同的信息或词汇在不同的场合可能具有不同的含义，因此，场合决定着人们如何理解信息的含义。在沟通过程中，必须注意沟通的场合，选择错误的沟通场合可能导致严重的后果，甚至比表达不清更为严重。

4. When（何时）

时间是沟通中一个复杂且多维的因素，它以多种方式影响沟通的效果。在沟通中，对时间的理解需要从以下两个角度来进行。

第一，沟通的时效性。沟通是有时间限制的，整个沟通的过程必须在特定的有效期内完成，否则会失去沟通的意义，如新闻报道和紧急情况下的信息传递。

第二，沟通的时间选择。面对不同的沟通对象，沟通时间的衡量需要注意以下几个问题。

（1）人们的作息规律差异显著。在同一时间，不同的沟通对象在情绪、体力、注意力等方面差异很大，如果时间选择不当则会影响沟通效果。

（2）不同的人具有不同的时间观。在很多沟通场合，当事双方并不一定能够准时在同一时间到达约定地点，有时还会出现迟到等现象。在通常的情况下，迟到可能会给对方留下不专业、不重视沟通的印象，影响沟通的顺利进行。在对方迟到的情况下，应考虑到可能存在的合理解释，如遗忘、临时变故、交通阻塞、时间安排不当等。由于不同的人有不同的时间观，因此对该问题的理解和看法也不同。

（3）沟通的时间长度会影响人们的注意力和反应速度，过长时间的沟通可能导致效率下降。一般来说，交谈、谈判的时间越长，人们的注意力越差，头脑反应越慢。在某些谈判场合中，拖延时间可能是一种策略，用以影响对方的判断或达到特定目标。

（4）不同的时间段会影响人们对信息的理解。例如，同事之间在工作时间所讲的话往往被理解成正式沟通；在休息时间或下班后所讲的话往往被理解成非正式的私人沟通。

5. What（何事）

"何事"是指沟通的主题，即沟通活动所集中探讨的核心问题或话题。在沟通活动中，主题的作用主要体现在它是串起所有相关信息的线索。在沟通过程中，主题作为基本的背景和对象，是帮助沟通者理解和记忆沟通内容并做出反馈的主要依据。在长时间的沟通中，如演讲或报告，由于听众精力难以长时间保持高度集中，会出现走神或中途退场的现象。清晰的主题有助于维持听众的注意力和兴趣，并帮助他们将新信息与已知信息相联系，避免迷失。

在沟通过程中，明确的主题有助于避免偏离正题，减少无效或低效的交流。即使在不确定性和随意性较高的沟通中，保持对主题的意识也是实现高效沟通的关键。确定并坚持一个明确的主题，有助于引导沟通的方向，确保信息传递的准确性。

6. Which channel（如何）

【案例】

ERA是一个日资企业中的日籍雇员，在制造部门担任经理。ERA一来中国，就对制造部门进行改造。ERA发现现场的数据很难及时反馈上来，于是决定从生产报表开始改造。借鉴日本母公司的生产报表，他设计了一份非常完美的生产报表，从报表中可以看出生产过程中的每一个细节。每天早上，所有的生产数据都会及时地放在ERA的桌子上。ERA很高兴，认为他拿到了生产的第一手数据。然而，几天后，一次品质事故揭示了报表数据的不实，原来报表的数据都是随意填写上去的。面对数据不实的问题，ERA多次召集工人开会，强调准确填写报表的重要性。每次开会后的几天可以起到一定的效果，但过不了几天又回到了原来的状态，这让ERA很苦恼。

ERA的苦恼是很多企业中的管理者都会面临的。现场的操作工人很难理解ERA的目的，因为数据分析距离他们太遥远了。大多数工人只知道好好干活，拿工资养家糊口。不同的人所站的高度不一样，单纯地强调、开会，效果是不明显的。

站在工人的角度去理解，虽然ERA不断强调认真填写生产报表的重要性。但是大多数工人认为这和他们没有多少关系。后来，ERA通过将生产报表的准确性与业绩奖金挂钩，提高了工人对生产报表的重视。

在沟通中，不要简单地认为所有人都和自己的认识、看法、高度是一致的，对待不同的人，要采取不同的方式，要用听得懂的"语言"与他人沟通。

"如何"是指如何实现沟通的目标，通过何种途径或手段，这是最困难也是最复杂的要素。

有效地组织和实施沟通需要考虑以下5个因素。

（1）信息的表现形式。选择合适的信息表现形式，如文字、图片、多媒体、肢体动作、符号标志和模型等。

（2）采用的沟通媒介。根据情境选择口头或书面沟通。口头沟通包括面对面交谈、电话交谈或视频会议；书面沟通包括书信、备忘录、通知等。

（3）信息的组织形式。信息的组织形式可以分为归纳法和演绎法。归纳法是从具体的事例出发，经过分析、解释，得出主要观点或一般性结论；演绎法则是从一个一般性结论或主要观点出发，对具体的事例进行解释和说明。

（4）采取的语气和表达风格。根据沟通对象和目标选择合适的语气和表达风格，以促进信息的有效传递。

（5）应当避免的词汇和动作。注意语言和非语言交流中的潜在障碍，避免使用可能引起误解或反感的词汇和动作。

在对沟通过程进行计划时，要特别注意，并不存在放之四海而皆准的最佳表达方式，应该根据不同的情况选择最合适的表达方式，特别是要根据沟通的需要营造出合适的沟通氛围。

三、沟通的特征

【案例】

有一次，法国作家大仲马去德国的一家餐馆吃饭，他想尝尝有名的德国蘑菇，可是服务员听不懂法语，而他又不会讲德语，大仲马灵机一动，拿来一张纸在上面画了一个蘑菇，然后交给了服务员。服务员一看，恍然大悟，马上飞奔出去。大仲马露出微笑，心想总算让服务员明白了自己的意思，谁知一刻钟后，服务员气喘吁吁地跑回来，递给了他一把雨伞。

从这个案例中我们可以看出，有效的沟通具备以下四个特点。

1. 沟通双方互为主、客体

人与人之间的沟通不是单向的信息传递，而是一个动态的双向过程，涉及信息的发送者和接收者之间的互动。在沟通中，主体是信息的发送者，即沟通的发起者；客体是信息的接收者，即沟通的对象。例如，甲方发信给乙方时，甲方为主体，乙方为客体；乙方发信给甲方时，乙方为主体，而甲方为客体，且沟通双方可以根据不同情境互为主、客体。在上述案例中，大仲马和服务员在沟通的过程中，他们的主、客体地位不断地变换。

2. 沟通双方在沟通过程中必须使用统一的符号系统

沟通通常借助共享的符号（如语言、文字等）来展开，因此，沟通双方必须使用能够共享的符号或对所使用的符号意义有相同的理解。否则，沟通就难以进行，信息也就无法交流。例如，两个语言不通的人无法直接进行语言沟通。

在上述案例中，大仲马和服务员正是由于彼此的语言不通，所以才带来了沟通障碍。大仲马说法语，服务员听不明白，服务员说德语，大仲马也听不懂，所以他们之间难以进行有效的沟通。

3. 沟通双方必须对沟通的情境有相同的理解

情境是指事先存在并将延续下去的所有人和自然的因素。沟通总是在某种特定的情境下进行的。不同国家、不同地区、不同种族受当地历史、文化等因素的影响和经济发展水平的限制，都有着独特的社交礼仪和沟通方式。每个人在家庭、学校、社会及不同的场合中扮演着不同的角色，也会自觉、不自觉地调整自己的行为来适应这些场合。因此，双方对沟通的情境必须有相同的理解，否则就无法沟通。

【案例】

小A看到宠物店中的一只小狗十分喜欢，经过一番讨价还价，把小狗买了下来带回家去。晚上，小A给二姐打电话，告诉她自己买了一只白色的博美，二姐听了非常高兴，马上询问狗是什么颜色，多大了，可爱吗。临睡前，大姐打电话来询问小A最近的情况，小狗在小A接电话的时候叫了几声，大姐在电话里一听到有狗在叫，就问狗是否很脏，咬人吗，有没有打预防针……

在上述案例中，大姐和二姐对于小A养狗这件事的反应天差地别，二姐因喜爱狗，听到"狗"便联想到可爱的小狗；而大姐则是担心狗带来的问题。这一差异凸显了人们对于同一概念或事物可能有着截然不同的内心图像和理解。在日常沟通中，即使你认为自己已经清楚地表达了意思，不同的听众仍可能基于自己的背景和经验做出不同的解读。

4. 沟通双方相互影响

古人云："近朱者赤，近墨者黑。"这句话强调了周围环境和人际关系对个人思想和价值观的塑造作用。的确，和不同的人生活在一起，我们的世界观、人生观、价值观会受到不同的影响。例如，我们大家都听过的"兽孩"，"兽孩"是指从小在荒野中长大的儿童，如狼孩等。狼孩在出生后即与狼群为伴，跟随着狼群长大。狼孩不但学会了用四脚行走，而且学会了用狼嗥来表达情感与需求，但对人类的语言一无所知。另一个相近的例子是家喻户晓的电影《人猿泰山》。电影中的泰山自幼与猩猩为伴，在猩妈妈的哺乳下长大，泰山因此学会了用双手捶胸、发出怒吼来表达愤怒，也能够以"猩语"来与猩猩们沟通，可是对于"人话"却一窍不通。狼孩与泰山的例子，正可以说明沟通双方是相互影响的。

四、沟通的类型

经过众多传播学者的调查和研究，沟通可以分为以下几种类型：自我沟通、人际沟通、群体沟通、领导沟通、公共场合沟通和大众媒介沟通。

1. 自我沟通

自我沟通是发生在个人自身的内部沟通，它包括思想、情感和自我认知等。由于自我沟通是以自我为中心的，所以，就个人来说，自身既是发信者也是接收者。信息是由思想和情感构成的，大脑是渠道，它对个人的所思、所想、所感进行加工。

随着成长，个人逐渐学会自我判断和决策，自我认知能力逐步形成，这是自我沟通的起点。这时，个人会开始思考一件事应该怎么去做；面对不顺心的事情，可能会产生情绪波动，并通过自我沟通来寻求理解和解决问题。每个人在人生道路上都有"想不通"的事情，"想不通""想通了"是自我沟通过程中的常见体验，体现了自我沟通的价值。

每个人都希望自己与他人的关系和谐融洽，虽然良好人际关系的产生和建立取决于交往双方，但一个人能否被他人接受，关键在于自己的形象、谈吐、行为等，人们可以通过自我沟通来认识自我、改造自我、完善自我，从而更好地被他人所接受。因此，每个人都应该培养良好的自我沟通能力，树立正确的世界观、人生观、价值观，培养良好的个性特征，同时更应该正确地认识、评价自己，扮演好自己的角色。

2. 人际沟通

人际沟通是在一对一的基础上进行的沟通，通常是在非正式、不规则的环境中进行的。这种沟通大多数发生在两个人之间，有时也发生在两个人以上的团体中。

人际沟通是一种技巧，更是一种艺术，需要我们深刻理解沟通的理念，并熟练掌握沟通的方法。良好的人际沟通能够带来更多的朋友，并增加相互之间的欢乐、温暖和友好。

通过有效的沟通，我们可以建立起积极的人际关系，这有助于个人潜力的最大化发挥。良好的人际关系能够为个人成就的取得创造有利条件，使个人的表现更加引人注目。在中国文化中，人情是加强人际关系的重要因素，而人际沟通是实现情感投资的关键途径。在沟通过程中，我们应该关注他人的优点，给予肯定和赞扬，多关怀他人，多从对方的立场考虑问题。

3. 群体沟通

群体沟通指的是组织中两个及两个以上相互作用、相互依赖的个体，为了达到某个共同的特定目标而组成的集合体，并在此集合体中进行交流的过程。群体是由两个及以上的发信者与接收者组成的，所以沟通过程比人际沟通更为复杂。由于众多参与者同时发送信息，可能导致信息混淆，增加了理解的难度。群体是为了某个特定目标聚在一起的，所以信息的结构性更强。群体沟通使用与人际沟通相同的渠道，但增加了更多的反馈和互动机会，为了保持解决问题的效率，群体沟通的场合通常比较正规，有明确的议程和规则。

4. 领导沟通

领导沟通是指领导者与被领导者之间的沟通。一个领导者的才能，如凝聚力、向心力等会体现在他的沟通行为中。良好的沟通能力能够使团队成员紧密团结在领导者周围，对领导者的事业和个人发展至关重要。

每一个人在不同的情境中，都承担着领导者或被领导者的角色，领导者的素质和行为直接影响着被领导者的积极性。领导者作为沟通的主要一方，对于沟通的有效性影响很大。对于领导者来说，应该正确对待被领导者，并尊重被领导者。领导者应展现出尊重和礼贤下士的品质，这是激发团队潜力、实现组织目标的基础。

5. 公共场合沟通

公共场合沟通也称为公众演讲，是个人在面对领导或公众时进行述职、演讲、讨论、发言等的沟通形式。在公众演讲中，演讲者作为信息的发送者，向作为接收者的听众传递信息。演讲者通常传递高度结构化的信息，以确保信息的清晰度和逻辑性。由于听众人数的增加，演讲者可能需要提高音量、夸大动作，并利用视觉辅助工具，如幻灯片、图表等。与人际沟通相比，公共场合沟通中的语言反馈机会受限，听众在演讲期间是不能随便提问的，在演讲结束后才有机会提问。但是，听众可以通过掌声、面部表情或注意力的集中与分散来提供非语言反馈。大多数公共场合沟通的场合是正式的，要求演讲者和听众都遵守一定的礼仪和规范。

6. 大众媒介沟通

大众媒介沟通是指通过各种媒介渠道进行的信息交流，包括报纸、杂志、广播、电影和电视等。

互联网的出现带来了沟通的新形式——网络沟通，为人际交往提供了新的平台。网络沟通已成为人们日常生活的一部分，越来越多的人利用网络平台进行交流。网络沟通涵盖了人生发展的多个方面，包括社交、恋爱、情感支持和新闻采访等。

第二节　沟通过程

沟通的过程，实际上是沟通要素不断循环的过程，研究和了解各种沟通要素，对于提高沟通效果有着重要的意义。

一、沟通过程

沟通过程如图1-1所示。

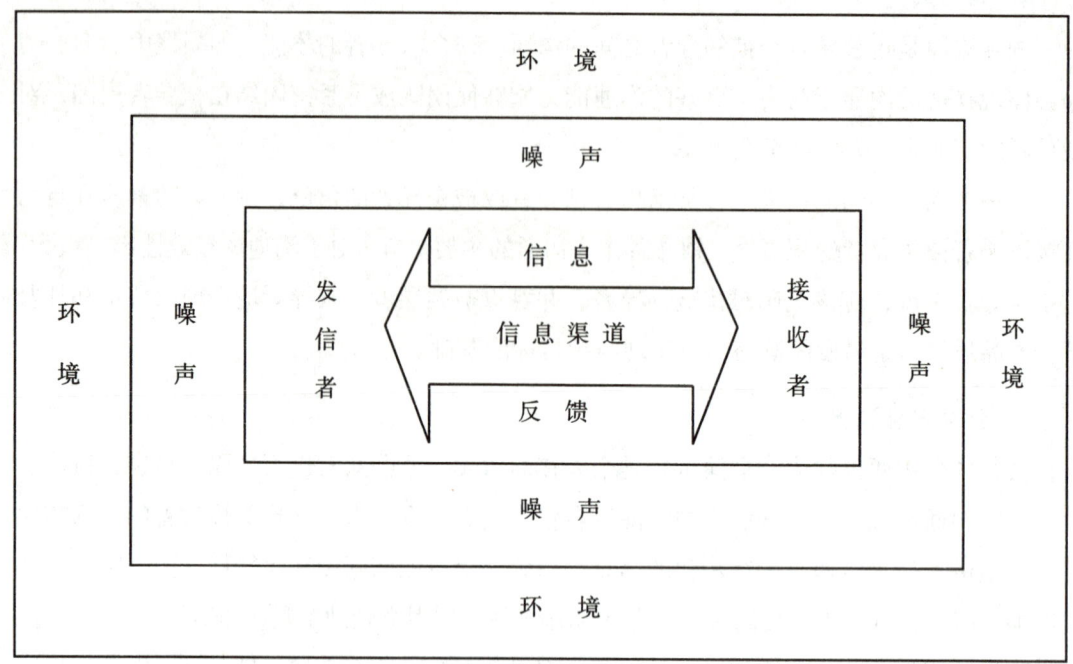

图 1-1　沟通过程

二、沟通要素

在一次完整的沟通活动中,沟通要素主要包括以下几个方面。

1. 发信者

发信者又称传者,是信息的发送者,是沟通过程的主要要素之一。发信者可以是个人,也可以是组织,负责信息的收集、加工、传递,并应对接收者的反馈。

(1)选择信息。发信者需精心选择信息内容、传递渠道,并决定如何有效利用信息以实现沟通目标。要使沟通有效进行,发信者不仅要考虑传达的内容,还要考虑对方的需求和兴趣点。发信者必须站在对方的立场上去思考,从而确定沟通的内容、渠道、方式等。

(2)选择沟通环境。背景和环境也很重要,对于发信者来说,要想办法去了解沟通的环境和背景,以便做有利的运用。另外,选择合适的时机进行沟通,可以显著提升沟通的效果。

(3)发信者也是接收者。在某些情况下,如自言自语或写日记,发信者也是信息的接收者。思考也是一种沟通,只不过是"对内"沟通,它具有与"对外沟通"相同的要素。

(4)发信者的人格魅力。发信者在他人心中的地位也会影响沟通效果。例如,一个很有诚信、受人尊敬的人说的话,往往会被他人信服;而一个言而无信、不守承诺的人说的话,往往难以让人信服。

2. 接收者

接收者又称受者，是沟通中信息传递的对象，是沟通互动的关键参与者。沟通是一个双向过程，接收者可以将自己的意见和情感反馈给发信者，形成互动循环。在面对面的交流中，接收者能够及时向发信者提供反馈，增强沟通的实时性和互动性。

接收者可以根据自己的目标和期望，选择性地接收和解释信息。例如，正在客厅里宴客的母亲，尽管置身于喧哗之中，仍然可以听到卧室里婴儿的哭声。每个人都会优先选择他要听的声音去听，这种情形也发生在视觉上。在眼睛所接收到的多种影像当中，我们会选择看到那些我们认为重要的或有趣的。所有的接收者都倾向于听到或看到"他们所期望听到或看到"的东西，然而他们所听到或看到的往往并非对方实际发出的信息。比如，人们经常认为他们读到的文章或报道，其观点与自己的相符，实际上可能正好相反，这种自行过滤信息，并影响人们对信息诠释的"成见"，便是心理学家所谓的"参考架构"。接收同样信息的人，会根据自己的成见和参考构架，对其做不同的诠释。

3. 信息

信息是发信者意图传达的思想和情感，是沟通过程中的关键内容。所有的沟通信息都是由语言和非语言两种符号组成的，思想和情感只有在表现为符号时才可以进行沟通。

语言符号通过词汇表达特定的事物或思想，但它们的解释可能因个人理解而异。例如，"桌子"就是一个具体的符号，一个代表物品的符号，然而当我们听到"桌子"这个词时，我们的脑海里可能出现各种不同的桌子类型，如办公桌、电脑桌、餐桌等。表达思想的抽象符号更为复杂。例如，我们在理解挫折、饥饿、伤害这些词时存在着巨大差异，怎样解释这些词是由我们的经验决定的，因为人们的经验不同，所以对这些词赋予的含义也不同。

非语言符号包括面部表情、手势、姿势、语调和外表等。和语言符号一样，非语言符号也被赋予特定的含义。例如，打哈欠可能表示厌烦或疲倦，皱眉可能表达疑虑等。许多非语言行为是自发的，有时甚至在我们不知情的情况下传递信息，因此非语言符号也可能会误导接收者，导致误解。

非语言符号在不同文化中具有不同的解释，了解这些差异对于跨文化交流至关重要。在某种文化中，跷起二郎腿、露出鞋底是对他人的一种极度侮辱，尊敬人的举动是通过鞠躬来体现的；而在有些文化中，深层次的尊敬是通过触摸他人的脚来体现的。

4. 渠道

渠道是信息传递的路径，它使发信者能够发送信息，接收者能够接收信息并提供反馈。在面对面的沟通中，主要的渠道包括声音和视觉，双方通过听和看来交流。大众媒介如我们熟悉的收音机、电视机、报纸和杂志，都是沟通中常见的渠道。还有一些其他渠道，如利用非语言符号，握手（接触）、着装（视觉）、尊敬的语气（声音）。渠道的主要任务是确保沟通双方之间的信息传递线路畅通无阻。

（1）触摸。从出生开始，触摸就成为人们沟通的关键形式，包括爱抚、拥抱和握手等行为。在家庭环境中，触摸是表达情感和亲密的重要方式。除此之外，在许多商业场合，触摸也扮演着重要角色，如坚定地握手和友好地拍背，可以传达自信和信任。

（2）肢体动作。微笑、点头、站姿等往往比我们所讲的任何语言更具有沟通力，而且也沟通得更精确。有时候，我们可能由于距离过远而无法听清他人的谈话，我们却可以通过观察他们的肢体动作来了解他们的谈话内容。

（3）其他行为。除了触摸和肢体动作，我们有时可以通过直接行动来沟通。例如，我们可以替一位提着重物的人开门，也可以故意把门关上；我们可以给他让路，也可以故意挡住他的路。我们的这些不同的行为所表达的信息和情感也不同。

（4）声音。声音不仅传递语言信息，还通过声调、语速、音量等表达情感和态度。说话时的表情和姿势与语言同等重要，它们可以强化或改变语言的含义。同一句话根据不同的声调和肢体动作，可以传达多种不同的信息和情感。我们可以通过观察说话人的声调、面部表情和姿态来解读其语言背后的真正意图。

（5）信息技术。随着信息技术的发展，人们沟通的工具越来越多，越来越丰富，如电话、收音机、影片、录像带、电视、网络等。

有效沟通是指将有意义的信息通过合适的渠道从一个主体传递到另一个主体。选择合适的沟通渠道对于确保信息的准确传达至关重要。不同的信息可能需要不同的传递渠道，选择不当可能导致信息误读或失真。如果真实的信息选择了不恰当的渠道，则可能会引起误解或沟通障碍。

5. 反馈

反馈是接收者在接收并消化信息后，向发信者传递的反应。例如，你讲了一个笑话而对方笑了，这个"笑"就是对你所传达幽默感的直接反馈。在沟通中反馈是非常重要的一环，反馈确保沟通参与者了解他们的思想和感情是否按照预期被分享和理解。在面对面的沟通中，尤其是在无干扰的环境中，我们可以通过观察对方的反应来判断信息是否被正确理解。例如，上课时，教师可以根据学生的面部表情和眼神来判断学生是否理解了相关知识。在沟通中，参与的人数越少，反馈的机会越多；参与的人数越多，反馈的机会越少。

6. 噪声

噪声是沟通过程中的干扰因素，它妨碍信息的准确理解和解释。噪声可以分为外部噪声、内部噪声和语义噪声三种形式。

（1）外部噪声来自环境，它阻碍倾听和理解信息。例如，一段推心置腹的交谈可能会被叫喊声或其他声音所干扰。另外，外部噪声不一定全部来自声音，如阳光的照射使沟通双方感到不舒服，从而分散了注意力；或者在交谈过程中看到一些虫子乱爬，使注意力不能很好地集中起来等。

（2）内部噪声发生在发信者与接收者的头脑中，影响沟通的准确性。例如，还没有到下课的时间，一个学生就开始思考吃午饭的事："今天的午饭是吃饺子还是面条呢？"此时他的注意力不集中，自然没有认真听讲。内部噪声有时也源于信念和偏见。例如，有些人不相信女性有很强的工作能力，对于女领导安排的事，就不愿意痛快地去做。

（3）语义噪声涉及信息本身的模糊性或歧义性，导致接收者难以准确解读信息。

沟通噪声会降低信息传递的清晰度，就像背景噪声会影响听众听到歌唱家的歌声一样。减少沟通噪声可以提高信息的清晰度，降低信息失真的可能性。通过降低噪声，我们可以最大限度地提高沟通的效果，确保信息被准确理解。事实上，无论人们做出多大的努力，噪声总是难以消除殆尽的，但在沟通过程中，我们应努力减少其影响。

7. 环境

环境是指沟通时周围的环境和条件。环境的舒适度、温度、湿度、照明、噪声等，都是影响沟通效果的重要因素。所以，当我们布置会场时为保证会议效果，必须注意座位安排要适当，场所的光线和温度要适宜，且无噪声及其他干扰物。

第三节　沟通与人生

在人的生命、心理、精神活动过程中，沟通是人们满足各种需求的重要手段，无论是满足基本的生存需求，还是追求更高层次的精神和情感需求，沟通都发挥着关键作用。

在人生的各个阶段，沟通如影随形，无论我们是否意识到，它都是我们生活的一部分。当你把无意识的沟通转化为有意识的沟通时，这意味着你开始形成沟通的主体意识，即意识到自己在沟通过程中的主导作用，从而实现更有效的交流。主动沟通可以提升个人的幸福感，因为良好的沟通能够带来理解和支持，从而产生快乐。沟通的最高境界是能够"快乐过好每一天"，这体现了沟通在提升生活幸福感中的作用。

一、沟通是生存的需要

沟通在我们的日常生活中扮演着至关重要的角色。无论是在家里、学校还是工作场所，有效的沟通都是建立良好关系和解决问题的关键。

首先，沟通是满足基本需求的基石。人类作为社会性动物，需要与他人建立联系和互动。通过沟通，我们能够表达自己的需求、情感和想法，同时也能够理解他人的需求和感受。这种相互理解和交流有助于我们建立亲密的关系，获得支持和帮助，从而满足我们的生存需求。

其次，沟通是解决问题和冲突的关键。在日常生活和工作中，我们经常面临各种问题和挑战。有效的沟通能够帮助我们更好地理解问题的本质，找到解决方案，并与他人合作来解决问题。通过积极的沟通，我们可以避免误解和冲突的产生，构建和谐的人际关系。

再次，沟通是个人成长和发展的重要组成部分。通过与他人的交流和互动，我们能够学习新的知识、观点和技能。沟通不仅能够拓宽我们的视野，还能够促进我们的思考和创造力的发展。通过与他人分享经验和见解，我们能够不断地成长和进步，从而提高自己的能力和竞争力。

最后，沟通也是社会进步和发展的基础。在一个开放和包容的社会中，人们能够自由地表达自己的观点和意见，进行交流和辩论。这种开放的沟通环境有助于思想的碰撞和创新的产生，从而推动社会的发展和进步。同时，良好的沟通也能够促进不同文化之间的理解和尊重，减少误解和冲突，促进世界的和平与发展。

二、沟通是心理的需要

心理学家斯坦利·沙赫特曾做过一次著名的"剥夺"实验：他以每小时15美元的酬金聘请了五名大学生志愿者参加实验。每个人需要独自在与世隔绝的房间里生活，房间里只有必要的休息和卫生设施，自动送饭机会定时送饭。房间内缺乏窗户、电话、电视、计算机等任何形式的外界联系手段。

实验结果：第一个人在房间中只待了20分钟，就不能再忍受了，坚决要求出去；有三个人在里面坚持了两天两夜；最后一个人坚持了八天八夜，但当他出来时表示："如果让我在里面再多待一分钟，我就要发疯了。"

人类的社会属性决定了我们天生就渴望与他人建立联系和交流。在现代社会中，人们面临着各种压力和挑战，而有效的沟通能够为我们提供情感支持和心理慰藉。通过沟通，我们可以倾诉自己的喜怒哀乐，也可以倾听他人的心声。这种情感的交流和共享可以带来心理上的满足，减轻内心的压力和孤独。通过沟通，我们还可以与他人交流信息，分享经验和观点，从而增进彼此之间的了解和信任。这种沟通不仅可以带来心理上的满足，还可以提供支持和帮助，使我们感到更加安全和有归属感。此外，沟通还可以帮助我们建立自信和自尊，当我们能够有效地表达自己的想法和感受时，我们会感受到自己的价值和重要性。因此，要想拥有健康的心理状态，必须学会沟通。

三、沟通是社会人际关系的需要

沟通在社会人际关系中扮演着至关重要的角色。通过有效的沟通，人们能够分享观点、感受和需求，从而增进相互理解和信任。

沟通有助于消除误解和冲突。在复杂的社会环境中，人们的观点和利益往往存在差异。如果没有及时、准确地进行沟通，则这些差异可能会导致误解和冲突。通过坦诚的对话和交流，人们可以更好地理解彼此的立场和需求，找到共同点，减少矛盾和摩擦。

沟通能够促进合作与协作。在现代社会中，团队合作已成为实现目标的重要方式。有效的沟通能够确保团队成员之间的信息畅通无阻，使得每个人都能明确自己的职责和任务。此外，沟通还能激发团队的创造力和创新精神，因为成员们可以自由地分享想法和建议，共同解决问题。

沟通是个人成长和发展的催化剂。通过与他人的交流，我们可以获得新的见解、知识和技能，从而不断丰富自己的内涵和能力。同时，沟通也有助于我们建立自信和自尊，因为我们可以通过表达自己的观点和感受来获得他人的认同和支持。

四、沟通是学习的需要

沟通是学习过程中不可或缺的一部分，它对于个人的成长和知识的获取具有重要的作用。首先，沟通能够帮助我们更好地理解学习内容，通过与他人的交流和讨论，我们可以更深入地思考问题，从而加深对知识的理解。其次，沟通能够促进我们的批判性思维能力的发展，当我们在交流中遇到不同的观点时，我们需要学会分析和评估这些观点的合理性，这有助于我们形成独立思考的能力。再次，沟通还能够提高我们的合作能力，通过与他人的合作完成学习任务，我们可以学会如何有效地分工、协调和解决问题，这对于我们未来在社会中的工作和生活都是非常重要的。最后，沟通还能够增强我们的自信心和表达能力，当我们能够清晰地表达自己的观点并与他人进行有效的交流时，我们会对自己的能力和价值有更清晰的认识，从而更加自信地面对未来的挑战。因此，我们应该重视沟通在学习过程中的重要性，积极参与各种形式的交流活动，不断提升自己的沟通能力。

五、沟通是自我工作环境的需要

【案例】

小优，一位学业出色的毕业生，顺利踏入了业界知名的事务所大门。然而，近期他遭遇了职业生涯中的一段低谷。公司氛围的骤变让他倍感压力，仿佛一夜之间被边缘化，一直没有收到工作任务，这让他的心中充满了困惑与不安。他多次尝试与上级沟通，却未能得到明确的回应,这份无助感日益加剧。

更让小优难以适应的是办公室内错综复杂的人际关系网,部门内派系林立,而他因性格内向、行事稳重,在这类小团体文化面前显得格格不入,时间一长,他仿佛成了办公室中的"隐形人"。每当他踏入办公室,原本热闹的交谈声总会瞬间沉寂,这种微妙的氛围让他不禁揣测自己是否成了议论的中心,进而加剧了与同事之间的距离感。

雪上加霜的是,小优原本在湖南组勤勉工作,专注于项目资料的搜集与整理,却意外发现自己在出差前被悄然调至江西组,紧接着又莫名其妙地被该组除名。这一系列突如其来的变动,如同重锤般击打着他的心理防线,他的情绪跌至谷底,甚至一度萌生了极端的念头,幸亏被家人发现。

通过上述案例,我们应该深刻认识到,在职场中,与领导和同事的有效沟通不仅是个人职业成长的基石,更是决定工作满意度与幸福感的关键因素。良好的沟通能够铺设一条顺畅的职业发展道路,让人在忙碌中也能体验到工作的乐趣与成就感。

当陌生的个体聚在一起组成新的团队时,沟通的力量显得尤为关键,它如同桥梁连接着彼此的心灵,促进着友谊的萌芽与成长。那些选择封闭自我、回避交流的人,往往难以跨越心理障碍,容易在团队中陷入孤立无援的境地。相反,那些积极寻求沟通契机、勇于展现自我、与团队成员频繁互动的人,则能快速打破隔阂,建立起紧密的人际联系,为团队的和谐氛围贡献力量。值得注意的是,在团队中脱颖而出的领袖人物,往往具备主动沟通、勇于表现的特质。他们凭借出色的表达能力和人际交往能力,迅速成为团队的核心与焦点,引领团队向前发展。

六、沟通是构建和谐家庭的需要

【案例】

学会"欣赏"孩子

在陶行知当校长的时候,有一天他看到一位男孩用砖头砸同学,于是他将其制止并叫男孩到校长办公室。当陶行知回到办公室时,男孩已经等在那里了。陶行知掏出一颗糖给这个男孩:"这是奖励你的,因为你比我先到办公室。"接着他又掏出一颗糖,说:"这也是给你的,我不让你打同学,你立刻住手了,说明你尊重我。"男孩将信将疑地接过第二颗糖,陶行知又说:"据我了解,你打同学是因为他欺负女生,说明你很有正义感,我再奖励你一颗糖。"这时,男孩感动得哭了,说:"校长,我错了,同学再不对,我也不能采取这种方式。"陶行知又掏出一颗糖:"你已认错了,我再奖励你一颗。我的糖发完了,我们的谈话也结束了。"

人和人的尊重是互相的，当你尊重他人时，他人也会尊重你。当你给予他人更多的理解和欣赏时，你就启动了他人心灵的力量，赋予了他人自我修正的空间。

家庭，作为社会的基本单元，其内部交织着复杂而紧密的人际关系网，包括夫妻关系、亲子关系及婆媳关系等，每一种关系共同维系着家的温馨与稳固。家之所以成为我们心灵的避风港，源于家庭成员之间良好的互动与深厚的情感联结。沟通，正是这座情感桥梁的基石，它促进了相互之间的理解与共鸣。在家庭中，每个人的性格、习惯、兴趣爱好和生活方式都不一样，通过沟通，家庭成员能够更好地了解对方的想法和需求，从而减少误解和矛盾。沟通能够营造和谐的家庭氛围，在和谐的家庭中，家庭成员之间彼此尊重，关爱和支持对方。

七、沟通是决策的需要

沟通在决策过程中发挥着重要的作用。首先，沟通能够帮助决策者获取必要的信息和数据。在做出决策前，需要了解相关的事实、观点和意见，而这些都是通过沟通来传递的。通过与相关人员的交流和讨论，决策者能够更全面地了解问题的本质和各种可能的解决方案。其次，沟通有助于促进团队合作和共识的形成。在决策过程中，往往需要多个部门或团队成员的协作和合作。通过有效的沟通，可以确保每个人都理解目标和任务，并且能够共同制定出最佳的决策方案。沟通还能够解决冲突和分歧，促进团队内部的和谐和统一。再次，沟通还有助于提高决策的透明度和可接受性。当决策者与相关人员进行充分的沟通时，他们能够更好地解释决策的原因和逻辑，从而增加其他人对决策的理解和接受程度。这种透明度不仅能够增强信任，还能够减少误解和不必要的阻力。最后，沟通还能够为决策提供反馈和改进的机会。通过与相关人员的沟通，决策者可以准确了解决策的实施效果和影响，从而及时调整和改进决策方案。这种反馈机制能够确保决策的可持续性和适应性。

总而言之，有生命的存在，就有沟通的存在。正如亚里士多德所言："独居者，非兽即神。"这句话深刻揭示了人类作为社会性动物对沟通的内在需求。在每个人的生命轨迹中，沟通不仅是情感的桥梁，更是智慧的火花，它无处不在，无时不有。

进一步而言，沟通不仅是人际交往的基石，更是个人成长与发展的关键。它促进了思想的碰撞与融合，拓宽了我们的视野与认知边界，使我们能够在学习中成长，在交流中进步。因此，沟通与人生发展紧密相连、相互依存，共同塑造着每个人的命运轨迹。

【案例分析】

献血屋前,市民老张在看挂在门口的宣传板。

护士小周迎上去(微笑):"您好,愿意了解献血吗?"

老张(疑惑):"是的,可我担心会对身体有影响。"

小周:"健康人适量献血,对身体不会有影响的。"

接着,小周请老张坐下喝水,并发给老张一些宣传本,然后和医生一起介绍献血的知识。

老张做了相关检查后,躺在献血椅上开始献血。

小周(观察采血部位):"您感觉还好吗?"

老张:"还不错……"

思考并分析:

(1)案例中的护士小周用了哪些方式(方法)和老张沟通,最终使老张解除思想顾虑而勇敢献血?

(2)想想看,如果想让老张成为一名固定的无偿献血者,护士小周还需做哪些努力?

【本章小结】

本章主要从沟通的定义、沟通的内容、沟通的特征、沟通的过程等内容出发,阐述了沟通的重要性。沟通是心灵的桥梁,可以疏通障碍、解除误会;沟通是治愈的良药,可以化解冲突、抚平伤痕。即便是最为熟悉的朋友或亲人,若缺少了沟通的滋养,那份默契与理解也会逐渐褪色;再深厚的情感,若长期被沉默所笼罩,也难免遭遇风雨的侵蚀,发生微妙的变化。沟通,是维系关系生命力的源泉,一旦缺失,任何关系都将沦为一场孤独的演出,失去了其应有的色彩与温度。

在纷繁复杂的社会中,人们常因难以精准辨别善恶而心生畏惧,选择性地避开与他人的沟通。但是现实告诉我们,只有沟通才能构建良好的人际关系。因此,我们应该放下孤傲的自尊和怯懦的心理,主动并勇于沟通,大胆说出自己的心里话,微笑面对每一个人,用有声和无声的语言与这个世界沟通,让自己的人生更加完美!

【复习思考题】

（1）什么是沟通？沟通有哪些基本特征？

（2）沟通对我们每个人有哪些重要的意义？我们为什么要学习沟通？

（3）回想一下你在与人沟通中的经验和教训，并与大家分享。

（4）孔子所说的"因材施教"对沟通有指导意义吗？请分析。

（5）为什么在沟通中特别重视反馈这个要素，它有什么作用？

（6）一次完整的沟通活动应该包含哪些方面的内容？

（7）沟通的基本要素有哪些？

（8）沟通与人际关系有什么内在的联系，请举例分析。

第二章 语言沟通系统与非语言沟通系统

【学习目的】

（1）了解沟通工具的类型。
（2）熟悉语言沟通的类型和基本要求。
（3）掌握语言交谈的技巧。
（4）理解非语言沟通的作用和特点。
（5）熟悉非语言沟通的类型。

【课程导入】

有一次，子路问孔子："听到了是不是应该马上行动？"孔子回答："有父亲、哥哥在，怎么能不向他们请示就贸然行事呢？"过了几天，冉有也向孔子问同样的问题，孔子回答："听到了当然要马上行动！"

公西华对此十分迷惑，不明白为什么同一个问题孔子却有不同的回答。孔子解释："冉有办事畏缩、犹豫，所以我鼓励他办事果断一些，叫他看准了马上就去办；而子路好勇过人，性子急躁，所以我得约束他一下，叫他凡事三思而后行，先征求父兄的意见。"公西华听了孔子的回答，恍然大悟。

"见什么人说什么话"是一种沟通策略，它告诉我们，想要取得良好的沟通效果，应事先把握对方的个性，随机应变地采用不同的说话方法。在上述案例中，孔子正是了解子路和冉有的不同性格（子路是强硬型，冉有是随和型），从而给出了不同的答案。

在工作和生活中，我们会采用不同的沟通方式来进行沟通，用得最多的是语言，它是人类特有的一种沟通方式。实际上，在沟通的过程中，我们还会利用一些非语言的方式，如动作、表情、眼神等。根据沟通所用的信息载体和传送渠道不同，可以将沟通方式归纳为两种：语言沟通系统与非语言沟通系统。

第一节 语言沟通系统

在社会交往中，语言非常重要，语言是人们沟通的工具。人们的生存和发展都离不开语言。人们在日常生活中运用语言进行交谈、表达思想、沟通信息、交流感情，从而达到建立、调整和发展人际关系的目的。语言是个人形象的重要组成部分，就像但丁说的那样："语言作为工具，对于我们之重要，正如骏马对于骑士的重要。"

语言沟通是指以词语符号为载体实现的沟通，所以语言是一种符号。

一、语言沟通的类型

语言沟通是指建立在语言文字基础上，并以语言文字和语言声音为载体的一种沟通方式。语言沟通又可以分为口头语言沟通、书面语言沟通及电子数据语言沟通三类。

（一）口头语言沟通

口头语言是指人们用说话的方式讲述出来的语言，它具有平易、简洁、明了的特点，能体现出一种亲切的、生活化的氛围。口头语言的出现，使得信息脱离了物质而以符号形式相对于人体而独立存在，这种传播方式是传递信息、交流思想、表达情感最为便捷的手段，是人们最常用的一种沟通方式，也是最具亲和性的一种传播方式。

人们利用有声的自然语言符号系统，通过口述和听觉来实现沟通，也就是人与人之间通过对话来交流信息、沟通心理，它是使用历史最久、使用范围最广、使用频率最高的语言沟通方式。其优点是传递范围广、速度快、效果较好、反馈及时；缺点是信息容易被曲解、保留时间短、易受干扰。

按照发生的不同方式，口头语言沟通又可以分为演说、正式交谈、私人交谈、讨论、征询、访谈、闲聊、小组会议、小组讨论、传话（捎口信）、大型会议、传闻等多种类型。其中，利用口语进行面对面的沟通是最好的方式。

据有关研究表明，如果沟通双方具有知识丰富、自信、发音清晰、语调和善、有诚意、逻辑性强、有同情心、心态开放、诚实、仪表好、幽默、机智、友善等特质，那沟通往往会取得较好的效果。在利用口头语言沟通的过程中特别需要注意的是，沟通双方应该坦白、明确，避免由于文化背景、民族差异、用词表达等造成误会。

（二）书面语言沟通

书面语言沟通是用文字符号进行的信息交流，是对口头语言符号的标注和记录。其优点是信息较为准确、信息储存时间长、较为正式；缺点是不及时、反馈较慢、受文化水平影响。

当组织或管理者的信息必须广泛向他人传播或信息必须保留时，报告、备忘录和信函等书面语言沟通方式能够实现较好的沟通效果。书面语言的体现形式包括书信、文章、杂志、书籍、公文等，是一种较为正式的传播媒介。

（三）电子数据语言沟通

在现代社会，随着电子信息技术的发展，电子数据语言沟通成了一种重要的沟通方式。电子数据语言沟通是指将包括图表、图像、声音、文字等在内的书面语言通过电子信息技术转化为电子数据，并进行信息传递的一种沟通方式。它的主要特点和优势是，可以将大量信息以较低成本快速地进行远距离传送。电子数据语言沟通方式受限于科技水平的发展，因此存在的历史相对较短。按照电子数据采用的具体设施和工具、媒介不同，电子数据语言沟通又可细分为电话沟通、电报沟通、电视沟通、电影沟通、网络沟通、多媒体沟通等六种主要形式。

二、语言沟通的基本要求

语言沟通的基本要求包括内在和外在两个方面。内在方面强调说话人必须时刻从内心关心对方的思想和情绪；外在方面强调将这种关心用礼貌的语言表达出来。语言沟通的关键是尊重对方和自我谦让，主要包括以下几个方面。

（一）谦虚诚恳

真正的谦虚，是人类一种最好的品行。在跟人说话之前，最好先检查一下自己的心态，当你发现自己此时有些洋洋得意或对对方有不满时，最好不要开口说话，因为他人是可以从你的言语中感觉到你的态度的。在说话时，态度谦虚一点比较好，不要一副高高在上、盛气凌人的样子。用谦虚的态度来表达自己的意见，对方更容易接受，也更容易信服于你。

老子曾说："良贾深藏若虚，君子盛德貌若愚。"这句话告诉我们，要敛其锋芒，收其锐气，千万不要不分场合地过分张扬自己，这就是大智若愚。

由此可见，在语言交际中，谦虚是相当重要的，因此我们应该学会用语言来表达自己的谦虚，给他人留下一个良好的印象。下面介绍几种方法供参考。

1. 自轻成绩法

当他人因为某件事或某方面的成绩对你进行称赞和夸奖时，这时你不妨像绘画一样，轻描淡写地勾勒一笔，却在淡泊之中见神奇。牛顿创建的"牛顿力学"闻名世界，当朋友称他为伟人时，他谦虚而真诚地说："不要那么说，我不知道世人怎么看我。不过，我觉得自己好像是一个在海边玩耍的孩子，偶然捡到了几只光亮的贝壳。但是，对真正的知识大海，我还没有发现呢。"牛顿把知识比喻成大海，把自己的巨大成就比喻成几只贝壳，而且说得十分轻松。他用这种方法不但表现了自己的谦虚，而且极富有情趣。

2. 相对肯定法

相对肯定法是一种在语言沟通中表达观点、意见或情感的有效策略。它强调在对话中采用相对而非绝对的表述方式，以表达自己的立场，同时给予对方尊重和理解的空间。这种方法的关键在于避免使用极端或绝对的语言，而是选择更为温和和灵活的措辞。

使用相对肯定法可以缓和对话中的紧张气氛，减少冲突，并促进双方更深入的理解和合作。例如，在讨论有争议的话题时，采用相对肯定法的人可能会说："我理解你的观点，并且我认为它有合理之处。然而，我也有些不同的看法，希望能与你分享。"这种表述方式既表明了自己的立场，又没有完全否定对方，为进一步的交流打下了基础。

相对肯定法还体现在对他人意见的回应上。即使不完全同意对方的观点，也可以先肯定其合理之处，然后再提出自己的不同见解。这种方式能够让对方感受到被尊重和理解，从而更容易接受不同的意见。

3. 转移对象法

转移对象法是一种有效的沟通技巧，它通过巧妙地改变对话的焦点来实现特定的交流目的。这种方法有助于调节气氛、引导话题方向、解决冲突，并促进双方关系的和谐与理解。

4. 妙设喻体法

直言谦虚，固然可贵，但容易给人一种虚假的感觉，特别是两个人之间，如果仅说"你比我强多了"这类话，则容易产生嘲讽揶揄之嫌。遇到这种情况，你不妨用比喻的方式来巧妙地表达自己的谦虚。在一次交谈中，文学大师郭沫若和茅盾不约而同地将话题转向了他们共同尊敬的鲁迅先生。郭沫若带着幽默感，巧妙地用比喻表达了自己的谦虚："鲁迅先生愿意成为一头为人民服务的'牛'，而我，愿意成为这头'牛'的尾巴，一个微不足道的'牛尾巴'，同样为人民服务。"郭老的这番话，既形象又深刻，体现了他对鲁迅的敬仰和自我定位的谦虚。

茅盾听后，笑着回应道："既然如此，那我就来当这'牛尾巴'上的一根'毛'吧。它虽小，却能帮助牛扫除那些吸血的'大头苍蝇'和'蚊子'。"通过这个生动的比喻，茅盾也表达了自己的谦虚，同时展现了他对鲁迅精神的理解和传承。

5. 征求批评法

批评和赞美是一对反义词，但它们并不是"冤家对头"。在表现自己的谦虚时，让它们"联姻"会取得更好的效果。当面对人们的赞美时，你却去诚恳地征求他们的批评，这就更能表现你的谦虚精神。法国作家司汤达，在文坛上早已声誉斐然。在他写完《红与黑》后，把手稿读给著名作家梅里美听，梅里美对其内容及其技巧大加赞赏。司汤达却说："它的优点抹杀不了。我念给你听是为了想征得你的批评，而不是听你的赞赏。"后来，梅里美对虚心诚恳的司汤达评价道："我没有见过任何人的批评比他更坦率，或者接受朋友的批评比他更坦率。"因此，司汤达在法国文坛又以谦虚好学而闻名。

6. 巧改词语法

在称赞和夸奖的语言上做文章，也是表现谦虚的一种好方法。如某大学中文系请一位著名的老教授谈治学的方法。在讲座开始之前，主持人用赞誉之词将老教授介绍一番后，说："让我们以热烈的掌声欢迎王教授谈治学经验。"老教授上台后，马上更正说："我不是谈治学，而是谈'自学'。"老教授说完，台下响起一阵掌声。老教授只改一字，却体现了他治学严谨、为人谦虚的风格，真可谓妙不可言。

（二）语言文明准确

在人际沟通中，使用语言的总体要求是礼貌、文明和准确。

1. 语言要礼貌

在与他人交流时，我们应始终使用礼貌的用语。这不仅是对他人的尊重，也是我们自身素质的体现。无论是面对面的对话，还是通过文字进行的沟通，我们都应注意使用恰当的词汇和语气。礼貌的用语能够营造出一个和谐的交流环境。当我们用词得体、态度友好时，对方更容易感受到我们的诚意和尊重，从而更愿意与我们进行深入的沟通。礼貌的用语不仅能够避免不必要的冲突和误解，还能够提升我们的形象和信誉。一个经常使用礼貌用语的人，往往会给人留下良好的印象，被认为是有教养、有修养的人。

2. 语言要文明

语言是人与人之间沟通的桥梁，它承载着我们的思想、情感和信息。因此，在交流过程中，我们应该注重语言的文明性，以尊重他人、传递正能量为目标。

文明的语言能够展现出个人的修养和素质。当我们用礼貌、得体的言辞与他人交流时，不仅能够赢得他人的尊重和好感，还能够为整个社交环境营造出一种和谐、友善的氛围，更容易与他人达成共识，增进彼此的了解和信任。

此外，文明的语言还有助于提升个人的形象和影响力。一个善于运用文明语言的人，往往能够给他人留下深刻的印象，赢得他人的尊重和信任。

3. 语言要准确

在交谈中，只有做到语言准确，才能够真正实现双向沟通的目的。

（1）发音要准确。

发音要准确有三重含义：一是发音要标准，不能念错字让人误会或笑话；二是吐字要清晰，不要口齿不清、含含糊糊；三是音量、语速要适中。

（2）内容要简明。

在交谈时，尤其是在沟通重要事情时，语言应简单明了、长话短说。还要注意，讲话要注意围绕中心话题，不要任意发挥、不着边际。

（3）行话、隐语要少用。

有的人喜欢讲看似流行的"行话""隐语"，但这些话往往具有很强的行业性、地域性和传播有限性，不容易被普通人所理解和接受，反而会给对方带来困惑和迷茫，甚至造成误会和隔阂。

（4）方言、土语要慎用。

如果在交谈时，对方并非家人、乡亲，则注意不要使用他们听不懂的方言和土语。即便只有一个人听不懂，也不要使用方言、土语，以免使其产生被排挤、冷落之感。

（5）外语不乱用。

在国内通常的交谈中，应当讲普通话。在非必要使用外语的场景中，不要使用外语交流，一是没必要，二是会影响交谈效果，三是容易给人留下好卖弄、不踏实的印象。

（三）充满热情

热情是语言沟通顺畅的秘诀，唐代大诗人白居易说："动人心者莫先于情。"因此，与人交谈时，要努力保持饱满的热情，通过自己良好的精神状态来传递自身的主动、真诚与善意，进而营造更加良好的交谈氛围。

时代与社会的发展要求我们不断提高自身的文明程度，而说话的文明是其中一个重要的方面，从中往往能窥见一个民族的精神面貌。说话文明看似简单，但要真正做到却也不容易。这就需要我们身体力行，加强修养，让中华民族"礼仪之邦"的优良传统进一步得到发扬光大。

三、交谈的技巧

（一）话题的选择

选择适当的话题，可以融洽交谈气氛，建立友好的关系。下面对沟通中宜选的话题和禁忌的话题进行总结。

1. 宜选的话题

（1）既定的话题。

既定的话题，即交谈双方事先已约定，或其中一方已经准备好的话题。比如，研究讨论、征求意见、求人帮忙、传递信息等的话题。这类话题常用于正式交谈。

（2）双方感兴趣的话题。

要找到双方感兴趣的话题，就要从交谈双方的教育背景、行业经历、兴趣爱好、生活理念、运动健身、休闲旅游、职业发展、子女教育等方面寻求彼此的交集和共同点，从双方都感兴趣的某一个关注点开启谈话，能够很容易取得对方的积极回应，有助于双方相向而行，让交谈更加深入顺畅。

（3）对方擅长的话题。

谈对方擅长的话题，无疑给了对方一个展示自身才华的机会，往往能使谈话气氛变得很融洽，从而可能使对方对你产生好感，何乐而不为呢？谈对方擅长的话题，如与学者谈治学之道，与作家谈文学创作，与医生谈健身治病等。

（4）轻松愉快的话题。

轻松愉快的话题，即谈论起来令人愉快、身心放松、不觉厌烦的话题。比如，电影电视、体育新闻、旅游观光、风土人情、名胜古迹、地方小吃、美容美发、天气情况等。这类话题常用于非正式交谈，可以各抒己见、自由发挥。

（5）时尚流行的话题。

时尚流行的话题具有很强的时代性、社会性和流行性，与经济、社会发展状况和国际形势密切相关，既有社会公众普遍关心的国际时政、社会热点话题，更有电影、时装、文娱等时尚界的流行趋势，还有与百姓生活就业息息相关的民生热点。这类话题往往很容易成为媒体的头条和舆论关注的中心，具有广泛的影响力和话题性。这类话题适用于各种交谈，容易吸引双方的兴趣。选择此类话题要尽量规避极富争议性和敏感性的内容。

话题在一定程度上还与性别有关，女性之间可能会花比较多的时间讨论穿着打扮、时装美容、零食美食、美体健身、孩子教育、家庭关系、旅行休闲等话题。男人可能会花更多的时间谈论国际国内时事、军事、体育、名车名表、电子产品、运动健康、经济发展等话题。

2. 禁忌的话题

交谈应该选择大家都感兴趣的话题，而有些话题是不该触及的，比如，非议他人的话题，他人的隐私，包括年龄、收入、个人物品的价值、婚姻状况、个人经历、宗教信仰等，以及格调不高的话题。

在交谈中，还应避免有争论的话题，因为争论很容易造成敌对心理，争执双方很快会陷入"竞争状态"，唇枪舌剑，互不相让。即使卷入一场争论当中，也应控制好自己的态度和语气，避免锋芒毕露、咄咄逼人。如果你发现他人的意见与自己不同时，最好换一个话题，而不必分个高低，拼个你死我活。

（二）适当的赞美

赞美能缓解矛盾、激励他人，使人与人之间友好相处。赞美是一种有效且不可思议的力量，所有人都希望得到他人的肯定和赞美。因此，在与人交往时，应积极发现对方的优点和长处，并及时加以赞美。

下面介绍几种常用的赞美方法。

1. 直言夸奖法

直言夸奖法是一种简单而直接的表达赞美的方式，它通过明确、坦率的语言来传达对某人或某事的积极评价。这种方法能够增强对方的自信心和满足感，同时加深双方的关系。直言夸奖法要求我们用真心实意的言辞去赞美他人，避免虚假和夸张，使对方感受到我们的诚意。在夸奖时，我们应该尽量提供具体的事例或细节，让对方明白我们赞赏他们的哪一点，这样的夸奖更具有说服力。在夸奖时，可以着重强调对方的努力和进步，而不仅是成果本身，这样可以鼓励他们继续努力，不断自我提升。虽然直言夸奖是积极的交流方式，但过度使用可能会失去效果，甚至引起反感，因此需要根据情况适度运用。

2. 反向赞美法

反向赞美法是一种巧妙的表达方式，它通过看似批评或贬低的言辞来间接表达赞美和敬意。这种方法在特定语境下能够产生意想不到的效果，使沟通更加生动有趣。这种方式往往带有一定的幽默感，能够缓解紧张气氛，增加互动和沟通效果。正确运用反向赞美法能够加深听者的印象，使赞美更加深刻和难忘。然而，如果使用不当，则可能会造成误解或冒犯，因此需要谨慎选择时机和措辞。使用反向赞美法应注意以下事项：要确保对方具有足够的理解力和幽默感，以免造成不必要的困扰；要根据不同的文化背景和社交习惯调整使用频率和强度，避免过度使用导致反效果；要始终保持尊重和真诚的态度，确保反向赞美的意图得到正确传达。

3. 肯定赞美法

肯定赞美法通过给予他人正面的反馈和认可来增强个人或团队的动力和自信。这种方法不仅能够提升受赞美者的情绪和自尊，还能促进更和谐的人际关系和社会氛围。

肯定赞美法的核心在于真诚和具体。当赞美是发自内心并且针对特定行为或成就时，它的效果最为显著。这种赞美能够让人感到自己的努力被看见和重视，从而激发他们继续前进的动力。肯定赞美法还有助于建立积极的反馈循环。当一个人因为受到赞美而感到高兴时，他更有可能去赞美他人，从而形成一种正向的互动模式。这种模式不仅能够提升个体的幸福感，还能够促进整个社会的和谐与进步。肯定赞美法的实施需要注意适度和适时。过度的赞美可能会被视为虚伪或不真诚，而不及时的赞美则可能失去其应有的效果。因此，掌握好赞美的频率和时机是运用这一方法的关键。

4. 目标赞美法

目标赞美法是一种在表扬他人时，为其设定一个明确而具有挑战性目标的方法。当我们在赞美他人时，通常会关注他们过去的成就或当前的表现。然而，目标赞美法则是将注意力转向未来，这种方法不仅能增强被赞美者的自信心，还能坚定其信念，激励他们为实现这一目标而不懈努力。

目标赞美法有助于建立积极的心态。当我们赞美他人并为其设定目标时，我们传达了一种积极的信息，即我们相信他们具备成功的能力。这种积极的心态会使他人更加乐观和自信，从而更好地应对挑战和困难。目标赞美法还有助于培养他人的责任感和自我管理能力。当我们为他人设定目标时，实际上是在鼓励他们主动承担责任，并为之努力奋斗。这种责任感会促使他人更加专注于目标的实现，并学会自我管理和规划。

5. 意外赞美法

意外赞美法是一种让人感到惊喜的赞美方式。当我们渴望得到他人的赞美时，受到称赞自然会让我们感到惊喜和开心。然而，当我们出乎意料地得到他人的赞美时，这种惊喜感会更加强烈。

意外赞美法的魅力在于它能够打破我们对于赞美的固有预期。我们通常会认为只有在完成重大任务或取得显著成就时才能得到赞美，但意外赞美法告诉我们，即使是微小的努力和成就也能够获得他人的认可和赞赏。这种意外的赞美不仅能够增加我们的自信心，还能够激发我们更加努力地工作和追求卓越。此外，意外赞美法还能够让我们在平凡的生活中感受到更多的快乐和满足。有时候，我们可能会忽视身边人的微小善意和关心，而意外赞美法则提醒我们要珍惜这些看似微不足道的赞美。当我们意识到他人对我们的赞美并非出于义务或例行公事，而是真心实意地对我们的认可和赞赏时，我们会感到更加幸福和满足。

（三）幽默

幽默是社会交往中一种独特的艺术形式，它通过巧妙的语言、有趣的情节和生动的形象，使人们在轻松愉快的氛围中感受到智慧和乐趣。幽默具有多种表现形式，包括语言幽默、情景幽默、自嘲式幽默等，每种形式都有其独特魅力。幽默被称为人际关系的润滑剂，在人际交往中起到非常重要的作用。

幽默是一种能够有效缓解紧张气氛的工具。在交谈中，当出现尴尬或紧张的情况时，适时地运用幽默可以迅速打破僵局，使对话重新变得轻松愉快。幽默能够通过引发笑声和愉悦感来缓解人们的紧张情绪，从而有助于恢复交流的流畅性。

幽默具有促进人际关系和谐的作用。当人们在交谈中分享幽默时，彼此之间会感受到一种亲近感和共鸣。这种共鸣有助于加深人们之间的情感联系，建立更加紧密的人际关系。幽默还能够促进人们之间的互动和合作，使交流更加顺畅和高效。

幽默可以作为一种有效传递信息的方式。通过幽默的方式表达自己的观点或意见，可以增加听众的兴趣和注意力，使信息更容易被接受和理解。同时，幽默还能够以一种轻松、诙谐的方式表达批评或建议，减少对方的抵触情绪，增加沟通的效果。

幽默能够提升个人的魅力和吸引力。一个善于运用幽默的人通常被认为是机智、风趣和有亲和力的，这些特质往往能够吸引他人的注意力。幽默还能够展示一个人的自信和智慧，使人们在交谈中更愿意与他们进行交流和互动。

此外，幽默也是人们自我调节情绪的一种方式，有助于保持心理健康。

在提倡幽默的同时，也必须注意"度"，一旦过了头，就可能会适得其反，被对方误解为取笑与讥讽而造成不愉快。幽默的使用还必须具体情况具体分析，尤其是对长辈、女性、初次见面的人，一定要慎用。

（四）礼让对方

在交谈中，不要处处以自我为中心，而争取做到以对方为中心，处处礼让对方、尊重对方，尤其要做到以下几点。

1. 不要否定、纠正和补充他人的意见

在交谈中，要善于聆听他人的意见，若对方所述不涉及大是大非的事情，也无伤大雅，一般不宜当面否定，否则会让对方下不了台。

在社交礼仪中，还有一条重要的原则——不得纠正，因此在交谈中，大家都应该遵循求大同、存小异这一规则。如果对方所述不涉及有辱国格人格、不触犯法律、不违反伦理道德等，一般没有必要纠正其错误。由于不同人可能来自不同的地方，可能有不同的文化背景，考虑问题的角度可能不同，民族习惯也可能不同等，所以你的纠正也未必是正确的。

另外，在社交场合，不得补充他人的意见，否则显得你见多识广，而他人却孤陋寡闻，这都是不尊重他人、不礼让他人的表现。

2. 不要独白，也不要冷场

既然交谈是一种双向沟通，那么在交谈中就不要一个人独白，侃侃而谈，只求自己尽兴，而应该多给他人发言的机会，让他人能发表自己的意见或看法等。

当然，也不允许在交谈中一言不发，保持沉默，使交谈变得冷场，破坏现场气氛。正确的做法是，不论交谈话题自己是否感兴趣，都应热情积极地参与，万一冷场，应积极救场，引出新的话题，使交谈继续下去。

3. 不与他人争执

在社交场合，无论你的知识多么丰富，也不要借此压倒他人，使人难堪。在他人愿意听你的意见时，你可以把你所知道的全说出来，给他人以参考。同时，还要声明你所知道的是有限的，如果有错误，希望大家不客气地加以指正。固执己见、争得你死我活、强词夺理，均是失礼于人的行为。在一般性交谈中，应允许谈话各方各抒己见、言论自由，不做结论。与人交谈重在集思广益，活跃气氛，取长补短。有一句格言说得很好："懦弱愚蠢的人才好激动和大吵大嚷，聪明强干的人什么时候都应保持自己的尊严。"

4. 不随意打断他人讲话

打断他人讲话是不礼貌的，这意味着你对对方的不尊重，会引发误会甚至矛盾。需要打断他人讲话时，需要注意以下几点。

（1）直截了当以"好了，到此为止"这句话中断对方的讲话，但是这句话仅限用于对方态度很强硬时。

（2）对方讲话告一段落时，立即接口谈自己的看法。

（3）以"现在没有时间了""我还有其他的工作"等理由来中断对方的讲话。

（4）预先向对方打个招呼。如一见面就向对方表明态度"请长话短说，我没有什么时间"。

（五）语言沟通的禁忌

1. 喋喋不休

喋喋不休是形容一个人持续不断地说个不停。这种说话方式很容易让人感到反感或不耐烦，因为它忽视了交谈对象的权利与感受，打断了对话的流畅性，使得其他人难以插话或表达自己的观点。当我们与他人交流时，我们应该注意控制自己的言辞，避免过度表达自己的观点或不停地重复同一个话题。否则，可能会让对方感到被忽视或不被尊重，从而导致沟通失败。我们应该鼓励对方发表意见，给予他们足够的时间和空间来表达自己的想法。这样，我们才能营造出良好的沟通氛围，促进双方的交流。

当你真遇上一个喋喋不休的人时，也不必听之任之，生命有限，时间宝贵，转换话题或提醒对方是必要的。比如，你可以说："这件事很有意思，希望以后有机会再继续向您请教，不过我还是希望现在同您谈谈……"这样来中断对方的喋喋不休，使谈话回归正常的话题。

2. 一言不发

一言不发是人际交往中的大忌。在交流中，长时间沉默会被视为一种消极的行为，因为它可能阻碍了交谈双方之间的有效沟通。当一个人选择一言不发时，他们就会错失表达自己观点、分享信息或建立联系的机会。首先，一言不发的沉默可能导致误解和困惑。在交流中，人们通常期望对方能够回应他们的话语或提问。如果一个人保持沉默，其他人可能会感到困惑，不知道对方是否理解他们的观点或是否需要更多的解释，这种沉默可能会引发猜测和不确定性，导致交流陷入僵局。其次，一言不发的沉默可能被视为不尊重或不感兴趣。在社交场合中，人们通常期待对方积极参与对话，表达自己的观点和意见。如果一个人选择一言不发，对方可能会认为他不感兴趣或不愿意参与讨论，这可能会导致对方对他产生负面印象，影响人际关系的建立和发展。最后，一言不发的沉默也可能限制个人的成长和发展。通过与他人进行有意义的对话，我们可以学习新的知识、拓宽视野并获得不同的观点。如果我们选择一言不发，那么我们将错失这些机会，无法从他人的经验和见解中受益。

3. 尖酸刻薄

尖酸刻薄的言辞是一种不恰当的沟通方式。它通常表现为对他人的批评、嘲讽或挖苦，往往带有贬低、侮辱或攻击的意味。这样的话语很容易引起对方的反感和抵触情绪，导致沟通陷入僵局。尖酸刻薄的言辞往往源于个人情绪的波动或对他人的误解。当我们情绪不稳定或对他人产生偏见时，很容易用尖酸刻薄的言辞来表达自己的观点。然而，这种方式并不能解决问题，反而可能加剧矛盾和冲突。因此，为了避免尖酸刻薄的言辞，在与他人交流时，我们要学会控制自己的情绪，避免因情绪波动而说出伤人的话语。应该学会尊重他人，每个人都有自己的想法和观点，我们应该尊重他人的选择和权利，尽量站在对方的角度去理解问题，避免用尖酸刻薄的话语来回应。如果我们不小心说出了尖酸刻薄的话语，要及时向对方道歉，并请求对方的原谅。同时，也要学会原谅他人的过失，避免因一时的冲动而破坏人际关系。

4. 无事不晓

我们应当避免给他人留下一种自己无事不晓的印象，否则可能会让他人感到不舒服，甚至产生反感。因此，我们需要在表达自己的观点时，更加谦虚和谨慎。首先，我们要认识到每个人都有自己的局限性和不足之处。一个人无论知识多么丰富，都不可能涵盖所有的领域。因此，在与他人交流时，我们应该保持开放的心态，愿意倾听他人的观点和意见。这样不仅可以增加知识和见识，还能够建立更好的人际关系。其次，我们要尊重他人的智慧和经验。每个人都有自己独特的背景和经历，他们可能在某些方面更有经验和专业知识。

因此，我们应该虚心向他人请教，而不是自以为是地认为自己无事不晓。通过与他人的交流，我们可以学到更多的知识和技能，提升自己的能力。此外，我们还应该注意到，过度自信和自大的态度可能会阻碍我们的成长和进步。如果我们总认为自己已经无所不知，那么我们就会停止学习和探索。相反，如果我们能够保持谦逊和开放的心态，我们就能够不断地成长和提升。

5. 逢人诉苦

在沟通时，我们应该尽量避免逢人诉苦，因为频繁地向他人抱怨或诉说自己的不幸遭遇，可能会给人留下消极、悲观的印象。这种行为不仅可能影响到他人的情绪和心情，还可能对自己的形象造成负面影响。首先，逢人诉苦会让人感到沉重和压抑，他人可能会因为无法提供有效的帮助或解决方案而感到无能为力，甚至可能因此产生逃避或疏远的行为。其次，逢人诉苦也会让自己陷入消极的情绪中。当我们过分关注自己的不幸和困境时，可能会忽视生活中美好和积极的一面。这种消极的情绪可能会进一步影响我们的行为和态度，使我们变得更加悲观和无助。因此，我们应该更多地分享自己的快乐，分享积极的情绪和体验。这样不仅可以提升自己的情绪状态，还可以给他人带来正能量和鼓励。当然，这并不意味着我们不能向他人倾诉自己的困扰和问题。有时候，与亲近的朋友或家人分享自己的困扰，可以获得他们的支持和建议。但是，我们需要谨慎选择倾诉的对象和时机，避免过度依赖他人的同情和支持，而是要学会独立面对和解决问题。

第二节　非语言沟通系统

非语言沟通是指除语言沟通以外的各种人际沟通方式，如身体动作、副语言、空间距离及沟通环境等。有时候，人们有意识地运用非语言沟通技巧，而有时候却是一种下意识的行为。例如，面部流露出的微笑、眉头紧皱、开会入席的座位、办公室的大小及室内陈设，这些非语言信息都传达着不同的含义。非语言信息在实际沟通中起着非常重要的作用，甚至比语言信息更为重要。根据有关研究表明，在人们实际沟通的过程中，非语言所提供的信息远远超出语言所提供的信息，正所谓"无声胜有声"。

一、非语言沟通的作用和特点

（一）非语言沟通的作用

有研究认为，在人们沟通中所发送的全部信息中，仅有7%是由语言来表达的，而93%是由非语言来表达的。非语言沟通在人际交往中扮演着至关重要的角色。它通过身体动作、面部表情、声音的音调和节奏等形式，传递出比语言更为丰富和深刻的信息。这种沟通方式可以跨越语言和文化的障碍，使人们能够更直接地表达情感和意图。

首先，非语言沟通可以增强语言的表达力。当人们用语言交流时，他们的身体动作和面部表情往往会加强或改变语言的含义。例如，一个人说他很高兴，但他的面部表情和身体动作可能显示出他实际上是在压抑某种不愉快的情绪。因此，非语言沟通可以帮助我们更准确地理解他人的真实感受。

其次，非语言沟通可以建立和维持人际关系。人们通常会根据他人的非语言信号来判断他们的性格和情绪状态。例如，一个经常保持眼神接触和微笑的人可能会被视为友好和开放，而一个经常避免眼神接触和面无表情的人可能会被视为冷漠或难以接近。因此，非语言沟通在形成第一印象和建立信任方面起着关键作用。

最后，非语言沟通还可以调节社交互动的节奏和流畅性。在对话中，人们会使用各种非语言信号来表明他们是否愿意继续交流，或者是否希望改变话题。例如，点头和微笑通常表示同意和鼓励，而交叉手臂和皱眉则可能表示不同意或不满。这些非语言信号可以帮助人们更有效地进行交流，避免误解和冲突。

（二）非语言沟通的特点

（1）直观性。非语言沟通主要通过身体动作、面部表情、眼神交流等直观方式进行，不需要借助口头语言或文字，这使得非语言沟通具有更直接、更生动的表达效果。

（2）普遍性。非语言沟通是全人类共有的一种沟通方式，不受语言、文化、地域等限制。无论在哪个国家、属于哪个民族，人们都可以通过非语言沟通来表达情感、传递信息。

（3）实时性。非语言沟通可以实时地反映个人的情绪和心理状态。例如，当人们感到紧张时，他们可能会出现颤抖、出汗等生理反应；当人们感到高兴时，他们的面部表情和身体动作也会相应地表现出愉悦的情感。

（4）多样性。非语言沟通的方式多种多样，包括面部表情、身体动作、眼神交流、声音语调等。这些不同的非语言沟通方式可以相互组合，形成丰富多样的沟通模式。

（5）辅助性。非语言沟通往往与语言沟通相辅相成，共同完成信息的传递和交流。在某些情况下，非语言沟通甚至可以起到比语言沟通更为重要的作用。例如，在面对复杂、敏感的问题时，人们更倾向于通过非语言沟通来表达自己的观点和立场。

（6）含蓄性。非语言沟通往往具有一定的含蓄性，需要接收者具备一定的解读能力。例如，一个微笑可能表示友好，也可能是对某种情况的无奈；一个眼神可能表示关注，也可能表示警告。因此，在非语言沟通中，接收者需要根据具体的语境和背景来正确解读发信者的意图。

（7）持续性。非语言沟通是一个持续的过程，贯穿于整个沟通过程。与语言沟通相比，非语言沟通更能反映出个人在沟通过程中的情绪变化和心理状态。

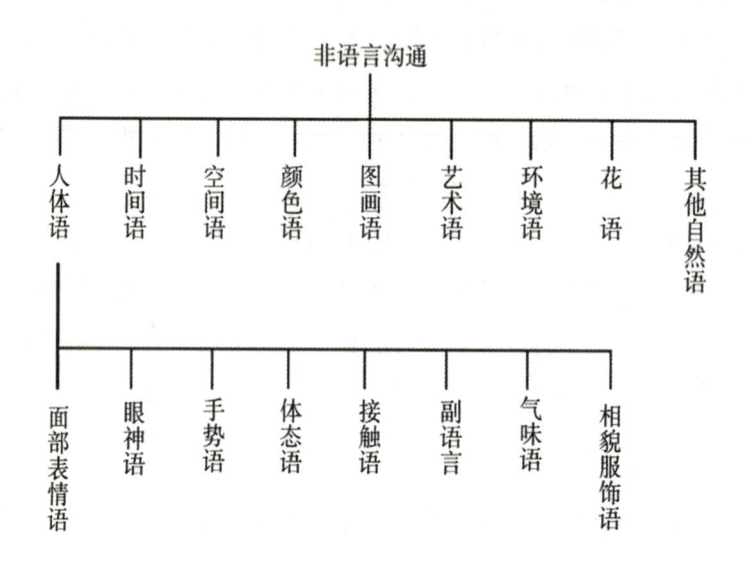

二、非语言沟通的类型

非语言沟通的类型有很多，如人体语、时间语、空间语、颜色语等。人体语又可以分为面部表情语、眼神语、手势语等，具体如图2-1所示。

图2-1 非语言沟通的类型

在沟通中常用的非语言主要有以下几种类型。

（1）人体语。人体语是指人们用肢体特征和体态发出的非语言信息，它是非语言沟通的主要形式，能够传达的信息最为丰富，如眉来眼去、暗送秋波、点头示意等。人体语又分为面部表情语、眼神语、手势语、体态语（站、坐、走、蹲等）、接触语、副语言、气味语、相貌服饰语。相貌服饰语是指人们的相貌、衣着、首饰、发式、妆容等传递出的非语言信息。

（2）时间语和空间语。用时间表达的信息符号称为时间语，它研究的是人们对准时、及时、延时、过去、现在、将来等的理解。用空间表达的信息符号称为空间语，它研究的是沟通者之间的距离、位置的安排等内容。

（3）颜色语和图画语。用颜色表达的信息符号为颜色语，用图画表达的信息符号为图画语。

（4）艺术语。艺术语是指用音乐、舞蹈、雕塑、建筑等艺术形式表达的信息符号。音乐可以沟通人们的思想感情；音乐作为一种高度抽象化的听觉符号系统，由一系列要素，如节奏、节拍、速度、响度、音区、音色、调性等组合而成。在长期的有序化发展过程中，音乐符号的表意功能日益严格、系统，因而被人们称为"音乐语言"。

（5）环境语。用环境表达的信息符号为环境语，如场合、室内装饰、温度、光线等表达的信息。

（6）其他自然语。在自然界，除人之外，还有很多动物都会进行沟通。动物发出的信号和声音没有复杂到人类语言的程度，但也可以传递信息。例如，蜜蜂会通过舞蹈动作来传递蜜源所在地；蚂蚁会通过触角来传递信息。

非语言沟通类型的比较如表2-1所示。

表 2-1 非语言沟通类型的比较

基本类型	说明、解释和举例
身体动作	手指、面部表情、眼神、感觉等
形体特征	体形、体格、姿态、身高、体重、发色、肤色等
副语言	音质、音量、语音、语调、语速等
空间	人们使用和占领空间的方法，如座位的安排、谈话的先后顺序和空间距离等
环境	建筑和房间的设计，如内部装饰、清洁、光线和噪声等
时间	早到或迟到、等待他人或让他人久等

三、非语言沟通的主要形式

（一）面部表情

1. 表情的作用

表情是指凭借眼睛、嘴巴及脸部肌肉等的变化表现在面部的思想感情及信息。人们对现实环境和事物所产生的内心体验，以及所采取的态度经常会有意无意地通过表情显示出来。

表情最能反映出一个人的特性，可表现出喜悦、愤怒、悲壮、惊恐、爱慕、憎恶、欲望、嘲笑、哭泣等各种情感；也可表现出坚强与懦弱、直爽与深沉、安静与急躁等各种性格气质，以及肯定与否定的态度。

表情在面对面沟通中尤为重要，它能够帮助有声语言传送信息，沟通人们的心灵感受。

2. 面部的信息

罗曼·罗兰认为，面部表情是比嘴里说的更加复杂千倍的语言。面部可以做出多种多样的表情，每种表情又包含了不同的信息，是说话人情绪变化的显示器。面部信息的表意如表2-2所示。

表 2-2　面部信息的表意

面部信息	表意
哭丧着脸	很不满、失望、义愤填膺
板着面孔	不满意、不高兴
脸色变红	难为情、心理紧张
脸色苍白	悲哀、极度惊恐
脸色发青	万分愤慨
真诚的微笑	热情、富有同情心、善解人意
虚假的微笑	奉承、迎合、矫揉造作、缺乏自信
动人的微笑	内心愉快

3. 眉毛的信息

眉毛信息的表意如表2-3所示。

表 2-3　眉毛信息的表意

眉毛信息	表意
眉头皱起	迷惑、讨厌、不赞成、为难
眉毛斜挑	妒忌、不信任
单眉上扬	怀疑、不理解
双眉上扬	非常欣喜、极度惊讶
紧锁眉头	沉思问题
双眉下垂	沮丧、悲忧
双眉倒立、眉角下拉	极度愤怒、异常气恼
眉毛迅速上下活动	心情愉快，内心赞同和亲切
眉毛下垂且嘴唇紧绷，头及下颌向前挺起	和对方怒目相视

4. 口唇的信息

口唇信息的表意如表2-4所示。

表 2-4　口唇信息的表意

口唇信息	表意
嘴角上翘	豁达、随和、容易被说服
嘴角下垂	性格固执、刻板、爱计较、不好说话
抿住嘴唇	意志坚决，不愿暴露内心的想法
噘着嘴	不满意或准备攻击对方
唇角向后缩	对话题感兴趣，在倾听

(续表)

口唇信息	表意
咬嘴唇	自我责备、自我解嘲、自我反省
掩口而笑	性格内向

5. 鼻子的信息

鼻子信息的表意如表2-5所示。

表2-5 鼻子信息的表意

鼻子信息	表意
下巴向上，鼻孔对人	蔑视对方，瞧不起人
下巴稍抬，鼻子坚挺	性格倔强，固执己见
摸着鼻子沉思	内心斗争激烈，犹豫不决
倾听时摸鼻子	不相信说者，在考虑如何应对

6. 头部的信息

头部信息的表意如表2-6所示。

表2-6 头部信息的表意

头部信息	表意
点头	赞同
摇头	不赞同
低头听	审慎地听对方说话，多倾向于否定
垂头	苦恼或丧气

7. 目光的信息

眼睛是心灵的窗户，人们从眼睛里可以认识到一个人的内心世界。

（1）目光的功能。

目光接触在人际沟通中极为重要，目光的功能及表意如表2-7所示。

表2-7 目光的功能及表意

功能	表意
表示爱憎	诚实、善良的目光可以化解矛盾、打破僵局，使沟通得以继续。深切的注视，是崇敬的表示，眉来眼去、暗送秋波是情人之间沟通感情的形式，横眉冷眼则是仇人之间的目光较量
表示威吓	目光长时间地盯视对方会产生一种威吓功能。当父母长时间盯视着犯错的孩子时，孩子往往会感受到压力
等待反馈	两个人面对面地交谈，说者将视线转向听者面部，这是在等待听者的反馈意见
显示地位	当地位高的人和地位低的人谈话时，地位高的人投向地位低的人的目光要多于地位低的人投来的目光

(2)目光的运用。

黑格尔说:"人们从眼睛里可以认识到内在的、无限的、自由的心灵。"一个人的目光(眼神)可以传递各种不同的信息。目光的运用应配合情感和传递内容的变化,使传情达意的作用更加明显。目光的运用还可以表现自我,展现自己的内在修养。

目光运用的方法如表2-8所示。

表2-8 目光运用的方法

方法	表意
环视	广泛观察,视线有意识地自然流转,扫视全场,这样说者可以迅速地了解听者对话题感兴趣的程度,以便说者及时进行调整,做到与听者保持一致
点视/专注	目光注视着某一部分听者,保证他们及时理解说者所表达的意思。对有疑问的听者,投以引导性的目光,使其渐渐稳定;对欲言又止的听者,投以赞许的目光;对交头接耳、窃窃私语的听者,投以制止的目光。而这些都需要我们在实际运用中灵活掌握
虚视	目中无人,目光似视而非视,好像在看什么地方、看什么人,但实际上什么也没看。这种目光一般适用于人数较多的场合,如演讲、表演。虚视可以穿插于环视、点视之间,用以调整、消除环视所带来的飘忽感和点视可能带来的呆板感。"视而不见"的虚视还可以消除说者的紧张心理,帮助说者集中精神

(3)眼睛的信息。

眼睛信息的表意如表2-9所示。

表2-9 眼睛信息的表意

眼睛信息	表意
目光注视	对话题感兴趣
眼球转动,眼神不定	思考或怀疑
频繁眨眼或闭眼	对话题不感兴趣或厌烦
眼睛看别处或盯在某处	对话题完全不感兴趣或拒绝相关建议
眼睛睁大	对话题感兴趣、兴奋和喜爱
眼睛眯小	对建议反感、气馁
视线向上、水平、向下	向上表示尊敬、敬畏,水平表示理性冷静,向下表示爱护、爱怜和宽容

(二)手势和腿足部体态

1. 手势的作用

手势在促进沟通、表达情感、增强记忆、促进社交互动等方面发挥着重要作用。它是一种独特而有效的沟通方式,为人们提供了更多表达和交流的可能性。在人际沟通中,手势可以起以下作用。

(1)促进沟通。手势可以帮助人们跨越语言障碍,实现有效的沟通。对于那些无法使用口头语言的人来说，手势成为他们与他人交流的主要方式。通过手势和身体动作，他们能够表达自己的想法、需求和感受。

（2）表达情感。手势不仅可以传达具体的信息，还可以表达情感和情绪。人们可以通过手势来表达喜、怒、哀、乐等情感，使沟通更加生动和真实。手势的这一作用使得人们在交流中更容易理解彼此的情感状态和意图。

（3）增强记忆。手势有助于加强记忆和理解。有研究表明，将手势与学习内容相结合可以提高记忆力和学习效果。手势通过视觉和动作的结合，帮助人们更好地理解和记忆信息。

（4）促进社交互动。手势可以促进人与人之间的社交互动。在社交场合中，手势可以增加交流的趣味性和互动性，使人们更加投入和享受交流的过程。手势的这一作用有助于建立更紧密的人际关系和社会联系。

2. 手势信息

美国盲人女作家海伦·凯勒说："我接触过的手，虽然无音，却极有表现性。有的人握手能拒人千里，我握着他们冷冰冰的指尖，就像和凛冽的北风握手一样。有些人的手充满阳光，他们握住你的手，使你感到温暖。"

手势，即以手的动作和态势示意，它是人体语的一个重要方面。在人际沟通中，人们常常以手势来表情达意。手势信息的表意如表2-10所示。

表2-10 手势信息的表意

手势信息	表意
手摸后脑勺	尴尬，为难，不好意思
用手挠头	困惑，麻烦，不满
握拳	愤怒，紧张，挑战，情绪激动
双拳频频捶胸	悲痛
以拳击掌	将发起攻击，果断决定
并拢手指摸额头	害羞，困惑，为难
双手指尖并拢抵住下巴	充满信心，对对方讲话感兴趣
双手挥舞	高兴至极，得意忘形
双手相搓	为难，急躁
双手叉腰	挑战，示威，感到自豪
双手摊开	真诚，坦然，无可奈何
双手插在口袋里	内心紧张，处世冷漠，玩世不恭
手臂交叉放在胸前	胸有成竹，有思想准备，不愿与人接触
握手有力	热情，兴奋，表现欲强

(续表)

手势信息	表意
握手无力	个性懦弱，缺乏气魄，傲慢，冷淡
握手时掌心出汗	兴奋，紧张
握住对方双手上下摇动	热情，真诚，有求于人
手掌向下握手	想占主动和支配地位
手掌向上握手	软弱，被动，受人支配
把手放在熟人肩上	友好，信任
把手放在生人肩上	蔑视，不尊重
交谈时用手玩身边的物品或做小动作	不感兴趣，不耐烦，不赞同
交谈时不停地咬手指或指甲	不够成熟，比较幼稚
伸出大拇指	赞叹
伸出小拇指	鄙视、瞧不起人

3. 腿足部的信息

腿足部信息的表意如表2-11所示。

表2-11　腿足部信息的表意

腿足部信息	表意
把腿放在桌子上	扩大势力范围，有占有欲和支配欲，待人往往傲慢无礼
张开腿部而坐	开放型动作，有自信，欲结束谈话
标准式架腿动作	封闭式动作，保护自己的势力范围，拒绝对方
两人（或男女）并排架腿	两人在封闭圈内，关系密切
频频交换架腿姿势	情绪不稳定，急躁、不耐烦
自然架腿的女性	对自己的容貌及身材有自信，但动作不雅
男性脚踝交叉坐	警惕，防范，压制自己的情绪
女性脚踝交叉坐	含蓄、委婉地拒绝
女性膝盖并拢坐	防御性心理
小幅度抖动或摇动腿部	不安，紧张，急躁
摇晃架在另一条腿上的脚	心情轻松，挑逗，诱惑
用脚拍打地板或摇动脚	急躁，不安，不耐烦，摆脱紧张感
鞋底外侧磨损严重	性格外向，生活积极
鞋底内侧磨损严重	性格内向
鞋底两侧都磨损严重	温和平稳
脚尖的指向	两人的脚尖互指成直线，表示两人关系亲密

在谈话过程中，当人们不愿意把内心的焦虑不安表露在脸上或身体其他部位时，便会轻轻地抖动腿部。所以，人的腿部往往最先表露自己的潜意识。腿部常常呈现出以下三种姿势。

（1）两腿分开。这是一种开放型姿势，显出稳定、自信，并有接受对方的倾向。

（2）两腿并拢。这是一种保守型姿势，往往显得正经、严肃和拘谨。如立正、正襟危坐，容易令人产生紧张、压抑的感觉。

（3）两腿交叉。这是一种防御性姿势，经常显得扭捏、胆怯，或者随便散漫、不亲近、不融洽。如站立时的别腿姿势和坐着时的架腿姿势，这两种姿势都颇有不拘礼节的意味。特别是架腿姿势，会给他人留下放肆、自大、无礼、过于随便的印象。为了在沟通中充分显示你的气质和风度，我们主张两腿分开的姿势。站立时，两腿张开，两脚成"丁"字形，或平行相对，或一前一后，躯干伸直，不要屈膝和弯腰弓背，否则显得消沉散漫、无精打采。坐宜端坐，两腿稍稍分开，间距不超过肩宽，而女性则以双膝并拢为宜，腰板轻松挺直，这样可以显得自然、从容、精神饱满。

（三）躯干体态

人体的躯干部位主要包括胸、腹、背、腰等。在人际交往中，人们可以通过躯干部位的姿势辨别出暗含的信息。躯干信息的表意如表2-12所示。

表2-12 躯干信息的表意

躯干信息	表意
凸出腹部	心理优越，自信并满足
解开上衣纽扣露出腹部	胸有成竹
腹部起伏不定	兴奋，激动或愤怒
轻拍自己的腹部	表示自己有风度和雅量
双手横叉腰间	以势压人，胸有成竹
鞠躬并弯腰	谦虚，尊敬或惧怕
驼背或低头哈腰	畏惧，自卑，有闭锁性和防卫倾向
腰背挺直站立或端坐	情绪高昂，充满自信，自制力强
坐得笔直，紧靠椅背	典型的紧张状态
深坐在椅子上	放松状态
浅坐在椅子上	缺乏安全感
交谈中上身逐渐倾向说话者	认为话题有趣或要阻止对方讲话
交谈中上身逐渐远离说话者	认为话题无趣
交谈中身体转向出口处或频繁改变姿势	希望结束谈话

(续表)

躯干信息	表意
背向对方	拒绝，不理睬，回避或等待对方来说服
背对他人打电话	带有秘密性，不愿他人介入
同性之间拍背	同感，共鸣和鼓励
异性之间触摸背部	渴望接近，试探性说服但又恐拒绝
昂首挺胸	表明自信

（四）行走姿态

（1）行走姿态的特点。每个人的走路姿势都有所不同。其中，有一些特征是由于身体本身的原因造成的。但是，步态和跨步幅度的大小也会随着情绪的变化而改变。如果一个人很高兴，那么他会脚步轻快；反之，他就会双肩下垂，走起路来好像鞋里灌了铅一样。

一般说来，走路快且双臂摆动自然的人，往往有坚定的目标，并积极加以追求；习惯于行走时将双手插在口袋中的人，常常显得玩世不恭。一个人在沮丧时，往往两手插在口袋中，拖着脚步，很少抬头注意自己在往何处走。

（2）行走姿态的表意，如表2-13所示。

表2-13 行走姿态的表意

行走姿态	表意
脚步轻快	心情愉快
双肩下垂，步履沉重	心情沉闷
快步如风，摆臂自然	目标坚定，积极追求
拖动脚步，两手插口袋	心情沮丧

（五）仪表信息

一个人的仪表包括相貌、身材、衣着、打扮等。相貌和身材是人生来就有的身体特征，而衣着、打扮却是按照人们自己的审美观和标准刻意追求的外在美的显现。人的仪表本身就具有一定美的标准，如护士的仪表，应是整洁、美观、大方、朴实的；教师的仪表就应做到整洁利落、庄重大方、精神振奋、充满元气，给学生以美的感受和美的启示。仪表的意义体现在以下两个方面。

（1）相貌和身材：表现人的身体特征和个性。

（2）衣着和打扮：反映人的地位、个性、职业、信仰和行为规范。

（六）空间距离

沟通总是在一定的空间内进行的，因此空间也就成了沟通过程中不可缺少的组成部分，而且人们也总是自觉地利用空间要素来沟通有关信息。

1. 空间距离的信息

直接地坐在或站在某人的对面或他们的上方，会让人产生下意识对抗的感觉，这会使交流者进入敌对状态。

特别提醒：坐或站形成交角会比直接面对着好。尽可能坐在或站在与你交谈的人相同的水平。

在面对他人时，一个人过高被认为是不利的一面，假如你高于平均水平，要注意你的高度不要威胁到他人。稍微地与其他人站距拉开些，使他们不必仰脖子来看你。每个人都有一个不可侵犯的个人空间范围，这个空间谨防任何人闯入，注意你对人与人之间距离的应用。

特别提醒：在商务接触中，人与人之间的站距应有一臂的距离。

空间距离的信息显示了人的地位和亲密程度。一般来说，人际交往的空间距离有四种：亲密距离、私人距离、社交距离和公共距离。

（1）亲密距离。

与对方只有一臂之遥，适合进行较敏感话题的沟通，只有关系亲密的人，才允许进入该区，如果陌生人进入，人们通常会感到不舒服，并设法拉开距离。这种距离适用于家人、情人之间的交谈。

（2）私人距离。

双方之间交谈的距离保持在45～120cm，这是在进行非正式的私人谈话时最常用的距离。

（3）社交距离。

双方之间的距离保持在120～360cm，适合于一般商务及社交上的来往。

（4）公共距离。

公共距离为360～750cm，通常被用在公共演讲中，在这种情况下，人们说话的声音更大，手势更夸张。这种距离上的沟通更正式，同时人们互相影响的机会更少。

2. 空间距离是沟通手段

空间距离之所以能成为一种沟通手段，就是因为不同的沟通距离、不同的空间方位不仅显示着人们的情感关系，而且影响着人们的情感表达。一般来说，交往双方在相当近的距离内，可以通过视觉密码、热量密码、嗅觉密码、噪声密码传递信息，产生情感共鸣，有助于情感的沟通。

视觉密码是指两人面对面地直视，在目光接触中，双方能更清楚地看到对方的容貌和表情，产生一种新的视觉感受。

热量密码是指双方相距甚近时，能相互感受到对方身上散发的热量，给人一种强有力的情感刺激，产生新的触觉感受。

嗅觉密码是指两人靠近时，相互之间可以嗅到对方身上的气味，产生的嗅觉感受有助于双方感情的同化。

噪声密码是指两人靠近时，不但能听清语言而且还能听到发声时的噪声、呼吸声，产生微妙的听觉感受，有助于感受到语言的情感。

总之，在近距离内，人们相互之间能给予对方强烈的情感刺激，于是产生一种近体效应，越是身体接近，就越能激发情感、密切关系。当然，近体效应的产生要以一定的情感关系为基础，需要恰当的情境及其他相关条件。

3. 空间距离的运用

美学原理告诉我们，距离能够产生美。人际距离是衡量人际关系密切程度的一把尺子。根据交谈对象的不同，我们应选择不同的交谈距离。与关系密切的人交谈，距离可以稍近；与不熟或是陌生人交谈，应保持一定的距离。在商务场合中，交谈双方的距离可保持在1米左右，因为双方传递信息，不仅依靠口头语言，还要依靠体态语言、表情变化等。因此，与人交谈时一定要选择一个最佳位置和最佳距离。

4. 特殊的"零距离"沟通——触摸

触摸是一种"零距离"沟通方式，双方靠得越近，发生触摸可能性越大。触摸也是一种有效的沟通方法，它是其他沟通方式的替代和语言沟通的重要补充。抚摸可使不安的人平静下来，对听力或视力不佳者，抚摸可使对方引起注意，起加强沟通和提示的作用。

触摸可以产生正效应，也可以产生负效应，它受性别、社会文化背景、触摸的形式、双方的关系和不同礼仪规范等的影响。因此，触摸并不适用于所有的沟通场合、沟通对象，如果使用不当，就会产生负效应。

有职业研究表明，许多人表示在遇到麻烦时，他人的触摸能有效安慰自己；在生病时，他人的触摸能让身体感到舒适些。

在职业关系中，双方必须保持一定的社交距离，尤其当对方是异性时，在接触或被接触时会感到尴尬和窘迫。

【案例分析】

曾国藩的识人术

曾国藩具有超乎异常的识人术，擅长通过人的身体语言来判断对方的品质、性格、情绪、经历，并对其前途做出准确的预言。

某日，李鸿章带了三个人去拜见曾国藩，请曾国藩给他们分派职务。恰巧曾国藩散步去了，李鸿章示意那三个人在厅外等候，自己去到里面。不久，曾国藩散步归来，李鸿章说明来意，请曾国藩评析那三个人。曾国藩摇手笑言："不必了，面向厅门、站在左边的那位是一个忠厚人，办事小心谨慎，让人放心，可派他做后勤供应一类的工作；中间那位是一个阳奉阴违、两面三刀的人，不值得信任，只宜分派一些无足轻重的工作，担当不得大任；右边那位是一个将才，可独当一面，将大有作为，应予重用。"

李鸿章很惊奇，问："还没用他们，大人您如何看出来的呢？"

曾国藩笑着说："刚才散步回来，在厅外见到了这些人。走过他们身边时，左边那个态度温顺，目光低垂，拘谨有余，小心翼翼，可见是一个小心谨慎之人，因此适合做后勤供应一类只需踏实肯干、无须多少开创精神和机敏的工作。中间那位，表面上恭恭敬敬，可等我走过之后，就左顾右盼、神色不端，可见是一个阳奉阴违、机巧狡诈之辈，断断不可重用。右边那位，始终挺拔而立，气宇轩昂，目光凛然，不卑不亢，是一位大将之才，将来成就不在你我之下。"

曾国藩所指的那位"大将之才"，便是日后立下赫赫战功的淮军勇将刘铭传。

思考并分析：

（1）分析案例，试简述曾国藩的识人术。

（2）我们怎样从身体语言上识人？对自己的身体语言，我们该注意哪些？

【本章小结】

沟通的过程也是信息传递的过程。人类最早的语言以形体和手势为主，以简单发声为辅。其后，这种情况颠倒过来，变成以发声为主、体态语为辅。最后，从口头语言中发展出了文字，并出现了书面语言。实际上，书面语言是以口头语言为基础的有形符号系统。书面语言虽是在口头语言的基础上发展起来的，但成形后，在运用中却显示出了与口头语言的不同。

每一种语言都有其独特的风格，如正式或非正式、直率或含蓄、精确或模糊、简洁或详尽。

在实际的工作和生活中，要传递一个信息或表达一种思想，为了达到良好的效果，面对不同的对象，在不同的情境下，首先要考虑的是选用什么样的沟通方式，必须仔细分析各种沟通方式的特点及可能产生的效果，然后再根据实际情况选择一个最合适的方式。

【复习思考题】

（1）简述口头语言和书面语言的优势与劣势。
（2）如何运用口头语言进行有效沟通？
（3）语言沟通的基本要求是什么？
（4）结合赞美技巧，对身边的5位同学进行赞美。
（5）举例说明常见的社交专用语。
（6）简述非语言沟通的类型。
（7）简述非语言沟通的作用与特点。

第三章　自我沟通

【学习目的】

（1）了解自我沟通的定义。
（2）熟悉情商的管理与提升方法。
（3）掌握自我情绪调节的技巧。
（4）掌握大学生自我提升与职业定位的相关知识。

【课程导入】

一位哲人和几个朋友一起住在一间只有七八平方米的小房子里，但他总是乐呵呵的。有人问他："那么多人挤在一起，有什么可高兴的？"哲人说："朋友们住在一起，随时可以交流思想、交流感情，难道这不是值得高兴的事吗？"

过了一段时间，朋友们陆续成了家，先后搬了出去，屋内只剩下他一个人，但他每天仍非常快乐。有人问他："你一个人孤孤单单的，有什么好高兴的？"他说："我有很多书啊！每一本书都是一位老师，和这些老师在一起，可以随时请教，怎能不令人高兴？"

几年后，这位哲人成了家，搬进高楼的一层，那是别人都不愿意要的底层，但他仍是一副快乐的样子。有人问他："你住这样的房子还能快乐吗？"哲人说："一层好啊！进门就是家，搬东西很方便，朋友来访也很方便……特别让我满意的是，可以在屋前、屋后的空地上养花、种草，这真好呀！"

又过了一年，这位哲人把一层让给一位家里有偏瘫老人的朋友，自己搬到楼房的顶层，他依旧快快乐乐的，又有人问他："住顶层有什么好啊？"他说："好处多着呢！每天上下楼几次，有利于身体健康；看书、写文章光线好；没有人在头顶上干扰，白天黑夜都安静。"

柏拉图曾说："决定一个人心情的，不在于环境，而在于心境。"在生活中，我们都应该向案例中的哲人学习，学会自我沟通，快乐过好每一天。

我国古代伟大的哲学家、思想家、道家学派创始人老子在《道德经》中提出："知人者智，自知者明。"意思是能够了解他人、认识他人是智慧的，而能够了解自己、认识自己，这才是最聪明、最难能可贵的。也就是说，人只有了解和认识自己，才能够扬长避短、趋利避害，发挥自己的优势和潜能。在古希腊德尔斐的阿波罗神庙中也镌刻了这样一句类似的名言:"人啊,认识你自己!"数千年来,人类高度重视对于"自我"的探索并且从未停止,自我认识与自我沟通是我们每个人都需要认真和严肃面对的重要人生课题。

第一节 自我沟通与自我认识

布鲁默在《象征互动论》一书中提出这样一个观点:人能够与自身进行互动——自我互动。他认为,人是拥有自我的社会存在,人在将外界事物和他人作为认识对象的同时,也把自己本身作为认识的对象。在这个过程中,人能够认识自己,拥有自己的观念,与自己进行沟通或传播,并能够对自己采取行动。

布鲁默的"自我互动"理论告诉我们,人不但能与社会上的他人进行沟通,而且能与自己本身进行沟通,即自我沟通。自我沟通同样具有社会性,它是与他人的社会传播关系在个人头脑中的反映。自我沟通对个人具有重要的意义,通过自我沟通,人能够在与社会、他人的联系中认识自己、改造自己,不断实现自我的发展和完善。

一、自我沟通

自我沟通(Intrapersonal Communication)也称内向沟通,即信息发送者和信息接收者为同一个行为主体。简单来说,就是自己发出信息,自己接收和理解信息。人的冷静思考、自我反省、自我激励、思想斗争、内心冲突等都是自我沟通的表现形式。心理学家认为,在自我(Self)的内心世界里,有"主体我"(I)和"客体我"(Me)之分。主体我体现了外界对人的要求,即自我中对外界要求的理解、接受部分。客体我则是已形成的自我概念、观念体系等。主体我往往是主动、积极的,而客体我往往是相对稳定、被动的。主体我不断地向客体我提出要求,客体我不断地做出回答并给主体我以反馈或影响。二者相互作用的过程就是人的自我沟通过程。人与人之间的信息传播、组织传播、大众传播等对人的影响作用,都需要通过人的自我沟通来实现。

良好的自我沟通,需要遵循以下几条规则。

(1)树立正确的自我认识。自我沟通的首要条件是认识自己的不足、障碍、限制和问题到底在哪里。

(2)打开自我,增强内在驱动力。必须用心去感觉、体悟,使自己的心开放,增强自我沟通的内心动力。

(3)付诸行动。心动不如行动,当自己的内心动力增强后,即刻就要付诸实践,让行动发挥出自我沟通的充分效果。

(4)自我反省。遇到任何问题、状况与事情时,不要怨天尤人,而是要冷静下来先进行自我反省。

二、自我认识

自我认识是自我意识的认知成分，也是自我调节控制的心理基础，它又包括自我感觉、自我概念、自我观察、自我分析和自我评价。自我认识表现为主体我对客体我的认识，也就是人能将自己的情况，包括外观、生理情况及自己的感知、思考、体验、意图、行为等心理活动、心理过程、心理内容及其特点报告给自己。

在人的发展过程中，自我认识是一个深刻且持续的过程，这个认识过程包括以下三个方面。

（一）反映评价——我是别人所评价的那样的人吗？

库利在1902年出版的《人类本性与社会秩序》一书中提出"镜中我"理论。这个理论认为："一个人的自我观念是在与其他人的交往中形成的，一个人对自己的认识是其他人对于自己看法的反映，他所具有的这种自我感觉，是由别人的思想、别人对于自己的态度所决定的。" 库利做了一个形象的比喻："每个人都是另一个人的一面镜子，反映着另一个过路者。"所以，这个理论又被称作"镜中我效应"。个体往往需要通过社会中其他人对自己的评判，才能完成对自我的认识。由此可见，我们是什么样的人，很多时候是由社会反馈决定的，别人认为我们是什么样的人，我们就有可能成为什么样的人。

（二）社会比较——我一定会比他强

人们往往借助社会比较进行自我评价，从而确认自己的属性，这叫作自我评价的社会比较。在人际交往中，人们所进行的社会比较，一方面以类似的他人为比较对象，用以确认自己与他人相类似的属性，这是主要的社会比较；另一方面还可跟不同的他人进行比较，从反面确认自己的属性，以提高自我评价的可信度，同时有利于自己社会行为的发展，这是一种辅助性的社会比较。明智的人善于把这两方面的社会比较结合起来，以完善自我评价。

社会比较带有普遍性。人们通过社会比较觉察到社会行为发展的方向性，从而有意或无意地改变自己的行为，以加强对社会的适应。社会比较作为一种内驱力，能够帮助个体进行正确的自我认识，促进其行为的发展和改变，从而作用于社会。

（三）自我感觉——我就是我

"我就是我"反映了一个人的主观意识，成为人生发展的主导意识。在孩童时期，人们的自我认识大多来自他人对自己的反映。随着年龄的增长，人们开始以自己的方式来看待自己，这种看待自己的方式被称为自我感觉。

个体的自我意识与个体的成长发展息息相关。自我意识在个体成长和发展中具有内省调节、导向激励、自我控制等功能。

（1）内省调节功能。由于主、客观条件的制约，"理想自我"的实现常常会遇到各种障碍，致使个体产生不同程度的挫折感。这时，自我意识就会对自己的认识、情感、意志、行为等进行反省，找到受挫折的主、客观原因，并重新调整认识，形成新的"理想自我"，使其与"现实自我"趋于统一。自我意识健全的个体，不但能够确立符合个体的"理想自我"，而且能够通过自我控制来实现预期目标。内省和调节就是个体成长中所进行的自我监督和自我教育，每个人要想使自己成为自我实现的人，就需要有积极的自我意识，随时对自我的认识、情感、意志和行为加以反省和调节。

（2）导向激励功能。人通过正确的自我认识，确立较为合理的"理想自我"，就为个体将来的发展确定了目标，对个体的认识、情感、意志、行动会产生很大影响，是个体活动的动力。自我意识健全的个体，在从事一项活动之前，活动的目的和结果就以观念的形式存在于头脑之中了，并依此做出计划，指导自己的活动，激发起强大的动力，从而达到预期的目标。

（3）自我控制功能。如果一个人有了发展目标而不付诸行动，那么其结果仍然是一无所获。个体要想有所建树，首先要有科学的目标，同时还要有自立、自主、自信、自制的意识，并对自己偏离目标的情感和行动加以调节和控制。在通往成功的大道上，很多人与成功失之交臂，并不是因为缺乏机会和才华，而是因为缺乏自我控制的意识和能力。

第二节　自我情绪管理

一、情商

情绪商数（Emotional Quotient，EQ）简称情商，由美国心理学家约翰·梅耶和彼得·萨洛维于1990年首先提出，它主要是指一个人对自己和他人情感的感知、理解和应对能力。

情商的特征表现涵盖了情绪感知与表达、情绪管理、自我意识与自我调节、社交技能与人际关系、适应与解决问题等方面。

1. 情绪感知与表达

情商较高的人通常能更准确地察觉自己和他人的情绪状态，不但能够清晰地表达自己的情感，而且能够理解他人的情感表达。

情商较低的人可能对自己和他人的情绪状态感知不够敏锐，表达情感时可能表现得较为笨拙或不清晰。

2. 情绪管理

情商较高的人通常能够有效地管理自己的情绪，他们能够在面对挑战或压力时保持冷静，能够有效地调节自己的情绪状态。

情商较低的人更容易受到情绪的影响，他们可能会在情绪波动较大时表现出冲动或不理智的行为。

3. 自我意识与自我调节

情商较高的人通常具有较强的自我意识和自我调节能力，他们能够清晰地认识到自己的情绪状态，并且能够采取适当的措施来调节自己的情绪。

情商较低的人可能对自己的情绪状态认识不足，也可能缺乏有效的自我调节策略。

4. 社交技能与人际关系

情商较高的人通常在社交场合中表现出色，他们能够与他人建立良好的关系，更容易与他人产生共鸣和情感连接。

情商较低的人可能会在沟通和交流中遇到障碍，从而难以建立深层次的情感联系。

5. 适应与解决问题

情商较高的人通常能够更好地适应环境的变化，他们能够更灵活地应对挑战和变化，并且能够更有效地解决问题。

情商较低的人在面对挑战和变化时，可能会表现出不适应或固执的态度，难以有效地解决问题。

二、情绪管理

（一）情绪的定义和基本类型

人类在认识外界事物时，会产生喜与悲、乐与苦、爱与恨等主观体验。我们把人对客观事物的态度体验及相应的行为反应，称之为情绪情感。

情绪研究者们大多从以下三个层面来考察和定义情绪：在认知层面上的主观体验，在生理层面上的生理唤醒，在表达层面上的外部行为。当情绪产生时，这三个层面共同活动，构成一个完整的情绪体验过程。

人类具有四种基本的情绪：快乐、愤怒、恐惧和悲哀。

（1）快乐是一种追求并达到目的时所产生的满足体验。它是具有正性享乐色调的情绪，具有较高的享乐性和确信性，使人产生超越感、自由感和接纳感。

（2）愤怒是由于受到干扰而使人不能达到目的时所产生的体验。当人们意识到某些不合理的或充满恶意的因素存在时，愤怒会骤然发生。

（3）恐惧是企图摆脱、逃避某种危险情景时所产生的体验。引起恐惧的重要原因是缺乏处理可怕情景的能力与手段。

（4）悲哀是在失去心爱的对象或愿望破灭、理想不能实现时所产生的体验。悲哀情绪体验的程度取决于对象、愿望、理想的重要性与价值。

在以上四种基本情绪之上，可以派生出众多的复杂情绪，如厌恶、羞耻、悔恨、嫉妒、喜欢、同情等。

（二）情绪的三种状态

依据情绪发生的强度、速度、紧张度、持续性等指标，可将情绪分为心境、激情和应激。

（1）心境是一种具有感染性的、比较平稳且持久的情绪状态。当人处于某种心境时，会以同样的情绪体验看待周围事物。如人伤感时，会见花落泪，对月伤怀。心境体现了"忧者见之则忧，喜者见之则喜"的弥散性特点。平稳的心境可以持续几个小时、几周或几个月，甚至一年以上。

（2）激情是一种爆发快、强烈而短暂的情绪体验。如在突如其来的外在刺激作用下，人会产生勃然大怒、暴跳如雷、欣喜若狂等情绪反应。在这样的激情状态下，人的外部行为表现比较明显，生理的唤醒程度也较高，因而很容易失去理智，甚至做出不顾一切的鲁莽行为。因此，在激情状态下，要注意调控自己的情绪，以避免做出冲动性行为。

（3）应激是指在意外的紧急情况下所产生的适应性反应。当人面临危险或突发事件时，人的身心会处于高度紧张状态，从而引发一系列生理反应，如肌肉紧张、心率加快、呼吸变快、血压升高、血糖升高等。例如，当遭遇歹徒抢劫时，人就可能会产生上述的生理反应，从而积聚力量以进行反抗。但应激的状态不能维持过久，因为这样很消耗人的体力和心理能量。若长时间处于应激状态，则可能导致适应性疾病的发生。

（三）低情商对外界刺激的情绪反应模式

低情商者在受到外界刺激之后，通常对自己的情绪毫无觉察，不论环境条件是否适合，直接采取反应行为。比如，有人骂他一句，他马上回骂一句甚至两句；别人提一条不同的看法，他的脸色马上阴沉；当他遇到不顺心的事，连续几天无精打采等。有些人在情绪过去之后随即又后悔，认为自己不应该发火，不应该过激等，但为时已晚，于事无补。

（四）高情商对外界刺激的情绪反应模式

高情商者在受到外界刺激之后，不是马上回应，而是先进行理性的判断、分析和思考。他会有意识地问自己："我应该如何做出反应才能得体地、利人利己地处理眼前的事情？"比如，下属在工作中犯了错误，面对手足无措的下属，管理者会心平气和地指出今后不再犯同类错误的方法，然后拍拍下属的肩膀，安慰道："没什么大不了的，只是下次注意就是了。"当听到下属报告不好的消息时，他如果能够冷静理智、处变不惊、沉着应对，则能够提升自身的威信、魅力和影响力。

（五）提高情绪自我觉察能力的五种态度

（1）愿意观察自己的情绪。不要觉得这是浪费时间的事，要相信，了解自己的情绪，是重要的领导能力之一。

（2）愿意诚实面对自己的情绪。每个人都会有情绪，接受这样的事实，才能了解内心真正的感觉，从而正确地处理正在发生的事情。

（3）问自己四个问题：我现在是什么情绪状态？假如是不良的情绪，原因是什么？这种情绪有什么消极后果？应该如何控制？

（4）给自己和他人一定的情绪空间。容许自己和他人都停下来观察自己的情绪，避免在冲动下做出不适当的决定。

（5）为自己找一个平复心情的窍门。每个人都有各自独特的方式使自己静心，都需要找到一个最合适自己的安心方式。

（六）认识自我情绪的四种方法

（1）情绪记录法。做一个观察自我情绪的有心人。在日常生活中，可以抽出一段时间，有意识地观察自己的情绪变化过程，以情绪类型、时间、地点、环境、人物、过程、原因、影响等项目为主要记录内容，连续记录自己的情绪状况。之后再来看这份记录，会对自己的情绪有新的感受。

（2）情绪反思法。可以利用情绪记录的方法来反思自己的情绪；也可以在一段情绪结束之后反思自己的情绪反应是否得当、为什么会有这样的情绪、产生这种情绪的原因是什么、有什么消极负面的影响、今后应该如何预防类似情绪的产生，以及如何控制类似不良情绪的蔓延。

（3）情绪恳谈法。通过与家人、朋友等的交流，征求他们的看法和意见，借助他人的视角来认识自己的情绪状态。

（4）情绪测试法。借助专业情绪测试软件工具或咨询专业人士，获取有关自我情绪认知与管理的方法和建议。

（七）调节自我情绪的技巧

在学习、工作和生活中，难免会碰到各种困难、压力、阻力和挑战，产生烦恼、郁闷、抓狂等不开心的情绪，需要及时进行自我排解和疏导，因此掌握几种调节自我情绪的技巧很有必要。

1. 写日记

写日记是很好的平复心情的办法，当你写的时候，你就会不自觉地把不好的情绪发泄出来。写日记可以把自己的心路历程记录下来，以后看的时候会有不同的感受和启发。另外，写日记不会影响他人，虽然向他人倾诉可以得到他人的安慰，但是这样容易把负面情绪传递给他人。

2. 做运动

生命在于运动，心情烦闷的时候，可以去跑步、打球、爬山等，这些运动不仅可以强身健体，还可以把不好的情绪发泄出来。当我们因为运动流了一身汗的时候，会感到由内而外的轻松。

3. 听音乐

很多人有这样的体验：听着催眠曲就不知不觉进入了甜美的梦乡；在紧张学习了一天之后，高歌一曲会消除疲劳。现代医学表明，音乐能调整神经系统的机能，缓解肌肉紧张，消除疲劳，改善注意力，增强记忆力，消除抑郁、焦虑、紧张等不良情绪。运动员赛前如果有异常的情绪表现，如过分紧张，此时听一段轻音乐，往往能使情绪稳定下来。正如德国著名哲学家康德所说："音乐是高尚、机智的娱乐，这种娱乐使人的精神帮助了人体，能够成为肉体的医疗者。"

4. 享受美食

人们快乐的源泉是大脑分泌的多巴胺，一切美好的事物都会让大脑分泌多巴胺，美好的事物当然包括美食。烦闷的时候就去吃一顿美食，胃得到满足的时候，内心也就会稍微平复一些。

5. 向朋友倾诉

每个人都有知心好友，在心情不佳的时候，不如跟朋友聊聊最近的烦恼，说说自己的不快，从他身上汲取点正能量。

6. 不要过分苛求

有些人做事要求十全十美，对自己的要求过于严格，往往因为小小的瑕疵而自责。为了避免挫折感，应该把目标和要求定在自己的能力范围之内，懂得欣赏自己已有的成就，自然会心情舒畅了。让我们学会爱自己，学会与自己和解。

7. 转移注意力

当我们因为一件事心力交瘁的时候，不妨先放下它，去做自己喜欢的事情，如看一部搞笑的电影，或者看一本喜欢的小说，暂时先把注意力转移到其他事情上去，给自己时间来恢复体力和精力，同时平复情绪，之后就能更好地处理那件麻烦事。

8. 合理变通

通过找一些理由为自己开脱，以减轻痛苦，缓解紧张，使内心获得平衡的办法称为合理变通。弗洛伊德指出，常见的合理化有两种：一是希望达到的目标没有达到，心理便否定该目标的价值或意义，俗称酸葡萄效应；二是未达到预定的期望或目标，便提高目前现状的价值或意义，俗称甜柠檬效应。如狐狸吃不到葡萄，就说葡萄是酸的；只能得到柠檬，就说柠檬是甜的，于是便不感到苦恼。心理调适可借用某种"合理化"的理由来解释事实，变恶性刺激为良性刺激。

9. 换个角度看问题

并不是任何来自客观现实的外部刺激都可以回避或淡化的。但是，横看成岭侧成峰，任何事物都有其积极和消极的方面。同一客观现实或情境，如果从一个角度来看，可能会引起消极的情绪体验，使人陷入心理困境；如果从另一个角度来看，可能会发现它的积极意义，使消极的情绪体验转化为积极的情绪体验，从而走出心理困境。

10. 保持理智

在愤怒的时候，一点点小事就会让人暴跳如雷，在这个时候不要做任何决定更不要说出会伤害别人，也会让自己后悔的话。要保持理智，不让情绪掌控我们。在愤怒的时候可以深呼吸，或者在心里数数，这些方法都可以使我们快速地冷静下来，想清楚后，再做出回应。我们要学会掌控情绪，而不是被情绪掌控。

第三节　大学生自我认知与就业

党的二十大报告指出："深入实施人才强国战略。培养造就大批德才兼备的高素质人才，是国家和民族长远发展大计。功以才成，业由才广。坚持党管人才原则，坚持尊重劳动、尊重知识、尊重人才、尊重创造，实施更加积极、更加开放、更加有效的人才政策，引导广大人才爱党报国、敬业奉献、服务人民。完善人才战略布局，坚持各方面人才一起抓，建设规模宏大、结构合理、素质优良的人才队伍。加快建设世界重要人才中心和创新高地，促进人才区域合理布局和协调发展，着力形成人才国际竞争的比较优势。加快建设国家战略人才力量，努力培养造就更多大师、战略科学家、一流科技领军人才和创新团队、青年科技人才、卓越工程师、大国工匠、高技能人才。"

在人才强国政策的指引下，每个人应该要认识自我，做好适合自己的职业规划。地球上没有完全相同的两片树叶，更没有完全相同的两个人，每个人都是与他人不同的独立存在，我们把这种在个体身上经常地、稳定地表现出来的心理特征的总和，称为个性。个性既代表了一个人所具有的意识倾向性，如个体的兴趣、爱好、需要、动机、信念、理想等，又体现了人与人之间在能力、气质、性格等方面存在的差异。人的个性并非与生俱来的，而是在先天素质的基础上，受周围环境和社会关系的影响形成的。

每个人所从事的职业跟他所学的专业不一定相关。专业并不能决定就业方向，一个人的就业方向更多是由其个性追求和选择所决定的。

一、性格

性格是个性的重要方面，它是一个人对现实的态度和习惯化的行为方式中所表现出来的较稳定的心理特征。正如恩格斯所说："人物的性格不仅表现在他做什么，而且表现在他怎样做。"

性格不是天生的，它是在个体的发展过程中通过主体与客体的相互作用，使外界客观世界的影响在个体的反映机制中保存、固定下来，构成一定的态度体系，并以一定的形式表现在个体的行为之中，构成个体所特有的行为方式。这种主体对客体的态度体系和行为方式揭示了性格的本质特点。

人的性格具有社会历史性。人的性格不是天生的、不变的。一个人并非天生就是爱劳动的或懒惰的，也不可能天生就是诚实的或虚伪的。一个人的性格是在社会实践的过程中形成和发展的。人在与外界环境相互作用的过程中形成和发展自己的性格。因此，即使在相似环境中生活和成长的人，由于他们实践活动的不同，主观努力的不同，也会形成不同的性格。世界上没有两个性格完全相同的人，心理学的研究表明，即使在出生时素质完全相同的婴儿，也会发展形成不同的性格。

近年来，许多用人单位在招聘时出现一种新观念，认为性格比能力更重要。他们认为，性格比能力更重要，其原因是，如果一个人能力不足，可通过培训提高，但一个人的性格不好，要改变起来可就困难多了。所以，在招聘新人时，用人单位往往将性格的测试放在首位，当性格与职业相吻合时，才会有进一步对其能力进行测试考察的意愿。

重视性格的另外一个原因是，性格是个性中具有核心意义的成分，几乎涉及人的心理过程及个性特征的各个方面。观察一下日常生活中的人群，我们就可以发现千差万别的性格特征。

性格的态度特征不同：有的人诚实、正直、谦逊；有的人自私、虚伪、自傲；有的人勤奋、认真、创新；有的人懒惰、自卑、墨守成规。

性格的意志特征不同：有的人自制、果断、勇敢；有的人冲动、盲目、怯弱；有的人顽强、严谨、坚持；有的人优柔寡断、虎头蛇尾、轻率马虎。

性格的情绪特征不同：有的人情绪体验深刻，易被情绪支配，控制力较弱，情绪对工作影响较大；有的人情绪体验微弱，意志控制能力强，不易被情绪所左右，情绪对工作影响较小；有的人情绪稳定持久，情绪起伏波动较小；有的人则患"冷热病"，易激动，情绪不稳，在成功面前忘乎所以，在失败面前又垂头丧气；有的人经常处于精神饱满、欢乐之中，朝气蓬勃，乐观向上；有的人则经常抑郁低沉，无精打采。

那么，性格与职业如何进行匹配呢？个人在选择职业时，应根据自己的性格，选择适合个人性格特点的职业。一般而言，外向型性格的人更适合与外界广泛接触的职业，如管理人员、律师、政治家、推销员、记者、教师等。而内向型性格的人比较适合有计划的、稳定的、不需要与人过多交往的职业，如科学家、技术人员、会计师、统计员、资料管理员、办公室职员等。

事实上，纯属于外向型或纯属于内向型的人并不多，大部分人属于混合型。另外，人的性格在一定阶段还具有可塑性。因此，应根据个人性格的主要方面与职业的要求，具体问题具体分析，不能一概而论。

二、能力

在心理学中，把人们能够顺利地完成某种活动的心理特征称为能力。能力是顺利地完成某种活动的条件，并且表现为相同的情况（训练条件、学习条件、时间等）下，掌握某种知识或技能的过程中，所表现出来的"快慢""深浅程度""难易""巩固程度"上的差别。

大学毕业生求职竞争说到底是知识与能力的竞争。能力是人们在认识世界和改造世界的过程中通过教育和实践活动发展起来的一种力量，它是在知识及其他素质的基础上，在工作实践中的展现。用人单位最青睐的毕业生是既有社会职业所需要的专业知识，又有较强的岗位工作能力。所以，毕业生要想顺利就业，并尽快有所成就，不但要掌握必备的专业知识，而且要具备相应的综合能力。

（一）思维能力

思维能力是各种能力中最重要的一种。一个人的思维能力取决于他的智力水平，但在更大程度上取决于他的思维方式。思维方式的正确与否能够决定一个人的事业成败。因此，大学生应当重视培养自己科学的思维方式。

一般来说，科学的思维方式具有全面性、深刻性、独立性、灵活性、敏捷性、批判性和理性等特征。培养科学的思维方式，一是要加强对哲学的学习。哲学本质上是对世界基本和普遍的问题研究的学科，具有严密的逻辑性，学习哲学可以培养批判性思维和逻辑推理的能力，有助于培养出全面、深刻和合乎逻辑的思考方式，也有助于拓展思维，引导人们树立和遵循正确的道德原则和价值观。二是要积累丰富的知识。丰富的理论知识是科学思维的基础。一个人掌握的知识越多、越丰富，他的思路就会越广、越深，思维就可以越全面、越准确。三是要培养独立思考的能力。独立思考能力是一种重要的认知能力，对于个人的成长和成功至关重要，能够帮助个人通过分析和判断来形成独立的见解。通过培养独立思考能力，个人可以更好地应对生活中的挑战，实现个人价值和目标。四是要善于随时调整自己的思路，不断地总结在思维上的各种经验教训，大大提高自己的思维能力，逐渐培养起科学的思维方式。五是要注重加强艺术修养。艺术不仅可以培养人们的审美能力，还能够使人们的思维更加丰富多彩。美国曾对多名诺贝尔奖获得者进行过调查，发现他们中的大多数是音乐或美术爱好者。我国著名科学家钱学森说："从思维科学角度看，科学工作总是从一个猜想开始的，然后才是科学论证。换言之，科学工作是源于形象思维，终于逻辑思维，形象思维源于艺术，所以科学工作是先艺术而后科学的。"

（二）表达能力

表达能力是指运用语言或文字阐述自己的观点、意见或抒发情感的能力。它包括口头表达能力、文字表达能力、数字表达能力、图示表达能力等几种形式。

现代社会由于经济的快速发展，人们之间的交流沟通愈加频繁，表达能力越来越凸显其重要性。作为新时代的大学生，拥有良好的表达能力是适应社会发展的必备素质之一。近年来，我国大学生的就业形势愈发严峻，就业市场对大学生的综合素质和能力要求越来越高。大学生的表达能力被誉为"敲开企业大门的第一块砖"，良好的表达能力能够增强大学生求职的信心，更好地展示自己的素质和能力，提高求职的成功率。总之，培养良好的表达能力是当代大学生提高个人素养和能力的主要途径，也是求职成功的必要途径，因此大学生应该高度重视个人表达能力的培养。

（三）动手实践能力

动手实践能力也就是实际操作能力，它是人的智力转化为物质力量的关键，是专业工作者必须具备的一种实践能力。

培养大学生动手实践能力的重要性在于提高大学生的实际操作能力、激发他们的创新思维、增强他们解决问题的能力，以及促进他们的全面发展并提高他们的就业竞争力。

首先，通过动手实践，大学生能够将书本知识应用于实践之中，掌握实际技能，从而提高自己的实际操作能力。这种实际操作不仅有助于大学生更好地理解和应用所学知识，还能增强解决问题的能力。在解决实际问题的过程中，大学生还能培养创新思维和团队合作精神，这些都是未来职业生涯中必备的素质。

其次，动手实践能够激发大学生的创新思维。在实践中，大学生需要通过思考来解决问题，这一过程能够培养大学生的创新意识和创新能力。

最后，培养大学生的动手实践能力还有助于提高他们的自信心和责任感。通过实际操作，大学生在具体工作中通过付出劳动、责任和精力，能够切身体验到自己的价值和能力。这种亲身经历将使大学生对自己有更加准确的认知，并提高自信心，同时也能够培养他们的责任感。

因此，培养大学生的动手实践能力对于促进大学生的全面发展和提高就业竞争力具有重要意义。

（四）适应能力

对于大学生来说，适应能力是不可或缺的重要能力之一。适应能力的强弱会直接影响到他们在学习、生活和未来职业发展中的表现。因此，培养适应能力成为大学生必做的功课之一。

一是要保持乐观的态度。乐观的态度有助于大学生随时以积极的心态面对困难和挑战，以便更好地适应各种环境和职业。大学生应该时刻保持阳光乐观的心态，对自己的未来充满信心和希望，相信自己有能力战胜一切困难。二是要勇于接受挑战。生活中总会面临各种挑战，大学生需要学会勇敢应对这些挑战，还应该积极尝试从中找到新的机会和可能性。三是要学会设定合理的目标。设定合理的目标是一种能力，更是一种智慧，它能够让大学生保持积极向上的心态，自觉调动自身的主观能动性和一切有利因素，激发学习的热情和努力实现目标的动力。四是要提高自主学习能力。自主学习能力的培养有助于大学生掌握更多的知识和技能，更好地适应未来社会的快速发展。五是要建立良好的人际关系。大学生要善于与他人进行有效的沟通，努力在沟通中表达和展示自己，促进相互了解，增进彼此信任，努力为自身发展争取理解与支持。

（五）人际交往能力

人际交往能力是指个人在社会交往环境中，通过有效的沟通、互动和建立关系，以达到相互理解、合作和解决问题的能力。人际交往能力主要包括沟通能力、情感管理能力、同理心、冲突解决能力、社交技巧以及建立和维护关系的能力。

良好的人际交往能力是大学生成长成才、全面发展的前提，是大学生社会化的起点，是未来适应社会环境和工作岗位，实现人生价值与追求的重要条件。因此大学生应该重视培养自身的人际交往能力，主动积极参加校园文化活动和社会实践活动，增进同学之间、朋友之间的情感交流，锻炼自身的表达理解、沟通协作和危机应对等能力。在与人交往的过程中，要坚持尊重和理解他人，能以容忍的态度对待他人，兼顾自身与他人的利益，坚持诚实守信。在与人交谈的过程中，要能够清晰、准确地表达自己的想法、情感和需求，同时要能够倾听并理解他人的观点和感受。能够识别和管理好自己的情绪，也能够理解和应对他人的情绪反应，保持冷静和理智。要能够设身处地地理解他人的感受和需求，站在对方的角度思考问题。遇到意见不合或冲突的情况时，要能够寻找双方都能接受的解决方案，主动维护关系的和谐与稳定。总之，人际交往能力是一种综合性能力，需要大学生不断地学习和实践。

（六）组织管理能力

组织管理能力是指为了有效地实现组织目标，灵活地运用各种方法，把各种力量和资源合理有效地整合、协调起来的能力。

大学生作为未来社会的中坚力量，提高自身的组织管理能力显得尤为重要。这不仅有助于他们在校园内更好地完成学业和参与各类活动，还能为将来步入职场打下坚实的基础。一是有助于提升学习效率。通过有效的时间管理和任务分配，大学生可以更加高效地完成学业任务，避免拖延和浪费时间。二是增强团队协作能力。在校园生活中，大学生经常需要与他人合作完成项目或参加活动，良好的组织管理能力有助于更好地协调团队成员之间的分工与合作，实现共同目标。三是培养领导才能。具备组织管理能力的大学生往往能够在团队中担任领导角色，带领团队取得成功，这对他们未来的职业发展具有重要意义。

大学生要努力从以下几个方面来提高自己的组织管理能力。一是要学会设定短期和长期的目标，并制订相应的计划来实现这些目标。通过明确的目标和计划，可以更加有针对性地安排时间和精力，提高学习和生活的效率。二是要强化时间管理能力，可以通过使用日程表、待办事项列表等工具来合理安排时间，提高时间利用效率。三是要多参与团队活动，在活动中锻炼自己的协调和沟通能力，学会如何在团队中发挥自己的作用，提高团队的整体效能。四是要善于借鉴和反思。在学习和生活中，大学生应向优秀者学习，借鉴他人有益的组织管理经验和技巧，定期进行反思和总结，分析自己在组织管理方面存在的不足，找出改进的方向和方法，进而持续提升自己的组织管理能力。

（七）创新能力

创新能力是指个人在面对新问题时，能够运用已有的知识和经验，独立思考、分析问题并提出创新解决方案的能力。在当今社会，创新已经成为推动经济发展和社会进步的重要力量，创新能力则是衡量一个国家、一个民族竞争力的重要标志。对于大学生而言，提高创新能力不仅能帮助他们更好地适应社会需求，还能为国家的科技进步和社会发展做出贡献。

提高大学生创新能力应努力做好以下几个方面的工作。一是要加强专业及创新理论的学习，只有掌握了扎实的专业和科学技术知识，才能有更广阔的视野和更深入的思考。二是要激发创新意识。大学生应该树立创新意识，敢于质疑传统做法和权威观点，在学习和实践中要勇于创新，积极探索，敢于走新路。三是要注重拓宽知识面。大学生应该广泛涉猎各个领域的知识，不断拓宽自己的知识面。多学科交叉的知识结构能够帮助大学生打破思维定式，形成独特的创新视角。四是要注重培养团队协作能力。创新往往需要团队合作来实现。大学生应学会与他人合作，发挥团队的力量，共同攻克难题。五是要积极参加创新实践。大学生应主动参加全国大学生创新创业大赛、全国大学生互联网+大赛等赛事，这不仅是锻炼自我、提升能力的宝贵机会，更是展示才华、实现梦想的舞台。通过这些竞赛，大学生可以提升创新思维和实践能力，为未来的职业发展奠定坚实基础。学校应鼓励大学生进行科学研究实践，积极参与导师和企业的"产学研"项目，培养他们的科研兴趣和创新能力。

三、自我定位与就业

大学生进行自我定位是一个重要的过程，它涉及对自己的全面认识和对未来职业发展的规划。面对日益严峻的就业形势和愈发内卷的就业市场，大学生要想更好地实现自己的就业目标和职业规划，就需要根据自身的兴趣、专业特长、职业规划和市场需求等因素，对自己进行合理的定位。这一过程需要大学生深入了解自己的优势和不足，明确自己的职业发展方向，以及如何在竞争激烈的就业市场中脱颖而出。

1. 明确自身优势

大学生需要对自己的兴趣和专业特长有清晰的认识，明确自己喜欢什么、擅长什么，在哪些领域和方面具有相对较强的竞争能力，这是自我定位的基础。只有对自己喜欢的事物有热情，才能在工作中发挥出最大的潜力。同时，专业特长也是大学生在就业市场中的一大竞争优势，能够让他们在某个领域脱颖而出。对自己的认识和分析一定要全面、客观、深刻，只有从自身实际出发，才能有的放矢、扬长避短。

2. 正视自身不足

人无法避免与生俱来的弱点，必须正视，并尽量减小其对自己的影响。例如，一个独立性强的人会很难与他人默契合作。而一个优柔寡断的人绝对难以担当组织管理者的重任。卡耐基曾说："人性的弱点并不可怕，关键要有正确的认识，认真对待，尽量寻找弥补、克服的方法，使自我趋于完善。"因此，我们要善于从父母、老师、领导、同学和合作者等多个角度去发现自己的不足，进而有针对性地去改进。

正视自己在经验与经历方面的欠缺。"人无完人，金无足赤"，大学生受人生阅历、年龄和环境等方面的限制，相当多的大学生求职者都无法避免经历和经验等方面的欠缺。因此，在面对招聘单位开出的关于具有一定工作经验的招聘条件的时候，应该客观理性地去看待，既无须在这个方面过于心虚胆怯，也不能无动于衷，而应该认真对待，在学校期间应积极参加专业和社会实践活动，丰富自身的实践、工作经历。

3. 明确职业选择

大学生需要明确自己的职业规划。这包括了解自己想要从事的行业、期望的职位，以及未来的职业发展路径。有了明确的职业规划，大学生才能有针对性地提升自己的能力，为未来的职业生涯做好准备。职业方向直接决定着一个人的职业发展，职业方向的选择应按照以下四项基本原则并结合自身实际来确定：一是选择自己所爱，只有对自己选择的职业是热爱的，从内心自发地认识到要"干一行，爱一行"，才可能全身心地投入，才会做出一番成绩；二是择己所长，选择自己所擅长的领域，才能发挥自我优势；三是择世所需，所选职业只有被社会所需要，才有自我发展的保障；四是择己所利，应该本着"利己、利他、利社会"的原则，选择适合自己且有发展前景的职业。

4. 用长处来经营自己

有的大学生存在过分的自卑心理，总认为自己技不如人，拿自己的短处与别人的长处去比，因而不敢主动地"推销"自己。其实每个人都有自己的长处与短处，所谓"尺有所短，寸有所长"，成功人生的诀窍就是经营自己的长处。因此，在人生之旅上，一个人如果站错了位置，用他的短处而不是长处来谋生的话，那么后果肯定是不理想的，他可能会在永久的卑微和失意中沉沦。故在选择职业时，要注意发挥自己的一技之长。大学生不应过多地考虑这个职业能给你带来多少钱，能不能使你成名，而是应该考虑它是否能够发挥你个人的优势和特长。你若能发挥自己的优势和特长，钱是可以慢慢积累的；经营自己的长处能给你的人生增值，而经营自己的短处会使你的人生贬值。

党的二十大报告中指出："青年强，则国家强。当代中国青年生逢其时，施展才干的舞台无比广阔，实现梦想的前景无比光明。全党要把青年工作作为战略性工作来抓，用党的科学理论武装青年，用党的初心使命感召青年，做青年朋友的知心人、青年工作的热心人、青年群众的引路人。广大青年要坚定不移听党话、跟党走，怀抱梦想又脚踏实地，敢想敢为又善作善成，立志做有理想、敢担当、能吃苦、肯奋斗的新时代好青年，让青春在全面建设社会主义现代化国家的火热实践中绽放绚丽之花。"

四、就业误区

第一，自我认知不清，定位不准。

有的大学生在找工作的时候，常常缺乏自我定位，只要见到有单位招聘，不管自己适合不适合，都会投上一份简历。事实上，很多简历根本起不到作用，因为那些招聘单位在筛选招聘对象等方面是非常专业和敏锐的。因此，大学生一定要对自己进行自我认识、自我分析和自我定位，比如，你的志向是什么？你是更擅长跟人打交道还是跟事务打交道？你是否掌握某种专业的技术？你能做什么？你看好什么行业和领域？你在哪些行业和领域存在一定的机会？你如何才能进入这个行业？

第二，不重视第一份工作。

有人认为，毕业后的第一份工作就是为了养活自己，不是职业，更不是事业，其实这是一个误区。第一份工作对于一个人的职业生涯来说非常重要，它影响着个人职业生涯的前进方向。大学生刚刚踏入社会，第一份工作为你带来的是一种职业习惯的养成。因此，大学生选择工作的时候，不能抱着暂时养活自己的心态，而是要脚踏实地，认真做好每一个小事，不断积累工作经验。

第三，不知道如何判断一个工作机会的好坏。

很多大学生都会对工作机会有一些自己的认识，如国企的福利好等，但是一旦找到一些合适的机会的时候，又开始犯嘀咕，特别是有多个机会可以选择的时候，常常这山看着那山高，最后导致好机会溜走。这说明，很多大学生并没有深入了解职业发展的成功因素，一个人成功的因素包括四个方面，分别是知识结构、技能、思维和社会资本。在判断工作机会好坏的时候，可以从以下四个方面考虑。第一，这个工作是不是有助于你拓宽知识结构，如你可以在工作中学习到很多自己所不具备的知识。第二，这个工作是不是能够带给你某个细分的职业技能，这个职业技能是你本身不具备或者缺少实践经验的，但是通过这个工作你可以在某个领域成为一个专业人员。第三，这个工作是不是有助于形成你的思维，包括你看问题的视角，看社会的视角，看世界的视角，而这些视角可能给你带来新的价值。第四，在这个单位你是否可以获得社会资源，或者提升你整合社会资源的能力，如你可以广泛地结交朋友、认识专家，或者提升自己的社会资本。如果一个单位并不能带来上述的一个或几个价值，那么这样的单位只能解决温饱问题，而不能解决职业问题。

第四，大学生的职业心态欠佳。

由于来自社会各个方面的压力，大学生在踏上找工作之途后，很容易陷入迷茫、焦灼的状态，特别是四处碰壁的时候。很多大学生找工作常常经历这样的几个阶段：第一阶段非常"高调"，估价过高；第二阶段非常"低调"，碰壁之后就开始变得不自信，然后就开始降低期望；第三阶段开始"跑调"，在接连碰壁之后，大学生就乱了阵脚，失去了方向。大学生要认识到，职业是不分贵贱的，既不要对自己期望过高，也不要碰几次壁就失去自我了。"心态决定一切"，这是职业人生存的关键法则。

总之，职业生涯目标的确定，是个人理想的具体化和可操作化。职业生涯目标的选择并无定式可言，关键是要依据自身实际，适合于自身发展。值得注意的是，伴随现代科技与社会进步，个人要随时注意调整职业生涯目标，只有使自己职业的选择与社会的需求相适应，跟上时代发展的脚步，适应社会需求，才不至于被淘汰出局。

【案例分析】

在德国慕尼黑街头有个表演吹气球的小丑，那个小丑的双手非常灵巧，轻轻松松地一拉一吹，转眼间就扭转出各种各样的气球，做出可爱的小狗就送给小女孩，做出美丽的花朵就送给金发美女。有一个非常精致的带着小鸭子图案的游泳圈，小丑轻轻松松就将它套进了一个小宝贝的身上，小宝贝高兴地"咯咯咯"笑。小丑快乐地穿梭在人群中，像花蝴蝶一样，边走边吹气球，吹好了就送给跟在他身后的男男女女。他的花招多得不得了，围观的人群笑声不断。接着他把帽子摘下来，有人投钱币给他，才看到他的秃头，想来是中年男子了。后来，小丑停止表演坐在路边休息时，有人和他聊了几句，才知道他是法国人，从16岁起就立志扮小丑，至今已经24年了。"我对自己的工作很满意，打算做到老死。我是一个小丑，也愿意永远做一个给人带去欢乐的小丑。"

思考并分析：

（1）如何理解"做一个给人带去欢乐的小丑"的意义？

（2）这个案例对你的职业生涯规划有何启发？

【本章小结】

人在世上都离不开朋友，但是每个人最忠实的朋友是自己，关键就看你是否善于做自己的朋友，能否做自己的朋友。

良好的自我沟通要求我们学会调节自我情绪，要心平气和，调整心态，和自己来一段心灵对话，和自己好好沟通；同时要学会宽容自己，一个拥有健康心理的人，是很能接受错误的人，因为他知道：犯错只是一个过程而已，而且错误能让我们更好地学习。

自我沟通要求我们面对自我、反思自我，通过学习来充实自己；自我沟通要求我们每个人必须站得更高、看得更远，从而能够从人生的全景出发给自己以提醒、鼓励和指导，使自我能够更好地成长。

【复习思考题】

（1）谈谈心情、心境和环境的关系。

（2）如何学会控制自己的情绪？

（3）你有过心情不好的经历吗，谈谈你是怎么调整和解决的。

（4）积极的态度是通过学习和培养得来的，制订一个计划，根据自己的特点进行自我训练。

（5）结合实际，谈谈自我沟通的重要性。

（6）利用心理学的一些专业工具来了解自我，找到自我发展的方向。

（7）谈谈职业与自我特点的关系。

（8）结合所学的知识，谈谈如何做一个快乐的人。

（9）如何培养自信，提高自我心理承受能力？

（10）如何培养积极的心态面对自己的人生？

第四章　沟通障碍

【学习目的】

(1) 理解沟通障碍产生的原因。
(2) 学会辩证地看待有效沟通与沟通不畅。
(3) 理解沟通障碍对我们产生的影响。
(4) 掌握克服沟通障碍的方法。

【课程导入】

新学期开始了，和往年一样，班主任林老师按身高顺序给学生排了座位。第二天，刘鑫的家长就打来电话，说刘鑫坐在第四排看不清黑板上的字，想请林老师把刘鑫调到第二排中间的位置。林老师听完家长的意见后，说："刘鑫的个子太高了，他坐在第二排中间会挡住后面学生视线。要调到第二排也可以，需要坐在最南端或最北端的座位上，这样才不会影响到其他学生。"家长对林老师的提议表示不同意，说刘鑫的自制力特别差，如果坐在角落里肯定不会好好学习的。两个人谁都不同意谁的观点，一开始双方的语气还很和气，但说着说着两人都来气了，林老师气呼呼地说："你说的都对，我说的都错，干脆你来当我们班的班主任好了！"说完就挂断了电话。这位家长被挂断了电话，心里更生气了，第二天就来学校举报林老师，说林老师一意孤行，听不进别人的意见，没资格当班主任……

列夫·托尔斯泰说过："与人交谈一次，往往比多年闭门劳作更能启发心智。思想必定是在与人交往中产生的，而在孤独中进行加工和表达。"

良好的沟通不仅能让我们收获纯真的友谊，还能帮助我们发展事业。反之，糟糕的沟通会逐渐毁掉我们的生活和工作。一个消息或意见在传递过程中受到语言或其他因素的干扰，造成歪曲或失真，致使沟通不能收到预期效果，这些影响信息传递或接收的种种因素就是沟通障碍。沟通障碍是普遍存在的，几乎涉及我们每一个人、每一个家庭、每一个群体。据《中国青年报》报道，高等教育出版社某分社曾对我国28所高校的747名学生进行了问卷调查，结果表明，59%的受调查者表现出不同程度的沟通障碍。现实生活中的一些沟通障常常阻碍着我们畅快地与人沟通，不利于创造和谐愉悦的工作和生活氛围。我们在学习、生活和成长成才的过程中，都希望能够逾越各种沟通障碍。分析和研究沟通障碍，对于调节人们的沟通行为，清除沟通过程中的"绊脚石"，构建和谐的人际关系，具有重要意义。

第一节 语言障碍

语言作为人类智慧的结晶，是以言语为物质外壳，以词汇为建筑材料，以语法为结构条件而构成的符号体系。它如同一座宏伟的宫殿，矗立在人类文明的历史长河中，见证着人类的发展和进步。语言又与思维方式不可分离，为人类所独有，是一种特殊的社会现象。它如同一面镜子，映照出人类的思想、情感和智慧。

语言是人类相互沟通的主要方式，人们借助语言表情达意、交流思想、协调关系。语言是最重要的沟通工具，然而，语言又是一种极其复杂的工具，掌握运用语言的能力绝不是一件轻而易举的事。

语言障碍是指个人与他人的交往中，语言的使用受到障碍。由于语言障碍而引起的沟通失败在生活中处处可见。这些问题如同一道难以逾越的鸿沟，阻碍了人与人之间的交流与理解。

在现实生活中，我们常常会遇到各种各样的语言障碍。有时是因为词汇量不足，无法准确地表达自己的想法；有时是因为语法错误，导致对方误解自己的意图；还有时是因为语音、语调等方面的问题，使得对方难以理解自己的话语。这些障碍如同一堵堵高墙，将我们与他人隔离开来，使我们无法真正地融入社会、与他人建立深厚的友谊。

一、语音差异造成隔阂

众所周知，语言的多样性如同繁星点缀在人类文明的天空中，由于历史渊源、地域差异、民族传统等复杂因素的不同，语言分为若干语系，同一语系又分为若干语族。这些语系与语族之间的差异，如同地球上的山川河流，各自独立又相互联系，构成了人类语言的丰富多样性。因此，不同国家、不同民族之间的沟通交流，往往需要通过翻译这一桥梁才能顺利进行，使得彼此的心灵能够相通，思想能够交流。

以汉语为例，现代汉语分为北方方言、吴方言、湘方言、赣方言、客家方言、闽东方言、闽南方言、粤方言等八大方言，而每个地区的方言还可分出大体上近似的一些地方方言，如闽南方言又有厦门话、漳州话、泉州话之分。这些方言之间的区别，如同人的指纹，虽同属一体，却各具特色。一种方言具有不同于其他方言，也不同于民族共同语的某些语音特征，以至于初次到南方的北方人往往饱尝语言不通之苦：广东人说"郊区"，北方人常常听成"娇妻"；广东人说"经理"，听起来颇像"情侣"；四川话"鞋子"，北方人常常听成"孩子",等等。类似的笑话层出不穷,甚至因语音误会而引起纠葛,令人哭笑不得。然而,正是这些差异,构成了汉语方言的独特魅力,如同五彩斑斓的画卷,展现了中华文化的博大精深。

随着经济社会的发展,人们交流的需求日益增加,推广普通话的要求再次提上重要日程。普通话作为中华民族的共同语言,承载着悠久的历史和文化传承,是连接各族人民的纽带。推广普通话,不仅是为了消除语言障碍,更是为了增进民族团结,促进社会和谐。让我们共同努力,让普通话成为我们心灵沟通的桥梁,让中华语言文化在世界的舞台上绽放光彩。

二、语义不明造成歧义

在当今社会,沟通无处不在、无时不有。然而,真正做到有效的沟通却并非易事。有时,我们会遇到这样的情况:你与对方交谈,却发现彼此之间似乎存在着一道难以逾越的鸿沟,你的话语如水投石,无法触及对方的心灵。这种沟通,就如同鸡同鸭讲,虽同处一室,却犹如身处两个世界。古人云:"我本将心向明月,奈何明月照沟渠。"这正是无效沟通的真实写照。

以生活中的一段对话为例。男:"亲爱的,我觉得你老跟我这么闹,时间久了会影响我们之间的感情。"女:"我跟你闹?明明就是你蛮不讲理嘛!"这段看似简单的对话,实则蕴含了沟通的深层问题。男方的言辞,其重点在于提出一个建议,希望双方能够为了未来的感情而减少争吵。而女方完全忽略了男方的建议,将焦点放在了责任归属之上。这种沟通模式,在我们的生活中并不罕见,无论是家庭琐事还是职场纷争,都可见其身影。语义不明造成歧义主要表现在以下几个方面。

(1)多义字(词)产生歧义。

当同一个字或词有两种及以上的解释时,很容易导致歧义出现。无锡曾经发生过一个真实的案例。

甲向乙借了十万元做生意,并写了借条,承诺一年之内还清欠款。一年到期了,由于甲经营不善,没能赚到钱。于是,甲跟乙商量先还五万元,剩下的五万元一年之内还清,乙同意了。然而,甲为了省事,就在原来的欠条下面补了一句话:"还借款五万元。"一年以后,当甲拿着五万元准备还给乙的时候,乙说:"还有十万元什么时候还?"甲一脸惊愕:"我一共借了十万元,上次还了五万元,这次又还了五万元,不是还清了吗?"乙指着借条说:"这不清清楚楚吗?你先借了十万元,后来又借了五万元。"两人争执不下,最后对簿公堂。最后法院判决:甲还需要向乙还款十万元。

显而易见,甲在借条中写的"还"字出了问题,因为它既有"交还"的意思,也有"又"的意思。

（2）兼类词引起歧义。

兼类词是指一个词同时属于两个或多个词类，具有这些词类的语法功能。例如，"领导""计划""指示"既可以作为动词，又可以作为名词；"端正""丰富"既可以作为动词，又可以作为形容词；"理想""经济"既可以作为名词，又可以作为形容词。由于词性不同，表达的意思也不尽相同。例如，"这辆车没锁"，"锁"既可以作为动词，也可以作为名词，词性不同，表达的意思也不同。

（3）省略语产生歧义。

例如，"他有一个漂亮的女儿，在银行工作"，这句话很容易产生歧义，在银行工作的是"他"，还是"他女儿"？后半句话省略了主语，导致了歧义。

（4）词语范围限定含糊引起歧义。

例如，"三个学校的教授来给我们做指导"，由于"三个"这个数量词没有规定范围，因此很难说清楚"三个"指的是三个学校的教授，还是同一个学校的三个教授。

（5）语法结构切分不明确。

同一句话，由于语法结构不同的切分，也会造成歧义。例如，"咬死了猎人的狗"，既可以是动宾结构，解释为"猎人的狗被咬死了"；也可以是偏正结构，解释为"狗咬死了猎人"。

歧义现象在沟通中普遍存在，它对沟通的影响不容忽视，不但会导致信息传递不准确，而且还容易引起误会。因此，在沟通交流时，我们应避免使用会产生歧义的语句。

三、专业术语或行业暗语造成误解

在沟通时，我们有时出于习惯或希望展现专业素养，会过多地使用专业术语或行业暗语。然而，这些术语或暗语对未涉足该领域的听者而言如同天书，他们虽感困惑却可能碍于面子不愿直接询问，从而导致沟通陷入尴尬与误解的漩涡。以医学领域为例，"医嘱"与"IV"便是典型的例子："医嘱"常被误解为"遗嘱"，实则指医生对患者治疗与用药的明确指示；而"IV"（静脉注射）更是对非医学背景的人而言如同密码，直接提及可能引起不必要的恐慌。为跨越这一沟通鸿沟，我们需采取积极措施：当不得不向非专业人士提及专业术语或行业暗语时，务必附上通俗易懂的解释，确保信息传递的准确与顺畅。这不仅是尊重对方的表现，更是有效沟通的必要条件。

为了有效克服语言沟通中的障碍，我们需持续努力，不断精进自身的语言能力。首先，我们要拓宽词汇范围，积累多元化的词汇储备，这样在表达思想时就能更加精准自如，减少因词汇匮乏而引发的沟通难题。其次，我们要深入研习语法知识，确保掌握并灵活运用正确的语法规则，这是避免误解、确保信息准确传达的关键。最后，我们还需注意语音与语调，追求清晰、流畅且富有感染力的表达，使对方能够轻松捕捉并深刻理解我们的意图。通过这些综合措施，我们能够显著提升沟通的效率与质量，构建更加顺畅、有效的交流桥梁。

第二节 观念障碍

观念，作为思想的精髓，源于人们长期的经验和知识积累，是在一定社会背景下形成并被广泛接受和信奉的理论与观点。它既是沟通的重要内容，也是影响沟通效果的关键因素。在观念的海洋中，有些观念如同顺风的帆船，推动沟通的顺利进行；而有些观念则如同隐藏的礁石，成为沟通的绊脚石，观念障碍主要表现在封闭观念排斥沟通。

在多元化与快速变化的社会环境中，开放的心态与有效的沟通是推动个人成长、组织发展乃至社会进步的关键。然而，封闭观念的存在往往成为这一进程的阻碍，它不仅限制了信息的自由流动，还阻碍了创新与合作的可能。以下是封闭观念排斥沟通的具体表现。

1. 拒绝听取意见

封闭观念最直接的体现之一便是拒绝听取与自身观点相左的意见或建议，这种态度源于对自我认知的过度自信，认为自己的观点无可挑剔，从而关闭了接受新思想、新观点的窗口，这不仅限制了个人视野的拓宽，也削弱了团队的凝聚力和创新能力。

2. 封闭信息来源

为了维持既有观念不受挑战，一些人会选择性地忽略或排斥来自不同渠道的信息，尤其是那些可能对其观点构成威胁的信息。这种信息封闭不仅限制了个人获取全面、客观知识的能力，也容易导致决策失误和判断偏见。

3. 固执己见

即使面对大量证据和理性分析，持有封闭观念的人仍可能坚持己见，拒绝改变。这种固执不仅阻碍了自我成长和学习，也影响了与他人的和谐相处。在团队或组织中，固执己见可能导致决策效率低下，甚至引发冲突。

4. 抵触外部交流

封闭观念者往往对外部交流持抵触态度，认为与"外人"的交流是浪费时间或存在风险。这种心态限制了与外部世界的联系与合作，使得个人或组织错失了许多学习、借鉴和共同发展的机会。

5. 否认差异

在封闭观念的作用下，人们可能会否认不同观点、文化或身份之间的差异，认为所有差异都是不必要的或负面的。这种否认差异的态度不仅削弱了理解和尊重的基础，也阻碍了多元化和包容性社会的建设。

6. 恐惧新知挑战

新知识、新技术或新思想的出现往往伴随着不确定性，而封闭观念者往往对此感到恐惧，担心它们会威胁到自己的地位，这种恐惧导致他们拒绝接受新事物，从而错过了适应变化、提升自我的机会。

7. 沟通渠道阻塞

封闭观念还会导致沟通渠道的阻塞。无论是个人之间还是组织内部，当一方或双方持有封闭观念时，信息的传递和反馈都会受到阻碍，这种沟通不畅不仅影响了工作效率，也削弱了组织的凝聚力。

总之，封闭观念显著阻碍了有效沟通，其表现形式纷繁复杂。人们由于年龄、阅历和社会背景的不同，观念也会存在差异。这种差异如同一道无形的屏障，阻碍了人们之间的顺畅沟通。年轻人可能更注重创新与变革，而年长者则可能更倾向于传统与稳定；知识分子可能更重视理论与逻辑，而实务家则可能更看重实践与经验；这些不同的观念，在沟通的过程中不断碰撞，有时甚至引发冲突，它们共同构成了个人和组织发展的障碍。

为了克服这些障碍，我们需要培养开放的心态、建立有效的沟通机制、尊重差异并勇于接受新知。只有这样，我们才能在快速变化的世界中保持竞争力，实现持续的发展与进步。

第三节　角色障碍

角色一词源于戏剧舞台，是指演员依据剧本所扮演的特定人物。在社会学的广袤舞台上，每个人都扮演着各自的角色，遵循着社会对不同角色的期待与要求，服从于社会行为规范的大旗之下。这些期待、要求与规范，既是共性与个性的统一，又是普遍与特殊的交融。例如，身为父母者，需关爱子女；而为子女者，应尊老爱幼，若有人违背此等规范，社会不仅会以舆论之力进行道德谴责，也会在必要时诉诸法律以制裁。

人生之戏，每人皆有其特定的角色位置。处于不同角色位置的人，其思想观念、行为方式各异。若固守己见，忽视对其他角色观念、行为的理解，将导致角色之间产生冲突，形成所谓的角色障碍。

一、年龄不同形成的代沟

生活中，角色障碍的形态多样，其中之一，便是由年龄差异所酿成的代沟。年龄，是人生阅历的烙印，是时代变迁的见证。不同年代的人，因时代与环境的差异，其思想观点、行为习惯乃至世界观难免有所分歧，此即为人们口中的"代沟"。代沟现象，不仅存在于家庭之内，也显现于群体与社团之间。在不同年龄段的人之间，代沟往往成为沟通的重要障碍。以师生关系为例，近二十年来社会变化巨大，学生与教师成长的环境截然不同，导致两者在价值观与行为方式上存在差异，使得师生之间缺乏共同语言，难以实现有效沟通。

然而，代沟并非不可逾越的鸿沟。两代人的生活方式虽有所不同，但也有共通之处，只要我们冷静思考、彼此尊重，便能在差异中寻找到共识，架起新老两代人之间的桥梁，共同填平由年龄因素造成的鸿沟。

二、行业不同形成的行沟

社会分工的精细造就了职业的多样性。然而，千差万别的职业也为从事不同行业的人带来了沟通上的重重困难。我们常说隔行如隔山，行沟作为沟通的障碍，其主要表现莫过于行业间的封闭与保守，使得彼此难以窥见对方的世界。从事不同职业的人，其特殊的行为方式，如同一种独特的语言，未曾习得此语言者，往往难以理解其意。例如，数字工作者的严谨保守，文字工作者的自由浪漫，艺术工作者的狂放不羁。

行沟虽令不同行业的人在沟通上遭遇困境，但行沟塑造了同行业人较为一致的行为方式，将同一行业的人紧密相连，形成了一个共同的圈子，共享着彼此的喜怒哀乐，理解着彼此的艰辛与付出。这对于青年职业社会化而言，无疑是一大利好。它使得青年在初入职场时，便能迅速融入同行业的圈子，学习到行业内的规则与知识，从而更快地适应职场生活，实现自我价值的提升。

因此，我们应当正视行沟带来的影响，既要努力消除不同行业之间的沟通障碍，又要善于利用行沟所形成的同行业共识，促进青年职业社会化的进程，只有这样，我们才能在职业的道路上越走越远，实现个人与社会的共同发展。

三、职位不同形成的位沟

职位的障碍如同一堵无形的墙，往往存在于有地位差别的交往双方。此障碍之所以产生，皆因两者的职位、地位不同，从而导致"自我感觉差距"的形成。以师生关系为例，世人多以为，教师的职责在于管教学生，学生则应听从师命。然而，现在的学生自主性渐强，不再盲目地将教师之言奉为"圣旨"，如果教师坚持权威教育，则容易使师生之间生出对立情绪。

由于地位的差距，下级在向上级汇报时，常怀忐忑之心，生怕触犯尊威，因此，他们往往选择报喜而不报忧，导致信息失真。更有甚者，上级不深入基层，不解下情，却爱摆架子，发号施令。他们对下级动辄训斥，毫不留情。如此行径，无疑会阻碍上、下级之间的意见交流与感情传递，表面看似亲密无间，实则关系疏远。职位的障碍，不仅影响双方关系的和谐与感情的交流，还容易使青年因自我感觉低下而形成"自我萎缩型人格"。

然而，消除角色障碍并非无计可施。设身处地、换位思考，便是最有效的办法。若让售货员扮演顾客，亲身体验购物之难，感受售货员冷面之情，或许能促使其改变对顾客的态度。同样，有经验的沟通者会站在对方的立场上，理性分析对方的需求与兴趣，精心挑选最佳的沟通方式，以传递出能够拉近彼此距离的信息。如此，不仅能使对方靠近自己，也能使自己在理解对方的过程中，不知不觉地靠近对方，从而实现更好的沟通。

第四节　个性心理障碍

在人际交往中，个性心理缺陷如同一道无形的屏障，给人际沟通带来了无尽的困扰。青年时期，正值社会化的关键阶段，然而，正是在这一时期，他们往往面临着因个性心理缺陷而导致的人际沟通困难，这无疑是他们在成长过程中遭遇的最大挑战之一。

个性独特，使每个人在交往中展现出不同的风貌；而心理差异，又让沟通变得复杂而微妙。若个性心理存在缺陷，如自卑、敏感、多疑等，便如同在心灵深处筑起了一道高墙，将自己与他人隔绝开来，许多青年因此难以敞开心扉，无法与他人坦诚相待，导致人际关系的疏离与冷漠。

在青年社会化的过程中，他们渴望融入社会，建立良好的人际关系。然而，个性心理的缺陷却如同绊脚石，让他们在人际交往的道路上跌跌撞撞。他们或许会因为自卑而畏缩不前，或许会因为敏感而误解他人的意图，又或许会因为多疑而错失珍贵的友谊。这些缺陷如同枷锁，束缚着他们的手脚，使他们难以自由地翱翔于人际关系的天空。

因此，对于青年而言，克服个性心理方面的缺陷，是他们在社会化过程中必须面对的重要课题。唯有通过自我反省与努力，逐渐弥补这些心理缺陷，才能在人际交往中游刃有余，与他人建立起和谐而稳定的关系，从而顺利实现社会化的目标。

一、自卑心理

自卑心理源于个体因生理或心理缺陷等诸多因素而轻视自我的情绪体验。这种情绪体验，使人于某一或多方面，自感不如他人，认为自己的能力、品质过低，同时伴随羞惭、不安、内疚、忧郁、失望等特殊情绪。有自卑心理的人，内心深处往往缺乏自信，自我评价偏低，他们看待自己时总是带着一种自我怀疑的眼光。在人际交往中，这种心理倾向尤为明显，他们难以想象自己能够成功，反而失败的体验和预感时常萦绕心头。每当与权威、长者或名人交流时，这种自卑感便会加剧，仿佛自己的一切都显得微不足道，难以融入那些在他们眼中看来高不可攀的圈子。

自卑心理通常呈现为自我否定的心理定式，既否认自身，也否认所属的社会组织，认为自己事事不如人，自暴自弃，未能正确评估、判定自我代表的社会组织，对人际沟通的期望值甚低。将需要沟通的对象限定于狭窄的范围内，以与熟识的人交往为满足，无意开辟新交往渠道和拓展新交往空间。自我认识的不足与期望过低，是形成自卑心理的主要原因。自卑者在认识自我时，常基于错误的社会比较，用自己的短处与他人的长处相较，遂生自卑之感。

自卑心理产生的原因主要有以下几点。

1. 性格内向

性格内向的人常展现出多愁善感的一面，他们胆小谨慎，面对人群时容易感到害羞，表达不够流畅自然。观察到他人轻松自如的交际能力，他们往往不自觉地产生自我否定的情绪，感到自己在这方面相形见绌。这种高度的敏感性使得他们时常担心自己是否受到他人的轻视或排斥，从而在日常生活中选择退缩和回避，以减少可能的不安和尴尬。随着时间的推移，这种对交往的恐惧和逃避会逐渐形成一个恶性循环，导致他们本就不多的社交活动进一步减少，甚至开始以忧愁和恐惧的心态对待一切社交场合。在这种情境下，如果得不到及时的引导和支持，性格内向的人很容易滑向自卑的深渊，对自己的能力和价值产生更深的怀疑。

2. 经历挫折与不当归因

在交往中，积极的反馈与成功的经验，有助于个体的自我肯定与自信心建立。然而，有些人在交往中屡遭挫败，得到的多是消极反馈，这会挫伤其交往的信心，使他感到力不从心，最后导致自卑心理的形成。有些人在面对挫折时，采取了不恰当的归因方式，即将失败片面地归咎于自身能力的不足，而忽视了外部环境、资源限制、经验缺乏等多种可能的影响因素，这种错误的认知将进一步束缚他们的手脚，限制其原本可能发挥出的能力与潜力。他们开始对未来失去信心，不再期待成功的到来，自卑的阴影也因此而愈发浓厚。单是挫折本身已足以让人心生沮丧，而不当的归因方式则如同雪上加霜，加速了自卑心理的形成过程。

自卑是一种消极的心理状态，它不仅让沟通双方难以建立基于平等与尊重的对话平台，更阻碍了真情实感的自然流露与深刻交流。长期处于自卑心理的阴影下，个体不仅会逐渐丧失自信的光芒，其内在潜能也将被深深掩埋，难以得到充分的挖掘与展现。这种心理状态往往导致个体情绪低落，对竞争和挑战充满畏惧，往往在未战之前便已选择放弃，从而错失了众多可能成就自我的宝贵机会。

尤为令人痛心的是，当个体因能力上的不足或交往中的挫败而遭受外界的轻视、嘲笑甚至侮辱时，自卑心理如同被狂风巨浪推向了更加危险的边缘。在这种情境下，个体可能会以嫉妒、暴怒或自欺欺人等极端且不健康的方式来应对，不仅加剧了自身的心理负担，还可能对周围的人乃至整个社会造成无法挽回的伤害与损失。

因此，我们可以从以下几个方面入手，采取适当措施来克服自卑心理。

1. 肯定自我，提高自我期望

要善于发现自己的长处，肯定自己的成绩，经常回忆努力做成的事，对未做好的事进行自我暗示——无妨，他人未必能做好，再努力一下我也能成功。个体唯有客观地评价自己与他人，进行正确的社会比较，才有助于肯定自我，克服自卑心理。

2. 鼓起勇气，积极参加社交活动

自卑的人多孤僻、内向，不合群，常自我孤立，少与人交往。由于缺乏与他人的心理沟通，易使心理活动走向片面。自卑者如多参与社交活动，便可感受他人的喜怒哀乐，丰富生活体验；通过交往，可抒发被压抑的情绪，增强生活勇气，走出自卑的泥潭；通过交往，可增进友谊、情感，使心情开朗，自信心得以恢复。

3. 培养自信，改变内向的性格

克服自卑心理需有信心，敢于交往，敢于展现真我，此举将使内向的性格发生变化，使人告别胆小，远离羞涩，性格渐趋开朗、外向，自卑心理也将自行消散。

二、嫉妒心理

嫉妒心理是一种复杂而微妙的情感，往往源自个体与他人之间的比较。在能力、才干、声誉、地位、境遇等多个维度的衡量中，一旦自感不及他人，嫉妒的种子便可能悄然萌芽，进而滋长出抱怨、憎恨、愤怒等一系列负面情绪。

在人际沟通中，嫉妒心理主要表现在三个方面：第一，眼红他人利益的满足，视他人之得为己所失；第二，羡慕他人的进步，见他人前行一步，便心生不快；第三，羡慕他人的独创，在嫉妒心理作祟之下，唯恐他人超越自己，于是采取消极保守的策略，想阻碍对方的发展，人为地阻断了彼此间本应顺畅无阻交往关系。

嫉妒心理，非天生所赋，其与生理、心理、社会、现实等诸多因素紧密相连，产生的原因，也是多种且复杂的。

1. 生理之因

在群体中，个体之间在形貌、智力等方面存在显著的差异。例如，高矮胖瘦、聪明与笨拙等，这些天然的差异容易让人在比较中感到不平衡，进而产生嫉妒之心。尤其是在青

少年群体中，由于自我认知尚不成熟，更易受到这些外在因素的影响，引发嫉妒情绪。

2. 心理之因

心理因素在嫉妒心理的形成中起着至关重要的作用。人的个性差异，如心性的积极与消极、稳定与可变、制约与能动等，以及能力与性格的优劣，都是引发嫉妒心理的潜在因素。具体而言，思维深浅、性情冷暖、胆识大小、气量宽狭等个性特质，都可能让人在面对他人的成功或优势时，产生不同程度的嫉妒情绪。特别是在自尊心强、好胜心切的人身上，这种情绪更为突出。

3. 社会之因

在市场经济的大潮下，西方某些腐朽思想文化，如极端个人主义、享乐主义、拜金主义、唯我主义等，对人们的价值观产生了巨大的冲击。这些思想强调金钱、名利和个人的至高无上，导致社会风气日渐浮躁，人们的心态也日益失衡。大学生作为社会的一部分，同样会受到这些不良社会思潮的影响，使得嫉妒心理滋生的概率大大增加。

4. 现实之因

现实生活中的种种差异，更是嫉妒心理产生的直接诱因。人与人之间在财富、地位、人生顺逆等方面的差异，让人无法避免地进行比较。特别是在大学生群体中，学业的优劣、荣誉的得失等，都直接关系到个人的利益与尊严。当这些方面的差异无法得到有效平衡时，心理失衡便随之而来，嫉妒之心也就难以避免地产生了。

消除嫉妒心理的方法与途径有很多，主要表现在以下几个方面。

1. 纠正认知偏差

嫉妒者常常将他人的成功视为对自己的威胁，错误地认为他人的收获会给自己带来损失。实际上，每个人的成功都是其努力的结果，他们有权享受这份荣耀。因此，嫉妒者应当纠正这种错误的认知，学会以平和的心态看待他人的成功。与其将注意力放在比较和嫉妒上，不如学会欣赏他人的长处，并从中汲取灵感，努力提升自己的能力。

2. 积极升华

面对他人的超越，嫉妒者应当将这种不服输的情绪转化为前进的动力。将嫉妒转化为自我提升的动力，不仅能够帮助自己追赶甚至超越对方，还能在过程中发现自己的潜力和价值。即使无法快速超越对方，也可以通过发挥自己的优势来弥补不足，实现整体的平衡和进步。

3. 转移注意力

嫉妒情绪往往在闲暇时滋生。因此，积极参与有益的活动、努力学习、勤奋工作，让自己的生活充实起来，是避免嫉妒心理的有效方法。当我们的注意力被有意义的事情所吸引时，就无暇去嫉妒他人了。

4. 采取心理防卫

在特定情况下，为了缓解嫉妒带来的内心不安，我们可以采取一些心理防卫机制来平衡自己的心理状态。例如，对于他人的成功，我们可以轻描淡写地表示"他的成功不足为奇"，以此来排解心中的不满。然而，这种方法应当适度使用，过度依赖可能会削弱我们的上进心和动力。

5. 被嫉妒者保持不卑不亢

当自己成为他人嫉妒的对象时，保持不卑不亢的态度至关重要。被嫉妒者应当平静地面对这一情况，继续坚持自己的原则和道路。对于乐观的人来说，他人的嫉妒实际上是一种认可，证明了自己的优秀和价值。因此，他们可以以微笑回应嫉妒者。而对于悲观的人来说，应当避免被嫉妒者的情绪所影响，保持冷静和理智，不被其言论所左右。

嫉妒心理不仅会影响个体心绪的安宁，还会干扰人际沟通的和谐，甚至可能导致关系破裂。因此，大家应当理智地审视嫉妒，用宽容的态度待人，才能在人际交往中游刃有余，实现共赢的局面。

三、恐惧心理

社交恐惧不仅包括对人际互动的畏惧，还包括对在公开场合发言、与人交往时可能遭遇的尴尬、失态或窘境的深深忧虑。这种忧虑，在多数人中可能表现为轻微的紧张与不安，但对于少数患有社交恐惧症的人来说，却是一种难以承受的重负。

社交恐惧症（Social Phobia）又称社交焦虑障碍，其核心特征在于，患者在面对社交或公开场合时，会体验到一种强烈且持久的恐惧或忧虑情绪，他们担心自己的行为或紧张的表现会引来他人的嘲笑、批评或排斥，从而导致羞辱或难堪。他们害怕被人注视，担心自己的言谈举止会显得笨拙或尴尬，甚至害怕在简单的日常交流中张口结舌。社交恐惧症还伴随着一系列显著的生理反应，如面红耳赤、心跳加速、身体震颤、出汗增多、恶心感、尿急等。这些生理症状进一步加剧了患者的焦虑和恐惧感。由于恐惧和焦虑，他们往往会采取社交回避或退缩的行为。

克服社交恐惧症需要综合多种方法，具体有以下几个方面。

1. 释放压力

与家人或朋友聊轻松、感兴趣的内容,如美食、旅行、娱乐等,以释放内心的压力和紧张情绪。

2. 自信训练

在医生的指导下进行演讲、模仿等社交场合的演练,逐渐提高社交自信,通过反复练习,逐渐克服在社交场合的紧张和不安。

3. 系统脱敏疗法

在医生的指导下进行系统脱敏治疗。从在私密空间中和熟人交谈开始,逐渐过渡到在开放环境中与多人交谈,让患者缓慢接触使自己感到紧张的环境,逐步克服社交恐惧症。

4. 药物治疗

对于症状较为严重的患者,可在医生的指导下服用抗焦虑障碍的药物,以缓解不适和焦虑情绪。

5. 认知重建

通过认知重建,帮助患者识别和改变不合理的思维方式和信念,如"我肯定会出错""别人都在嘲笑我"等,以更加理性和积极的态度看待社交场合。

6. 精神分析心理治疗

深入了解患者的内心冲突和潜意识问题,通过心理治疗帮助患者解决深层次的心理困扰,从而减轻社交恐惧的症状。

7. 家庭和社会的支持

家属和朋友需要多安慰和鼓励患者,包容他们的不足,并陪伴他们参与一些社交活动,如看电影、逛超市等,逐渐减轻他们的恐惧心理。

8. 自我调整

社交恐惧症患者需要学会接纳自己内心的恐惧,不要过分否定自己。同时,要积极参与运动、听音乐等活动,以陶冶情操、放松心情。此外,还可以学习一些放松技巧,如深呼吸、冥想等,以缓解紧张情绪。

综上所述,克服社交恐惧症需要多方面的努力和支持。患者应在医生的指导下选择合适的治疗方法,并积极配合治疗,以逐步克服社交恐惧,恢复正常的生活和工作。

四、报复心理

报复心理指的是个体在遭受伤害或不悦后内心产生的强烈反应,表现为对伤害源怀恨在心，并渴望通过攻击对方来宣泄内心的愤怒与不满，以此恢复心理平衡。报复心理其实人人都有，但关键在于是否能够理智地控制和管理这种情绪，避免给自己和他人造成不必要的伤害。

尽管多数人在面对不公与伤害时，能够凭借冷静的分析与理智的思考，选择自我抑制，避免报复的深渊，但仍有一部分人，在报复之心的强烈驱动下，做出了本可避免的行为。这些行为，无论其表现形式是明目张胆还是暗流涌动，是直接针对还是间接影响，都源于一念之差，一个瞬间的决定，却可能引发一连串不可预料的后果。

要克服报复心理，可以从以下几个方面入手。

1. 学会换位思考

当自己遭遇伤害或感到不满时，尝试站在对方的角度去思考，理解对方的动机和难处，这种换位思考有助于减弱报复的欲望，让情绪更加平和。

2. 认识到报复的危害

报复行为往往会导致更多的伤害和矛盾，甚至可能触犯法律。认识到报复行为的危害，可以帮助自己更理智地面对问题。

3. 培养宽广的胸怀

增强自己的心理耐挫力，不过分计较得失，以宽容和接纳的心态看待生活中的挫折和冲突，以减少报复心理的产生。

4. 合理宣泄情绪

当内心充满怨恨和不满时，可以通过适当的方式来宣泄情绪，如运动、听音乐、写日记等，这有助于缓解不良的情绪，减少报复的冲动。

5. 增强法律意识

了解相关法律法规，认识到报复行为可能带来的法律后果，增强自己的法律意识，用理智和法律来约束自己的行为。

6. 寻求帮助和支持

当自己无法独自应对报复心理时，可以寻求家人、朋友或专业人士的帮助和支持，他们的建议和陪伴可以帮助自己更好地面对问题，克服报复心理。

7. 自我反省和提升

反思自己在人际交往中的行为和态度是否存在不足之处。不断提升自己的情商和沟通能力，可以减少不必要的冲突和矛盾，从而降低报复心理产生的可能性。

8. 保持积极心态

培养积极向上的心态，关注生活中的美好和正能量，这有助于让自己更加乐观和自信，减少因小事而引发的报复心理。

当滋生报复心理时，应该深思熟虑，以理智克制情绪。时刻提醒自己，报复未必能解决问题，反而可能使问题复杂化。化解报复心理，需从理解、宽容出发，以和为贵，方能促进人际关系的和谐，维护社会的稳定。

五、逆反心理

逆反心理是指人们彼此之间为了维护自尊，而对对方的要求采取相反的态度和言行的一种心理状态。

逆反心理是一种固执偏激的思维习惯，它使人无法客观地、准确地认识事物的本来面目，而采取错误的方法和途径去解决所面临的问题。在表现形式上与富有创造性的行为颇有类似之处，因此某些逆反倾向严重的青年也常对此津津乐道，或在心理上为自己的怪异行径寻求"科学"的根据。然而，逆反心理在本质上与创造性的个人素质有着根本区别，它往往是孤陋寡闻、妄自尊大、偏激和简单思维的产物。

有研究表明，青少年容易产生逆反心理。逆反心理贯穿于青少年成长的各个阶段，且有多种表现，如对正面信息的不认同、不信任；对先进人物、榜样的无端怀疑甚至否定；对不良风气的盲目认同与追捧；对思想教育及规则的抵抗与蔑视等。我们常常发现青少年"不受教""不听话"，常与教育者"对着干"。这种与常理背道而驰，以反常的心理状态来显示自己的"高明""非凡"的行为，往往是逆反心理在作祟。

要克服逆反心理，可以从以下几个方面入手。

1. 理解逆反心理的根源

首先，认识到逆反心理往往源于个人内心的需求未被满足、自尊心受损或是对权威的质疑，理解这些根源有助于你更理性地看待自己的逆反心理。

2. 增强自我认知

通过自我反思和评估，了解自己的价值观、需求和情绪状态，明确自己的目标和追求，有助于你更清晰地判断哪些逆反心理是合理的，哪些是需要克制的。

3. 保持开放心态

尝试以开放、包容的心态去接受他人的意见和建议，认识到每个人都有其独特的见解和价值，尊重并倾听他人的声音，可以让你更加全面地了解问题，减少不必要的抵触心理。

4. 理性沟通

当与他人的意见不一致时，采用理性沟通的方式来表达自己的观点和感受。避免使用攻击性的语言或行为，而是寻求共识和解决方案。

5. 学会自我控制

认识到逆反心理可能带来的不良后果，学会自我控制，可以通过深呼吸、冥想等放松技巧来缓解紧张情绪，让自己更加冷静地面对问题。

6. 培养同理心

尝试从他人的角度去看待问题，理解他们的立场和感受，这有助于你更加客观地评估自己的逆反心理是否合理，并减少对他人的误解和偏见。

7. 增强自信心

有时候，逆反心理可能源于对自己能力的怀疑或不安，因此，努力提升自己的能力和技能，增强自信心，可以让你更加自信地面对挑战和批评，减少逆反心理的产生。

8. 寻求专业帮助

如果你的逆反心理严重影响到了日常生活和人际关系，可以考虑寻求心理咨询师的帮助，他们可以提供专业的指导和支持，帮助你更好地理解和克服逆反心理。

综上所述，克服逆反心理需要个人从多个方面入手，包括理解逆反心理的根源、增强自我认知、保持开放心态、理性沟通、学会自我控制、培养同理心、增强自信心及寻求专业帮助等。通过不断的努力和实践，你可以逐渐克服逆反心理，以更加成熟和理智的态度去面对生活中的挑战。

六、猜疑心理

猜疑是指在没有足够的证据或理由的情况下，对某个人或事物产生怀疑、不信任或质疑的心理。这种心理往往源于个人经历、人际关系、环境和社会背景等多种因素，如个人经历过被欺骗、背叛或侵害，或受到社会和家庭环境的影响。猜疑心理在一定程度上体现了人类的自我保护机制，但若猜疑过度就会产生负面影响，如影响人际交往、引发心理健康问题、降低工作效率等。

要克服猜疑心理，可以从以下几个方面入手。

1. 给予积极的自我暗示

当自己陷入猜疑心理时，尝试进行积极的自我暗示，如"他们这样做是为了我好，他们的行为是善意的，并无恶意"，通过正面的心理暗示，可以减少对他人行为的负面解读。

2. 转移注意力

当自己开始猜疑时，尝试将注意力转移到其他积极、美好的事物上，通过转移思维，可以减轻对猜疑对象的关注，从而缓解猜疑心理。

3. 培养自信心

增强对自己的信心，认识到自己的优点和价值，可以减少对他人评价的过度在意，从而减少猜疑心理。

4. 理性思考与客观判断

在面对猜疑时，要保持冷静和理性，不要轻易下结论，尝试从多个角度分析问题，收集更多的证据和信息来支持自己的判断。同时，要学会客观看待事物，不要主观臆断。

5. 加强交流与沟通

如果猜疑源于与他人的误解或沟通不畅，可以尝试与对方进行坦诚的交流，通过交流，可以消除误会，增进理解，从而减少猜疑心理。

6. 寻求外部支持

当自己无法摆脱猜疑心理时，可以寻求家人、朋友或心理咨询师的帮助。他们可以提供不同的观点和建议，帮助你更好地理解和应对猜疑心理。

7. 培养兴趣爱好

通过培养兴趣爱好来丰富自己的生活，减少对猜疑对象的关注，兴趣爱好可以让你更加充实和快乐，从而减少负面情绪的产生。

8. 保持开放心态

尝试保持一种开放、接纳的心态，不要过于固执己见，要认识到世界是复杂多变的，每个人都有自己的想法和行为方式。保持开放心态，可以减少对他人的猜疑和偏见。

综上所述，克服猜疑心理需要综合多种方法，通过这些方法，可以逐步摆脱猜疑的困扰，建立更加健康、积极的人际关系。

即使是沟通艺术的大师，也难以确保与人实现完全充分的交流，因为人际沟通交流本身就很难达到完全充分。利益分配的不均、价值观的多样性，以及个体认知中难以避免的偏见等，这些障碍如同隐形的墙，阻碍着心灵的完全契合。因此，深刻认识并正视这些沟通障碍，是实现高效、和谐交流的关键。唯有如此，我们才能跨越障碍，实现更加深入、有效的沟通。

【拓展阅读一】

有一种特别糟糕的沟通模式，我们称之为暴力沟通。暴力沟通的表现方式通常有以下四种。

（1）道德评判。道德评判是指一个人按照自己的标准去评判对方，当对方的语言或行为不符合他的标准时，他就会认为对方是错的。例如，"你太自私了""他对人有成见""这是不恰当的"等。投资家查理芒格有一句名言："拿着锤子的人，看什么都像钉子。"这句话的意思是，如果一个人手里有锤子（给别人贴标签），那么看什么都觉得是钉子（找理由证明自己的判定是对的）。在心理学中，这叫作"定势效应"。因此，一旦说话者给倾听者贴上了标签，那么他说出来的话，就自然而然地变成了"暴力语言"。

（2）进行比较。进行比较也是一种评判，它会蒙蔽对人、对己的爱意。

（3）回避责任。人们常用"你让我伤透了心""不管你是否喜欢，有些事你不得不做""老板让我做的，我不得不做"这些话来淡化对自己的思想、情感和行为的责任意识。

（4）强人所难。用命令的方式向他人提出要求，暗含威胁和惩罚。

上述这些沟通方式不仅难以实现沟通目标，而且很容易让沟通双方产生隔阂。要消除隔阂，我们首先要了解隔阂是怎样产生的，才能找到解决办法。

隔阂产生的原因有三种：一是双方都不愿露出自己的本意，彼此之间互相揣摩、猜测；二是双方之间引发误会；三是双方之间存在利益冲突。

非暴力沟通的倡导者马歇尔·卢森堡在《非暴力沟通》中给出了消除隔阂的有效方法。

（1）敞开心扉，亮出诚意。诚心诚意地接纳对方，用自己的真诚善待对方，彼此都坦露心声，这样才有利于进一步沟通，消除隔阂。例如，夫妻之间的关系通常被视为人生中最亲密和重要的关系之一，但如果双方没有做到互相表达真实的自己，那么就会成为"最熟悉的陌生人"，关系也会日趋紧张，隔阂更深。

由此可见，我们要让对方看到我们的真心和诚意，并倾听对方的真心和诚意。这样，我们都在向对方亮出自己的真诚，隔阂自然也会被消除。所以，开诚布公是消除隔阂最实用的办法。

（2）心怀善意，宽宏大量。善意地表达自己，接受因为观念不同而造成的认知或行为差异。例如，因为世界观、人生观、价值观不同，所以做事的方式方法也不同。只有通过善意的解释，并接受对方做出的行为，才能让误会消除。所以，合理善意地解释并接受对方的行为，也可以消除隔阂。

（3）用心道歉，用诚感人。每个人都有自己的底线和边界，谁都不能冒犯。例如，A和B发生矛盾冲突，A用恶毒的语言伤害了B，侮辱了B的人格和尊严，B为此愤怒至极，A

和B之间的隔阂如果不加以疏导就会发生不可想象的暴力冲突。

有这样一句名言："冤家宜解不宜结",意思是说,人们在面对矛盾和冲突时,应该寻求和解而不是加深矛盾。"良言一句三冬暖",所以,我们要学会说好话,用对方易于接受的方式表明我们的歉意和真诚,求得对方的原谅。另外,谁也不喜欢沟通的时候水火不容、恶言相向,在心平气和的状态下才能更好地消除隔阂。非暴力沟通是化解冲突、建立和谐的有力武器。

【拓展阅读二】

不必过分羡慕,有些"社牛"的底色可能是自卑

最近,"社牛症"成为网络热词。与"社恐症"("社交恐惧症"的简称)相反,"社牛症"人群在与陌生人交往时,能完全卸下心理压力,不怕生、自来熟,可以快速与陌生人打成一片。

那么,从心理学角度来看,"社牛症"是什么呢?为什么有人会表现出"社牛症"的特征?形成"社牛症"特征的原因是什么?

尽管"社牛症"中也有"症"字,但这类人没有罹患心理疾病。他们是社交圈里的红人,"社牛症"甚至成了高情商的代名词。

但是,似乎也有一些另类的"社牛症"人士,他们毫不在意他人的目光,不分场合地"放飞自我"。例如,有意无意地用夸张的举动吸引他人注意,或者在安静的地铁车厢内大声喧哗。

笔者认为,所谓的"社牛症"可能囊括了上述两类人群,一类是拥有坚实的自信、敢于投身且享受社交的人群;而另一类人,他们的自信则更像是纸糊的老虎,在他们浮夸的言谈举止背后,隐藏着深深的自卑。

要想理解为何有些"社牛症"人群如此自信,我们首先得来谈谈健康的自尊和自信源自何处。

"镜映需要"的充分满足,可能是"社牛症"人群自信的最初来源。自体心理学创始人科胡特提出"镜映需要"的概念,其用来指婴儿在成长过程中,需要感觉到自己被足够的肯定和接纳,尤其是得到被抚养人的理解和欣赏。孩子在成长过程中,时不时会有一些明确希望得到肯定的时刻,比如主动向抚养人展示自己的画作。科胡特认为,当这些重要的瞬间到来时,如果孩子能从抚养人眼中看到赞许的目光,并得到共情的、及时的回应,孩子就会感到由衷的喜悦,产生一种"我很重要"的感觉。

长此以往,抚养人就能帮助孩子形成一种坚实、稳定的自尊感,这将成为孩子日后发

展的坚实后盾。因为曾经被充分认可的经验，会使得孩子长大后愿意相信"我能行"，进而敢于去面对这个充满未知和挑战的世界。

这部分孩子中不少人可能成为"社牛"，但还有一小部分"社牛"就没那么幸运了。

抚养人对这部分孩子总是以一种冷淡、敌意和批评的态度，未对他们的"镜映需要"予以满足，那么孩子的自我价值感就可能受到压制。这些孩子成年后，他们早期被忽视的需要，可能依旧需要被满足，甚至是要被加倍满足。

这或许就是某些"社牛症"人群不惜哗众取宠，也要得到他人关注的原因。他们希望以这种方式，来弥补未被抚养人充分理解和肯定的缺失。

根据个体心理学家阿德勒的观点，人生不可能四平八稳，因此每个人在成长道路上都会经历一些挫折，感受到理想与现实之间的巨大差距，这就使得我们内心或多或少都会有一些自卑感。

但如果一个人能以有益社会、有益他人的方式，来为所处共同体做出贡献。在不断做贡献的过程中，个人将获得共同体的认可，感受到归属感，进而形成自信，使自卑感有所消融。

不过，也有人并非以上述方式，而是以浮夸的举止、傲慢的言行、贬抑他人、过度热情、自我吹嘘或欺凌弱小的方式，来减少自己的自卑感。阿德勒认为这些人拥有着"优越情结"，是过度膨胀的自卑感的表现，这类人看似做出了许多"优越行为"，但实则是为了掩盖内心的脆弱。阿德勒形容这类人"因为怕自己太矮小，于是踮起脚尖，试图让自己看起来高一点"。那些过分傲慢、举止浮夸的"社牛症"人群，很可能就有这种"优越情结"。

因此，针对"社牛症"群体，我们应该区别对待。有些"社牛"的高情商、勇敢无畏，的确值得我们学习，但也有些"社牛"的背后是虚无和自卑。我们要向"社牛"学习的并不是单纯的"放飞自我"，而是要以利他的方式来展现自我。

（来源：祝杰.不必过分羡慕，有些"社牛"的底色可能是自卑[N].科技日报，2021-11-24（5）.）

【案例分析】

沟通漏斗效应与沟通冰山模式是横亘在有效沟通道路上的两大隐形障碍。沟通漏斗效应生动地揭示了信息传递过程中的逐层流失现象，犹如一个倒置的漏斗，上端宽广而下端狭窄。这一现象在"传话筒"游戏中尤为显著：五人接力传递一句话，在层层转述与强烈干扰下，原话最终变得面目全非。这深刻警示我们，信息在传递过程中不仅会衰减，甚至会变样。进一步而言，个人内心的完整想法（假设为100%）在公开表达时往往已减至80%，再经他人的接收与理解，又缩减至60%甚至40%，最终执行时可能仅剩20%，四级传递之下，信息损失高达80%，凸显了沟通的复杂性与挑战性。

沟通冰山模式则深刻揭示了沟通双方信息展现的不对称性。维琴尼亚·萨提亚女士以冰山为喻，形象地阐述了这一观点：在人际交往中，人们所能直观观察到的言行举止，如同冰山浮出海面的尖角，仅占总体的极小部分（约八分之一），而深藏于水下的巨大冰山主体——即个人的情感、需求、信念等深层次信息却往往被忽视。因此，若沟通仅停留于表面，无论多么详尽，都难以触及问题的核心。唯有通过深入探究，揭开冰山的神秘面纱，实现心灵的共鸣与深层次的相互理解，我们才能在沟通中达成更多的共识与默契。

思考并分析：
阅读上述材料，分析如何避免因沟通漏斗效应和沟通冰山模式而带来的沟通障碍。

【本章小结】

在现代社会，有效沟通是组织运作、团队协助、个人成长中不可或缺的一部分。然而沟通不总是顺畅的，沟通障碍如同一堵墙壁，阻碍着信息的准确传递与情感的顺畅交流。

英国《金融时报》的专栏作家蒂姆·哈福德在谈到人的认识的客观性时曾说："客观只是一种错觉。"这一见解揭示了人际沟通中难以逾越的主观性壁垒。沟通，这一看似简单的行为，实则蕴含了复杂的认知差异与情感纠葛。哲学家叔本华曾说："每个人都将自身感知的范围，当成世界的范围。"这揭示了每个人因背景、经历、视角的不同，对同一事物往往持有迥异的见解，从而构成了沟通中的天然障碍。

沟通不易还有一个重要的原因，就是沟通双方的情绪状态及各自所采取的观察角度。从本质上剖析，沟通的核心在于情绪的交流与共鸣。沟通心理学深刻揭示了这一点，指出在两个人的沟通中，情绪成分占据了大约70%的比重，而实际内容仅占30%。这意味着，如果沟通双方的情绪未能妥善管理，那么即便是最清晰、最合理的内容也可能被扭曲或误解。

因此，在深入探讨沟通内容之前，重要的是先理顺情绪层面，确保双方都能以平和、开放且积极的情绪状态进入沟通。这种良好的情绪氛围应当建立在相互尊重与平等理解的基础之上，而非一方自诩为真理的化身，对另一方进行指责或命令。真正的沟通是双方共同参与、相互倾听与理解的过程，而非单方面的争辩或服从。

此外，观察者所选取的角度也极大地影响着沟通的结果与结论。每个人因自身经历、立场与视角的不同，对同一事物往往会产生截然不同的看法与理解。因此，在沟通过程中，我们应努力拓宽自己的视野，尝试从对方的角度去思考问题，以减少因角度差异而产生的误解与冲突。

没有人是天生的沟通高手，但每个人都可以通过实践、反思与提升，逐渐掌握这门艺术。高情商的显著标志之一便是良好的沟通能力，它能够帮助我们建立更加和谐的人际关系，减少误解与冲突，促进合作与共赢。

为了克服沟通障碍，我们应主动采取一系列策略：首先，要意识到并尊重彼此的差异，努力拓宽自己的视野与认知边界；其次，学会管理情绪，以平和的心态面对沟通中的挑战；再次，培养换位思考的能力，尝试从对方的角度理解问题；最后，不断优化沟通方式，提升沟通技巧，确保信息能够准确、高效地传递。

【复习思考题】

（1）在人际沟通中，语言障碍有哪些，该如何解决？

（2）请举例说明在生活中因为观念差异带来的沟通障碍。

（3）你在生活中遇到过因角色差异带来的沟通障碍吗？请举例说明。

（4）你和父母之间是否存在沟通障碍，你认为是什么原因导致的，应该如何解决。

（5）你和同学之间是否存在沟通障碍，你认为是什么原因导致的，应该如何解决。

（6）在人际交往中，你有遇到过因为心理问题而产生沟通障碍的情景吗，你是如何解决的？

第五章　沟通艺术

【学习目的】

（1）了解倾听的含义。
（2）掌握主动倾听的技巧。
（3）熟悉人际沟通风格的分类及其特点。
（4）掌握说服的技巧。

【课程导入】

战国时期，齐国有一位著名的学者名叫淳于髡。他博学多才、能言善辩，被任命为齐国的大夫。他经常利用寓言故事、民间传说、山野轶闻来劝谏齐宣王，而不是通过讲大道理来说服他，往往能取得很好的效果。

有一次，齐宣王想攻打魏国，于是积极调动军队、征集粮草、补充兵源，使得国库空虚、民间穷困，有的百姓已经逃到其他国家去了。淳于髡对此十分忧虑，就去求见齐宣王。齐宣王爱听故事，淳于髡投其所好，说："臣最近听到一个故事，想讲给大王听。"齐宣王说："好啊，寡人好久没听先生讲故事了。"淳于髡说："有一条叫韩子卢的黑狗，是天下跑得最快的狗。有一只叫东郭逡的兔子，是四海内最狡猾的兔子。有一天，韩子卢追逐东郭逡，绕着山跑了三圈，又翻山顶来回追了五趟，兔子在前面跑得筋疲力尽，狗在后面追得也劳累至极，双双累死在山上。一个农夫看见了，没花一点力气，就独自得到了这个便宜。"齐宣王听出淳于髡语中有话，就笑着说："先生想教我什么呢？"淳于髡说："现在齐、魏两国相持不下，双方的军队都很疲惫，两国的百姓深受其害，恐怕秦、楚等强国正在后面等着，像农夫一样准备捡便宜呢。"齐宣公听了，认为很有道理，于是下令停止进攻魏国。

沟通艺术是一种重要的社交技巧，它涉及在各种情境下如何有效地与他人交流和表达自己的思想、情感和想法的能力。掌握沟通艺术的人通常能够更好地理解他人的需求和感受，并能够以更清晰、更有说服力的方式传达自己的信息。沟通艺术包括倾听技巧、表达能力、非语言沟通能力、情绪管理和冲突解决能力等多个方面。掌握良好的沟通艺术，我们才能够更好地提高沟通能力，从而建立更好的人际关系，并取得更好的沟通效果。

第一节　倾听的艺术

【案例】

世界上最成功的推销员——乔·吉拉德

乔·吉拉德是吉尼斯世界纪录大全认可的世界上最成功的推销员，有一件事让他终生难忘。在一次推销中，乔·吉拉德与客户洽谈顺利，就要签约成交时，对方却突然变了卦。

当天晚上，按照客户留下的地址，乔·吉拉德找上门去求教。客户见他满脸真诚，就实话实说："你的失败是由于你自始至终没有听我讲的话。就在我准备签约前，我提到我的独生子即将上大学，而且还提到他的运动成绩和他将来的抱负。我是以他为荣的，但是你当时不仅没有任何反应，而且还转过头去用手机和别人讲电话，我一恼就改变主意了。"

此番话重重提醒了乔·吉拉德，使他领悟到了"听"的重要性。之后再面对客户时，乔·吉拉德非常注意倾听他们的话，无论是否和交易有关，都给以充分的尊重。后来，在他的不懈努力下，终于成为一名推销大师。

上述案例表明，倾听在人际交往中扮演了至关重要的角色，直接决定了事情的成败。当我们展现出真诚的倾听态度时，对方会感受到我们的关注、尊重和诚意。这种感受会让对方更加信任我们，愿意与我们分享与合作，从而建立起更加稳固的关系。此外，倾听有助于我们更好地理解他人的观点。在沟通过程中，如果我们能够全神贯注地倾听对方的话语，就能更深入地了解对方的想法和立场，从而更准确地把握对方的意图，避免误解和冲突的发生。而且通过倾听，我们可以从对方的言语中获取到更多的信息，这些信息可能对我们做出正确的决策起到关键作用。因此，倾听不仅是一种礼貌的表现，更是一种获取信息的有效途径。

一、倾听概述

1. 倾听的定义

国际倾听协会对倾听下的定义：倾听是接收语言和非语言信息、确定其含义和对此做出反应的过程。

在沟通的过程中，人们借助于倾听，理解对方所发出的信息，并给予适当的反馈。

倾听作为我们自幼习得并贯穿于人际交流的基石，不仅是沟通的润滑剂，更是构建和谐人际关系的桥梁。它确保了我们在纷扰的世界中能够保持与他人的情感纽带，维系着共同生活、工作乃至休闲的每一个角落。一旦失去倾听的能力，无异于关闭了通往彼此心灵的门窗，阻断了共同前行与享受生活的可能。善于倾听的人能及时发现他人的长处，并创造条件让其积极性得以发挥作用。倾听本身也是一种鼓励方式，能提高他人的自信心，激发他人的工作热情。

2. 听与倾听的区别

"听"是一种生理反应，只是接收到了声音的振动；而"倾听"是建立在"听"这一生理反应基础上的心理反应，需要有意识地选择去关注和理解所听到的声音。

有效的倾听应是积极的而非消极的，主动的而非被动的。在消极的倾听中，倾听者可能只是表面上在听，实际上并没有真正地理解说话者的意思，就像是一台录音机，只是机械地接收声音，而没有进行深入的思考或反馈。在积极的倾听中，倾听者全神贯注地参与到对话中，不但会主动理解说话者的意图、情感和观点，而且会给予适当的反馈。

二、主动倾听

（一）主动倾听的概念

在沟通中，当你把注意力集中在他人所说内容的时候，你已经成为一个倾听者；当你把重要的信息在头脑中进行勾画，并考虑提出问题或对他人的观点进行质疑时，你就成为一个主动的倾听者。即使你可能还没开口参与对话，但在思想上已经与正在说话的人建立了一种联系。

（二）主动倾听的四种方式

一般来说，主动倾听有以下四种方式。

1. 获取信息式倾听

获取信息式倾听是一种专注于理解和吸收对方所传达信息的倾听方式。在这种方式下，倾听者会全神贯注地聆听对方的言辞，努力捕捉每一个细节和要点。他们不仅是在听对方说话的声音，更是在理解对方所表达的内容、情感和意图。

获取信息式倾听要求倾听者具备良好的专注力和理解能力，他们需要将注意力集中在对方的话语上，不受外界干扰，以便更好地捕捉和理解信息。同时，他们还需要具备一定的背景知识和经验，以便能够准确地解读和理解对方所表达的意思。

在获取信息式倾听中，倾听者通常会采取积极主动的态度。他们会提出问题，以便更深入地了解对方的观点和想法。他们会用自己的话语重述对方的观点，以确保自己正确理解了对方的意思。他们还会注意对方的非语言信号，如肢体动作、面部表情和语调，以获取全面的信息。

获取信息式倾听的好处是多方面的。首先，它能够帮助倾听者更准确地理解和把握对方的意图和需求。通过主动提问和重述，倾听者可以避免误解和沟通障碍，确保双方在同一频道上交流。其次，获取信息式倾听能够增强双方的互动和合作。当倾听者表现出对对方的兴趣和关注时，对方会感到被尊重和重视，从而愿意分享更多的信息和观点。最后，获取信息式倾听还能够促进个人和团队的学习与成长。通过倾听他人的观点和经验，倾听者可以拓宽自己的视野，获得新的知识和见解。

2. 批判式倾听

批判式倾听是一种深度的聆听方式，它要求倾听者不仅要接收对方的话语信息，还要对其进行深入分析和理解。这种倾听方式强调在听取他人观点时保持开放和客观的态度，同时运用批判性思维来评估所听到的内容。

在批判式倾听中，倾听者首先需要做的是全面接收对方的信息。这意味着要全神贯注地聆听，不打断对方，完整地理解对方表达的内容。在此过程中，倾听者需要关注对方的语气、表情和肢体动作等，有助于全面地理解对方的意图和情感。其次，倾听者需要对所听到的信息进行深入分析，包括识别对方的主要观点、论据和结论，以及它们之间的逻辑关系，要主动思考这些观点是否合理、是否有充分的论据支持。在这个过程中，倾听者常常需要提出问题进行思考，以便更清晰地理解对方的观点。再次，倾听者需要保持开放和客观的态度，要尊重对方的观点，也要努力避免自己的偏见和主观判断，以免影响对信息的理解。最后，倾听者要运用批判性思维来评估所听到的内容。这意味着倾听者需要对信息进行独立思考，要考虑信息的可信度、来源和背景，权衡不同观点的优缺点，并结合常识形成自己的判断和结论，而不是盲目地接受或拒绝。

3. 感情移入式倾听

感情移入式倾听是一种深度的、充满同理心的倾听方式，它要求倾听者不仅用耳朵去听，去理解说话者的言语内容，更要用心去感受说话者的情绪和情感需求。这种倾听方式的核心在于建立情感连接，通过共情来全面地理解对方。

在感情移入式倾听中，倾听者要尽量站在说话者的立场上，试图体验他们的情感和经历。这意味着倾听者需要放下自己的判断和偏见，全心全意地投入到说话者的情境中。通过这种方式，倾听者可以更深入地理解说话者的内心世界，从而建立更为紧密的情感联系。感情移入式倾听不仅有助于加深人际关系，还能促进有效的沟通。当说话者感受到被真正理解和接纳时，他们更愿意分享真实的想法和感受。这种开放和诚实的交流氛围，有助于解决潜在的冲突和误解，进而增强双方的信任和合作。

然而，感情移入式倾听并非易事。它要求倾听者具备高度的情商和同理心，能够敏锐地捕捉到说话者的非语言信号，如语调、面部表情和肢体动作等。此外，倾听者还需要具备良好的情绪管理能力，以便在面对强烈的情感时保持冷静和专注。

4. 享受式倾听

享受式倾听是一种积极、主动的倾听方式，它要求倾听者全身心地投入到对话中，关注并理解对方的观点和感受。这种倾听方式不仅有助于倾听者更好地理解他人，还能增强人际关系的互动性和深度。

首先，享受式倾听需要倾听者保持开放的心态，要努力摒弃偏见和成见，以公正、客观的态度去听取对方的意见。只有当倾听者真正愿意接受不同的观点时，才能充分理解对方的立场和需求。其次，享受式倾听要求倾听者全神贯注地聆听，不仅是用耳朵听，更是用心去感受对方的言辞。此外，享受式倾听还需要倾听者具备同理心，要设身处地地为对方着想，理解他们的感受和需求，从而更好地与对方建立情感联系，增进彼此的了解和信任。在享受式倾听的过程中，倾听者还要学会提问和反馈。提问可以帮助倾听者更深入地了解对方的观点，而反馈则能让对方知道倾听者是否真正理解了他们的意思。这种互动性的交流方式有助于双方达成共识，解决问题。

三、专注倾听的技巧

专注倾听是一种重要的沟通技巧，它要求倾听者在与他人交流时，要全心全意地投入到聆听过程中，绝不能一心二用，最忌讳"左耳进，右耳出"。

（1）排除干扰。在快节奏的现代生活中，干扰无处不在，如手机铃声、环境噪声等。为了保持专注，我们应主动采取措施，如将手机调至静音或关机，关闭电视等可能会分散注意力的设备，营造一个静谧的倾听环境。此外，选择一个相对安静的地方进行对话，也能有效减少外界噪声的干扰。

（2）全神贯注。这意味着我们要将思维和注意力集中在对方的话语上，而不是让自己的思维飘忽不定或被其他事物分散注意力。为了实现心理上的专注，我们可以提前准备好自己的思维，通过深呼吸、冥想或其他放松技巧来清理杂念，以便更好地专注于对方的言辞。

这需要我们放下自己的事情，暂时忘记其他杂念，将注意力集中在对方身上，避免分心或做其他事情。我们可以采取一种积极的姿态，用眼神和肢体动作表达我们对对方的关注和尊重。例如，保持眼神接触、点头表示理解，以及适时地回应对方的问题或观点，这些都能够展示出我们的专注和参与度。

（3）寻找感兴趣的话题或内容。当我们对某个话题或内容感兴趣时，我们会更容易投入其中，忽略外界的干扰。因此，在倾听前，我们可以尝试从对方的话语中寻找共鸣点，以此激发自己的兴趣与热情，这样我们就可以更积极地参与其中，提高倾听的效果。

（4）关注内容。在对话中，我们应该努力理解对方所表达的主题和意图。我们可以通过提问、澄清和总结来确保我们正确理解了对方的意思。同时，我们还应该注意对方的语气、表情和肢体动作，以获取全面的理解。

（5）捕捉要点。在对话中，我们可能会面临大量的信息和细节。为了有效地捕捉要点，我们可以采用一些记忆和组织的技巧。例如，我们可以使用关键词或短语来概括对方的主要观点，或者在脑海中构建一个逻辑框架来整理对方的论述。这样，我们就能够更好地理解和记住对方所传达的核心信息。

【案例】

1831年10月1日，在一艘从法国驶向美国的"萨利"号邮轮上，一位美国的青年医生杰克逊在餐厅里向乘客们大谈电磁的奇妙功能："先生们，请记住！我们将要启用一种无穷的力量。目前最新的科学实验表明：缠绕在线圈上的电线越多，电流通过的时候，电磁的吸引力也就越强。而且，无论电线有多长，电流都可以在一瞬间神速地通过。从我这次到欧洲旅行的见闻来看，在不久的将来，科学就要创造新的奇迹，并彻底改变我们的生活！"这时，在周围乘客的热烈掌声和欢呼中，一直在旁边用心倾听的画家莫尔斯思潮起伏，浮想联翩："如果把这种电流用来传递电磁信号该有多好啊！这样，可以在瞬间传遍全世界！"他激动地来到甲板上，昂首挺胸，面向大海，暗自下定决心：我将告别艺术，我要发明电报！回到美国后，他毅然抛弃了荣誉和财富，一头扎入一个完全陌生的新领域，开始了对电报机的研究。经过不懈的努力，1844年，他终于取得了成功。

是什么诱导画家莫尔斯告别艺术，走上了科学发明的道路呢？是不经意间听来的信息，激发了他内心的热情和创造力。

在对话中筛选出有价值的信息是倾听的核心目标之一。在交流时，说话者往往将真正意图巧妙地编织在话语之中。开场白可能是引入主题的引子，而中间的段落可能包含关键点或对主题的阐释，结尾部分则可能是对主要观点的总结或强调。

在倾听的过程中，我们应该学会从说话者的话题中提炼关键要素和信息。此外，当人们想要强调某些重要语句时，他们可能会通过一些非语言信号来辅助表达，如故意放慢语速、突然停顿、调整声调或使用手势等，这些变化为我们提供了捕捉信息的线索。

（6）保持耐心和尊重。在交流过程中，对方可能需要时间来整理思绪或表达情感。我们应给予充分的耐心和尊重，避免打断对方，确保他能够完整地表达自己的想法。这种尊重不仅体现在语言上，更体现在我们愿意倾听的态度上。

（7）展现积极的肢体动作。微笑、点头、保持眼神接触等肢体动作是我们表达关注和理解的重要方式。它们能够增强对方的信任感，促进双方之间的情感连接，使交流更加顺畅和深入。

（8）运用有效的反馈技巧。在对方表达完毕后，我们应给予积极且恰当的反馈，以显示我们已认真倾听并理解了对方的观点，如复述对方的关键观点、提出相关问题以深入探讨，或分享个人经历以建立共鸣。

（9）练习倾听的耐心。倾听需要时间和耐心，特别是在面对复杂或敏感的话题时，不要急于打断对方或给出解决方案，而是给予对方足够的时间和空间来表达自己的想法。

（10）控制自己的情绪。在倾听时，我们需要保持冷静和客观，不要让自己的情绪影响到对对方的理解和回应。尽量以开放的心态去接受对方的观点，而不是立即做出评判或反驳。当我们感到烦闷或焦虑时，深呼吸可以帮助我们放松身心，集中注意力。通过缓慢而深的呼吸，我们可以将注意力从外界的干扰转移到自己的内心，从而更好地专注于听到的内容。

第二节 人际沟通风格及技巧

在生活和工作中，我们不可避免地要与各种性格和背景的人进行沟通。"见什么人说什么话"不仅是一种策略，更是一种对人际沟通风格（以下简称沟通风格）的深刻理解。了解并适应对方的沟通风格，是建立有效沟通的关键。

沟通风格是指在人际交往中，个体根据自己和他人的性格特点、行为习惯及沟通需求，采取相应的沟通方式。这种沟通方式强调的是个体之间的相互理解和尊重，以及对他人需求的敏感度和满足程度。

一、人际沟通风格的作用

在人际交往中，不同个体的沟通方式存在着明显差异。掌握沟通风格能够帮助我们理解和尊重他人的个性和需求，不断提高自己的沟通能力，使自己在人际交往中更加得心应手，提高沟通效果。

第一，掌握沟通风格有助于我们更好地认识自己。通过观察和分析自己在人际交往中的沟通风格，我们可以更加清晰地了解自己的性格特点、优点和不足，从而有针对性地进行自我调整和提升。

第二，掌握沟通风格有助于我们更好地理解他人。每个人都有自己独特的沟通风格，这取决于他的性格、经历和价值观。通过了解他人的沟通风格，我们可以更好地理解他人的想法和感受，避免因主观臆断而产生的误解和冲突，从而实现更好的交流。

第三，掌握沟通风格有助于我们建立良好的人际关系。在人际交往中，如果我们能够理解和尊重彼此的沟通风格，根据他人的沟通风格来调整自己的沟通方式，那么我们就能更好地适应他人的需求，减少沟通障碍，更有效地与他人建立联系，增强彼此之间的信任和尊重。

第四，掌握沟通风格有助于我们提高沟通效果。如果我们能够灵活地运用不同的沟通风格，那么我们就能够更有效地传达自己的想法和感受，同时也能够更好地理解和接受他人的观点。

第五，掌握沟通风格可以调节情绪、缓解压力。在人际交往中，我们可能会遇到各种压力和困扰，而良好的沟通风格可以帮助我们表达情感、释放压力，从而达到心理平衡。

二、人际沟通风格的类型及其沟通技巧

俗话说"物以类聚，人以群分"，这句话揭示了人们在社交互动中的一种普遍现象。当两个风格相似的人进行交流和沟通时，他们往往会感到非常顺畅。这种顺畅的交流不仅是因为他们有着相似的兴趣和观点，更重要的是他们能够相互理解和产生共鸣，能够更好地理解对方的意图和表达方式，在交流中更容易找到共同点，更容易达成共识。

但在日常沟通中，我们不可避免地需要与各种各样的人打交道。每个人都有自己独特的性格特点和沟通风格，只有了解不同的人在沟通过程中不同的特点，才能用相应的方法与其更好地沟通。因此，在与他人交流时，我们需要了解不同的沟通风格类型并灵活运用不同的沟通技巧，以建立良好的人际关系。一般来说，沟通风格可以分为四种：分析型、和蔼型、表达型、支配型。每种风格都有其特点和优势，了解这些特点有助于我们在与不同风格的人沟通时更加得心应手。

下面，对四种不同的沟通风格进行介绍。

（一）分析型

有的人在决策的过程中果断性非常弱，感情流露也非常少，说话非常啰唆，问了许多细节仍然不做决定，这样的人属于分析型。

1. 特征

分析型的人在表达自己的想法时，会尽量做到清晰明了，避免模糊不清的表述。他们会用简洁的语言来阐述问题，力求让对方能够快速理解自己的意图。此外，他们还擅长运

用图表、数据等辅助工具来增强自己的说服力。

在与他人交流时，分析型的人喜欢提问和解答问题，以此来深入了解对方的需求和观点。他们会认真倾听对方的意见，并尝试从中找到合理的解决方案。同时，他们也会对自己的言行负责，确保所传达的信息准确无误。

然而，分析型沟通风格也有其局限性。由于过于注重逻辑和事实，这类人可能在表达情感方面显得较为生硬，缺乏一定的亲和力。因此，在与感性的人交往时，他们需要学会调整自己的沟通方式，以便更好地融入不同的社交场合。

2. 与其沟通的技巧

（1）明确目标和问题。在与分析型的人进行沟通时，首先要明确自己的目标和问题。确保你的问题是具体、明确且有针对性的，这样他们才能更好地理解你的需求并提供相应的解决方案。

（2）提供详细信息。分析型的人喜欢细节和数据，因此在与他们沟通时，尽量提供详细的信息和数据支持。这将有助于他们更好地理解问题的背景和上下文，从而能够更准确地分析和解决问题。

（3）逻辑清晰。分析型的人注重逻辑和条理，因此在与他们沟通时，要确保自己的陈述逻辑清晰、有条理。避免使用模糊或含糊不清的语言，而是使用明确的陈述和逻辑推理来表达自己的观点和需求。

（4）尊重他们的时间和空间。分析型的人通常需要时间来思考和分析问题，因此在与他们沟通时，要给予他们足够的时间和空间来思考和回答问题，不要催促他们或打断他们的思考过程。

（5）倾听和接受反馈。与分析型的人沟通时，要学会倾听他们的观点和建议，并接受他们的反馈。他们可能会提出一些批评性的意见或指出问题中的错误，这是他们分析和解决问题的方式之一。保持开放的心态，接受他们的反馈，并与他们一起寻找解决方案。

（6）避免情绪化。分析型的人通常不太擅长处理情绪化的问题或冲突。因此，在与他们沟通时，尽量避免情绪化的言辞或行为。保持冷静和理性，以事实和逻辑为基础进行交流，以便更好地与他们合作和解决问题。

（二）和蔼型

和蔼型是一种以友好、亲切、温和为主要特点的沟通风格。这种类型的人通常在与他人交往时表现出极高的耐心和理解力，他们善于倾听他人的意见和需求，尊重不同的观点和感受。

1. 特征

和蔼型的人往往具有很强的同理心，他们能够设身处地地考虑他人的感受，从而在沟通中展现出真诚的关心和支持。他们的语言表达通常充满温暖和鼓励，很少使用尖锐或批评性的言辞，这使得他们在人际交往中容易获得他人的信任和好感。

和蔼型的人还注重营造和谐的氛围。他们会努力避免冲突和紧张情绪的产生，通过平和的语气和包容的态度来化解潜在的矛盾。他们擅长用柔和的方式表达自己的意见，同时也乐于接受他人的建议和反馈。

然而，和蔼型的沟通风格也存在一定的局限性。在某些情况下，过于和蔼可能会导致他人对其产生误解，认为其缺乏主见或不够坚定。因此，和蔼型的人在保持友善的同时，也要在关键时刻表达自己的立场和观点，以维护自己的权益。

2. 与其沟通的技巧

（1）保持友好的态度。与和蔼型的人沟通时，我们应该展现出友善和亲切的态度。微笑、点头和眼神交流都是表达友好的方式，可以让对方感受到我们的诚意和善意。

（2）倾听和尊重。和蔼型的人通常喜欢分享自己的想法和感受，因此我们应该给予他们充分的倾听和尊重。不要打断他们的讲话，而是要耐心地聆听，并表达出对他们的理解和关心。

（3）避免冲突和争执。和蔼型的人通常不喜欢冲突和争执，因此在沟通中我们应该尽量避免激烈的争论和争吵。如果有不同的意见或观点，可以用温和的语气和方式来表达，以免伤害对方的感情。

（4）鼓励和支持。和蔼型的人通常需要得到他人的鼓励和支持。在沟通中，我们可以给予他们积极的反馈和肯定，让他们感到自己被认可和尊重。

（5）寻找共同点。与和蔼型的人沟通时，我们可以寻找共同的话题和兴趣，以建立更深入的联系。通过分享自己的经历和故事，我们可以更好地互相理解，并建立起互相信任的关系。

（三）表达型

表达型是一种直接、明确且富有感染力的沟通风格。这种类型的人在与他人交流时，往往能够清晰地表达自己的想法和观点，同时也会倾听对方的意见，以达到有效的沟通目的。

1. 特征

（1）语言表达能力强。他们能够用简洁明了的语言表达自己的想法，使对方容易理解。在描述事物时，他们会使用生动的词汇和形象的比喻，以增强表达效果。

（2）善于倾听。表达型的人在沟通过程中，不仅注重自己的表达，还会关注对方的反馈。他们会认真倾听对方的意见，尊重对方的观点，并在适当的时候进行回应。

（3）情感丰富。表达型的人在沟通中，往往会将自己的情感融入其中，使交流更加真实、自然。他们善于运用肢体动作、面部表情和语气来传达自己的情感，使沟通更加生动有趣。

（4）善于说服。表达型的人在沟通中，具有较强的说服力。他们能够通过有力的论据、合理的推理和恰当的例证，使对方信服自己的观点。

（5）适应性强。表达型的人在不同的沟通场合和对象面前，能够灵活调整自己的沟通方式。他们既能够在正式场合进行严谨的讨论，也能够在轻松的氛围中与朋友闲聊。

（6）善于处理冲突。表达型的人在面对沟通中的冲突时，能够保持冷静，通过理智的分析和有效的沟通技巧，化解矛盾，达成共识。

2. 与其沟通的技巧

（1）倾听和理解。在与表达型的人沟通时，倾听是至关重要的一环。通过仔细聆听对方的观点和意见，我们可以更好地理解他们的需求和期望。这不仅有助于建立良好的关系，还可以确保我们能够准确地回应他们的问题和疑虑。

（2）明确目标。在开始沟通之前，我们应该明确自己的目标和意图。这意味着我们需要清楚地知道我们要传达的信息是什么，以及我们希望得到的结果是什么，这样可以避免模糊不清的表达，使沟通更加高效。

（3）使用简洁明了的语言。在与表达型的人沟通时，避免使用复杂的词汇和句子结构，而是选择简单直接的表达方式，这样可以确保对方能够轻松理解我们的意思，减少误解和混淆的可能性。

（4）提供具体的例子和证据。为了增强说服力，我们可以使用具体的例子和证据来支持我们的观点，这样可以增加内容的可信度，并帮助对方更好地理解和接受我们的意见。

（5）注意语气和语调。在与表达型的人沟通时，语气和语调也是非常重要的因素。我们应该尽量保持友好和积极的语气，避免过于强硬或挑衅的表达方式。同时，我们也要注意调整语调，以适应不同的情境和对象。

（6）尊重对方的观点。在与表达型的人沟通时，我们应该尊重对方的观点和意见，以理性和尊重的方式进行交流，避免使用攻击性的言辞和贬低对方的言辞。

（四）支配型

支配型是一种以控制和主导为特点的沟通风格。在人际交往中，支配型的人往往表现出强烈的领导欲望和决策能力，他们喜欢掌控局面，对他人施加影响，以达到自己的目的。

1. 特征

（1）自信和果断。支配型的人往往对自己的能力和判断充满信心，他们善于做出决策并坚定地执行，通常不会犹豫不决，而是迅速采取行动，以实现自己的目标。

（2）强烈的领导欲望。支配型的人喜欢在团队或组织中担任领导角色，乐于指导和影响他人，以确保任务得以顺利完成。他们通常具有较强的组织和协调能力，能够有效地分配资源和安排工作。

（3）直接和坦率。支配型的人在表达自己的观点和需求时，往往直截了当，不拐弯抹角。他们认为这样可以避免误解，同时也能更快地达成共识。

（4）竞争意识强烈。支配型的人通常具有很强的竞争意识，喜欢挑战和比较，总是力求在各种场合中脱颖而出。他们往往对自己和他人都有较高的期望，追求卓越和成功。

（5）控制欲强。支配型的人在人际交往中，往往希望掌握主动权，喜欢对事情进行规划和安排，以确保一切按照自己的意愿进行。他们可能会对他人的意见和建议不太感兴趣，更注重自己的想法和做法。

（6）善于解决问题。支配型的人通常具有较强的分析和解决问题的能力，善于从复杂的信息中找出关键问题，并提出有效的解决方案。他们通常能够在危机和压力下保持冷静，并迅速做出反应。

2. 与其沟通的技巧

（1）保持自信和坚定。与支配型的人沟通时，要表现出自信和坚定的态度。不要被他们的强势和支配性所吓倒，而是要保持自己的立场和观点。

（2）直接而明确地表达。支配型的人通常喜欢直接而明确的沟通方式。在与他们交流时，要尽量避免使用含糊不清或模棱两可的表达方式，而是要用简洁明了的语言表达自己的想法和需求。

（3）尊重和肯定。尽管支配型的人可能表现出强势和自我中心的特点，但他们也需要被尊重和认可。在与他们交流时，要尽量给予他们肯定和赞扬，这样可以建立起更好的互动关系。

（4）避免冲突和对抗。与支配型的人沟通时，要避免陷入冲突和对抗的局面。他们可能会对挑战和反对意见产生强烈的反应，因此要尽量避免直接对抗，而是通过合作和协商的方式来解决问题。

（5）倾听和理解。尽管支配型的人可能更倾向于主导对话，但在与他们交流时，也要学会倾听和理解他们的观点和需求。通过积极倾听，可以更好地理解他们的意图和动机，从而更好地应对和回应。

（6）设定明确的边界。与支配型的人沟通时，要设定明确的边界。这意味着要清楚地表达自己的需求和限制，并坚持维护自己的权益。同时，也要尊重对方的边界，避免过度干涉或侵犯对方。

第三节　说服的艺术

【案例】

子非鱼，安知鱼之乐

庄子和朋友惠子出游，在濠水的一座桥梁上交谈。

庄子看着水里的鲦鱼说："鲦鱼悠然自得，这是鱼的快乐啊。"

惠子说："你不是鱼，哪里知道鱼的快乐呢？"

庄子说："你不是我，怎么知道我不知道鱼的快乐呢？"

惠子说："我不是你，本来就不知道你；你本来就不是鱼，你不知道鱼的快乐，也是完全可以断定的。"

庄子说："请追溯话题的本原。你问我'你哪里知道鱼的快乐'，就是已经知晓我知鱼之乐，而我，正是在濠水桥上知道的。"

说服不仅是一门学问，更是沟通艺术中的精华。它不仅为我们在人生道路上带来机遇，更重要的是，它赋予我们对自己命运的掌控感和雄心壮志。

一、说服的定义

说服是指运用逻辑推理、证据支持、情感诉求及道德价值观等手段，促使对方接受特定的观点、态度或决定。

在说服的过程中，说服者需要展现出清晰、有组织的思维，并能够准确地传达自己的意图和目标。这包括使用恰当的语言、语调和肢体动作，以及适时地调整自己的表达方式以适应对方的反应和需求。

此外，说服者还需要倾听和理解对方的观点，以便更好地回应他们的疑虑和反驳。通过建立信任和共识，说服者可以更有效地引导对方接受自己的立场，并在决策过程中产生积极的影响。

总体来说，说服是一门综合性的技能，它要求说服者具备良好的沟通能力、逻辑思维和情感智慧。通过有效的说服，说服者可以在各种情境中实现自己的目标，并与他人建立积极的互动关系。

二、说服的技巧

1. 换位思考，提供价值

在生活与工作中，我们不可避免地会遇到意见的碰撞。当新战略、新方法或新技术被引入时，不同的观念和利益考量往往导致激烈的辩论甚至冲突。我们不可能"天天碰到笑脸"，故而也不可能"天天都是好心情"。

面对持有不同观点的人，我们首先要认识到，他们的反对往往源于对目标和利益的不同理解。这种分歧虽然可能带来紧张，但也是促进思考和创新的契机。因此，我们要学会换位思考——设身处地地考虑他人的观点和需求。这不仅是对他人的尊重，也是寻求共识和解决方案的第一步。

就此而言，当你不同意他人的观点和看法时，或面对那些与你存在分歧甚至对立的人时，直接站起来与之针锋相对并非明智之举。在日常生活中，我们经常看到，即便是小事，一旦较真起来，也可能演变成激烈的争论。在这种争论中，双方都试图压倒对方，但这不仅无法解决问题，反而可能伤害双方关系，甚至导致关系破裂。

当我们遇到不同意见时，一种自然的心理反应是试图通过争论来胜过对方。这种反应源于我们感受到的威胁和自尊受损。这可能导致我们变得情绪化，言辞激烈，甚至尖酸刻薄，从而引发对方同样的反应，使得争论升级。为了避免这种火药味十足的场面，我们应该寻求和平的对话方式。这意味着在遇到分歧时，不是立即进入争论模式，而是尝试理解对方的立场，寻找共同点，并以尊重和开放的态度来探讨问题。

与意见不合的人进行争论，试图迫使对方接受自己的观点，往往不是最佳选择。争论可能源于一种胜利的欲望，但真正的沟通艺术在于说服。美国纽约大学演讲系教授阿尔文·C.巴斯和理查德·C.博登的研究表明，职业政治家在说服对方方面并不如商店店员和公司职员成功。政治家们倾向于通过击败对方来取胜，而店员和职员则更注重转变对方的看法，寻求双赢的结果。

说服与争论的根本区别在于，说服不是斗争性的对抗。它是将对方视为平等的伙伴，目的是帮助他们理解和接受那些对他们有益的观点。即使在意见不合时，说服也应是一种和平的交流，旨在建立共识，而非制造敌意。

在说服的过程中，我们应重视和平共处的价值。即使在激烈的讨论中，取胜的一方也应寻求与对方的和谐相处。这种价值观促使我们在语言上不以战胜对方为目的，而是通过理解和尊重来建立信任。

盲目投入争论而忽视对方利益的人，往往受焦躁心理的驱使，采取短视的行动，不顾后果。他们可能认为只需应对眼前，不必考虑长远。然而，时间终将到来，当明天成为今天，我们又该如何面对那时的局面？这种偏激的心态，不仅无助于解决问题，反而可能为未来埋下隐患。

【案例】

美国科学家、政治家本杰明·富兰克林在他还是涉世不深的青年时，有个关心他的人对他说："本杰明，你真是无可救药。对意见与你相左的人，你总是粗鲁地加以侮辱，致使他们也不得不尽力反击。你的朋友认为，若是你不在他们身旁，他们会更快乐自在。你懂得太多，所以他们觉得自己没有什么话可以对你说。"

这一番话对富兰克林起到了警醒的作用，他在自传中写道："从此以后，我立下规则，我不再直接反对并伤害别人，也不过于伸张自己的意见。假如有人提出某种主张，而我认为是错的，我不再粗鲁地与他们争辩。相反地，我先找出一些特定的事例，证明对方可能也是对的，同时委婉地指出当前情况下的不妥。"

富兰克林的这一改变带来了奇迹般的效果："经过这样的改变后，我发现交谈变得更加愉快，人们更愿意接受我的意见，没有了争论。当我错误时，不再有人攻击我；而当我正确时，说服他人变得更容易。"

通过这种谦和而深思熟虑的沟通方式，富兰克林不仅赢得了人们的尊重和认可，也使自己的思想深刻影响了无数美国人，成为历史上的伟人。

真正的说服不是依靠权力的威胁，而是依靠平等和尊重的沟通。在这种沟通中，说服者认识到自己与被说服者之间的平等关系，并尊重被说服者持有不同观点和行为方式的自由。

与基于交换或个人魅力的确认式服从不同，内在服从源于说服者提供的信息本身。在这个过程中，说服者可能没有显著的魅力或利益吸引力，但所提供的信息具有真正的价值。这些信息能够修正或改变被说服者的感知、理解和解释方式，促使他们对周围事物产生新的反应和行为。

简而言之，有效的说服通过提供有价值的信息，激发被说服者内心的认同和改变，而不仅是表面的服从。这种改变是深刻而持久的，因为它基于被说服者对信息的内在接受和理解。

2. 做好长期说服的准备

在说服他人时，即使我们的观点正确，也可能遇到难以立刻说服对方的情况。期望他人立刻改变看法是不现实的，正如古语所说："冰冻三尺，非一日之寒。"因此，我们需要做好长期说服的准备。

当遇到反对意见时，保持耐心至关重要。即使对方最初似乎被说服，也可能需要时间来真正接受新观点。我们应该避免因对方暂时的反复而感到沮丧或愤怒。

说服工作需要逐步进行，就像挖掘一座山一样，每天的努力都是朝着目标前进的一小步。通过持续不断地解释细节和要点，我们可以逐渐消除对方的成见。

有时，说服不是面对一个人，而是一群人或一种观念。在这种情况下，我们可以采取多种方式来扩大我们的影响力，如推荐有益的阅读材料、分享有启发性的电影，或与观点相似的人合作，共同进行说服工作。

在说服他人的过程中，我们也在提升自己。通过多角度的工作，我们不仅帮助对方从不同视角理解问题，也加深了自己的理解和说服力。

3. 说服要循序渐进

（1）深入了解对方的立场。

首先，要成为一个好的倾听者。正如一位优秀管理者所言："当客户表达充分时，我们只需倾听并适时回应，而不应一味强调己见。"了解对方的想法、意见及其背后的原因，是成功说服的第一步。

（2）接受并尊重对方的观点。

面对坚持己见的对方，最好的策略是先接受他的想法。这种策略有助于维护对方的尊严，减少对立情绪，为进一步沟通铺平道路。

（3）让对方充分了解说服的内容。

有时我们可能准备充分，但对方可能因不理解而拒绝。在这种情况下，耐心地逐一解释，确保对方真正理解我们的意图和计划至关重要。我们必须确认对方不仅听到了我们的话，而且真正理解了我们的真心实意。

4. 有效说服的步骤

美国一位心理学家从满足对方需要的角度总结了有效说服他人的4个步骤。

（1）揣摩对方的需要和目标。

提问是了解对方的关键技巧。正如伏尔泰所说："判断一个人凭的是他的问题，而不是他的回答。"有效提问可以帮助对方整理思想，同时让我们深入了解对方的需要和动机。提问时要注意以下3个重要事项。

首先，问题清晰化。提问是为了确保理解对方的真实意图，通过反馈式提问，我们可以确认对方的观点，例如，"我听到你说……我理解得对吗？"这种方式有助于消除误解，确保双方在同一频道上对话。

其次，通过扩展问题来深入了解对方。这表明你已经理解了对方的基本观点，并且渴望了解更多细节，例如，"你刚才提到了……能否进一步告诉我你考虑的优先事项是什么？"这种提问方式可以挖掘更深层次的信息和需求。

最后，当需要转变讨论的方向时，可以使用转移话题的技巧。例如，"我们已经讨论了这个问题，现在让我们看看另一个相关领域。"这种方法有助于引导对话进入新的方向，同时保持流畅和自然的沟通。

（2）提出并选择解决办法。

在说服过程中，与对方共同探索解决方案，让对方有参与感，通过合作寻找双方都认同的办法，避免强迫对方接受观点。

（3）建立实施方案。

在简单的推销情景中，直接的"是"或"不是"回答可能已足够。然而，当问题复杂，需要分阶段解决时，建立共识变得至关重要。当面对复杂问题时，首先需要在程序上与对方达成一致，这要求我们理解并尊重对方的观点和需求。

如果对方认可你的观点、产品或目标，但不将其视为优先事项，深入了解对方的需求和动机就显得尤为重要。清晰、有说服力地传达你的价值主张可以触动人心。

在初步了解对方的基础上，帮助他们明确和整理出他们认为最有价值的优先事项。这是在之前的揣摩阶段就应该开始的工作。

最终，要使你的观点、产品或目标与对方的优先事项相适应。只有当双方的需求和目标相互协调时，才能实现有效的说服。

（4）反复衡量，确保成功。

加州硅谷，在这个众多技术公司激烈角逐的地方，流行着一句格言："衡量不了，也就把握不住。"这不仅是对技术领域快速变化的应对策略，也是有效沟通的重要原则。

在说服过程中，要持续与对方保持接触，深入了解他们的需求和观点。正如古老的智慧所言："知己知彼，百战不殆。"在商业和沟通中，这种策略同样适用。在尝试说服他人之前，必须彻底了解对方的情况，包括他们的需求、担忧和期望，这使得说服工作更加有的放矢，也能提高成功的可能性。

第五章 沟通艺术

【案例分析】

推销梳子

有一个单位招聘业务员,由于公司待遇很好,所以很多人面试。经理为了考验大家就出了一个题目:让他们用一天的时间去向和尚推销梳子。很多人都说这是不可能的,和尚是没有头发的,怎么可能向他们推销?于是很多人就放弃了这个机会。但是有三个人愿意试试。第三天,他们回来了。

第一个人卖了1把梳子,他对经理说:"我看到一个小和尚,一边晒太阳,一边使劲挠着头皮。我就递上梳子,小和尚用后满心喜欢,于是我就卖出了一把。"

第二个人卖了10把梳子。他对经理说:"我找到庙里的主持,对他说如果上山礼佛的人的头发被山风吹乱了,就表示对佛不尊敬,是一种罪过。假如在每个佛像前摆一把梳子,游客来了梳完头再拜佛就更好!于是我卖了10把梳子。"

第三个人卖了3000把梳子!他对经理说:"我到了最大的寺庙里,直接跟方丈讲,你想不想增加收入?方丈说"想"。我就告诉他,在寺庙最繁华的地方贴上标语,捐钱有礼物拿。什么礼物呢,一把功德梳。这个梳子有个特点,一定要在人多的地方梳头,这样就能梳去晦气梳来运气。于是很多人捐钱后就梳头,带动更多人去捐钱,一下子就卖出了3000把。"

思考并分析:
请结合本案例分析沟通艺术的重要性,并阐述你的感想。

【本章小结】

沟通不仅是一门艺术,更是一种需要精心打磨的技能。在现代社会,良好的沟通能力对于个人和组织都至关重要。

学习和掌握良好的沟通艺术,有助于更好地表达自己的想法、观点和信息,避免误解和混淆;有助于更好地了解对方的想法、心声与需求,建立基于尊重和包容的和谐人际关系;也有助于深化彼此之间的了解与理解,更好地解决冲突和达成共识。本章从倾听的艺术、人际沟通风格及技巧、说服的技巧等方面对沟通进行了深入的讲解。

在"倾听的艺术"一节中,主要探讨了三个方面的内容:① 倾听的定义;② 主动倾听的四种方式——获取信息式倾听、批判式倾听、感情移入式倾听和享受式倾听;③ 专注倾听的十个技巧。

在"人际沟通风格及技巧"一节中,主要探讨了两个方面的内容:① 人际沟通风格的定义与作用;② 分析型、和蔼型、表达型、支配型等四种人际沟通风格的特征及沟通技巧。

在"说服的艺术"一节中,主要探讨了两个方面的内容:① 说服的定义;② 说服的技巧与步骤。

健康的人生依赖于高质量的沟通。通过不断学习和实践,我们可以提升沟通技巧,从而在个人生活和职业生涯中取得更好的成绩。

【复习思考题】

(1)什么是倾听?试述听与倾听的区别。

(2)结合自己的实际情况,谈谈你是如何进行倾听的。

(3)简述人际沟通风格的四种类型及特点。

(4)简述你是如何判断沟通对象的人际沟通风格的,并说明你的沟通技巧。

(5)简述说服的步骤,以及如何才能做到更好的说服。

第二篇 礼仪篇

第六章　礼仪概论

【学习目的】

（1）了解礼仪的起源与发展。
（2）熟悉礼仪的概念与特征。
（3）熟练掌握礼仪的作用与学习方法。

【课程导入】

朱自清先生在他的《经典常谈》中谈及大众礼仪教育的必要性时，说了一番浅近而亲切的话："日常生活都需要秩序和规矩。居丧以外，如婚姻、宴会等大事，也各有一套程序和规矩，不能随便马虎过去；这样是表示郑重，也便是表示敬意和诚心。至于对人，事君，事父母，待兄弟、姊妹，待子女，以及夫妇、朋友之间，也都自有一番道理。按着尊卑的分际，各守各的道理，君仁臣忠，父慈子孝，兄友弟恭，夫妇朋友互相敬爱，才算能做人；人人能做人，天下便治了。就是一个人饮食言动，也都该有个规矩，别叫旁人难过，更别侵犯着旁人，反正诸事都记得着自己的份儿，这也是礼的一部分。"

（来源：彭林.寓教于礼：中华礼仪的核心意蕴[N].光明日报，2023-8-12（11）．）

马克思指出："人们在生产中不仅同自然界发生关系。他们如果不以一定方式结合起来共同活动和互相交换其活动，便不能进行生产，为了进行生产，人们便发生了一定的联系和关系；只有在这些社会联系和社会关系的范围内，才会有他们对自然界的关系，才会有生产。"礼仪正是维系、巩固人们之间联系和社会关系的纽带。礼尚往来，促进了社会关系的发展，同时促进了生产力的发展。

中国素以"礼仪之邦"著称于世，讲"礼"重"仪"是我们中华民族世代沿袭的传统，源远流长的礼仪文化是祖先们留给我们的一笔宝贵财富。俗话说："国尚礼则国昌，家尚礼则家大，身尚礼则身正，心尚礼则心泰。"又如荀子说："人无礼则不生，事无礼则不成，国无礼则不宁。"礼仪使我们的生活更有秩序，使我们的人际关系更为和谐。

第一节　礼仪的起源和发展

一、礼仪的起源

礼真正作为一种制度被确认，是在宗教祭祀活动中。《礼记·礼运》说："夫礼之初，始诸饮食，其燔黍捭豚，污尊而抔饮，蒉桴而土鼓，犹若可以致其敬于鬼神。"郭沫若在《十批判书·孔墨的批判》中进一步推断，礼仪的起源与祭祀活动密切相关，"礼"字可能与盛放玉具的器皿有关，用以侍奉神灵。

在原始社会，人们深信天地鬼神主宰着万物，因此在耕作、狩猎、饮食等活动中，都必须先敬鬼神。这种敬畏之心在祭祀仪式中得到了充分体现，展现了人类对自然的崇拜和敬畏。例如，"社稷"一词，最初源于对社神和稷神的崇拜，后来演变成国家的代名词。

从夏朝开始，人们通过"以血祭祀社稷"的方式，献上牲畜等供品，击灵鼓、跳跋舞，以表达对五谷丰登和国土安宁的祈愿。这些仪式不仅是对神灵的敬仰，也是对自然力量的尊重和对生活的期许。

随着时间的推移，礼仪从对神灵的崇拜扩展到人际交往，进而发展成为吉礼、凶礼、军礼、宾礼、嘉礼等各种仪制。这一过程是时代发展的必然结果，体现了人文进化的趋势。礼仪制度的日益复杂化，并非个人力量所能左右，而是社会文明演进的自然表现。

在远古时代，同一氏族成员在共同的采集、狩猎和饮食生活中，逐渐形成了一些习惯性的语言和动作，这些习惯可以被视为原始礼仪的萌芽。不同氏族和部落的成员为了建立信任、促进谅解与协作，发展出了一些普遍认同的交流方式，这些交流方式同样构成了礼仪的最初形态。同时，人们为了满足交际的需要，开始注重自己的仪态和仪容。他们用遮羞布和草裙来遮盖身体，这些原始的衣物不仅用于保暖，还开始具有装饰和美化的功能。此外，文身、文面，以及佩戴果饰和骨饰等一系列身体装饰的习俗也应运而生，这些都是个人形象意识的体现。

为了减少个人格斗和部落战争，原始社会的人们"发明"了一系列动态礼仪，如举手礼、握手礼、脱帽礼和鞠躬礼等。

举手礼：高举一只手，表明手中无武器，表达和平的意愿。

握手礼：伸出平时持武器的手，相互握手言和，作为和解的象征，表达友好。

脱帽礼：表示愿意在对方面前放下防备，表达尊重和友好。

鞠躬礼：通过低头和俯身的姿态，表达对对方的敬畏和自身的谦卑。

这些动态礼仪是人类最早的礼仪形式之一，它们不仅有助于减少冲突，也是社会文明进步的标志。

礼仪的内涵和实践，随着社会的变迁而不断丰富和发展。它不仅是人际交往的规范，更是文化传承的重要载体。通过对礼仪的了解和实践，我们可以更好地理解先民的生活哲学，感受中华文化的深厚底蕴。

二、礼仪的发展

在原始社会，由于生产力的落后和文化知识的缺乏，人们对自然现象缺乏科学的理解，产生了深深的恐惧和神秘的信仰。为了表达对自然和神灵的敬畏，人们创造了各种礼仪活动。

随着奴隶社会和封建社会的出现，社会阶级开始形成。此时，人们尚未使用桌椅，无论是帝王还是平民，都习惯席地而坐。原始的跪拜姿势逐渐演变成一种表示臣服的礼仪，跪拜者通常是社会地位较低的人。跪拜礼逐渐带有人格侮辱的成分，"卑躬屈膝"成为贬义词。随着统治阶级等级制度的严格化，礼仪也变得更加规范化和经典化，以维护统治者的尊严和权力。

在资本主义社会，经济快速发展，人类征服自然的能力显著提高。人们开始依靠自己的力量，不再盲目信仰天地鬼神。资产阶级提倡平等博爱的理念，虽然这种平等具有虚伪性，但礼仪的阶级性逐渐减弱，开始向平民化发展。礼仪成为社会交往中的润滑剂，渗透到日常生活的各个方面。

在社会主义社会，劳动人民成为国家的主人，礼仪不再具有阶级性，人与人之间实现了真正的平等。礼仪成为避免冲突、维持社会秩序的行为规范，是精神文明的重要组成部分。

随着社会生活的发展，表达敬畏和祭祖的活动逐渐形成固定的模式，并最终发展成为正规的礼仪规范。从历史发展的角度来看，我国古代礼仪的演变可以分为四个主要阶段。

1. 礼仪的起源时期（夏朝以前）

在这个时期，原始社会的政治礼仪、敬神礼仪和婚姻礼仪等开始形成雏形，为后续礼仪文化的发展奠定了基础。

2. 礼仪的形成时期（夏、商、周时期）

在这个时期，首次形成了比较完整的国家礼仪与制度，提出了"五礼"（吉礼、凶礼、军礼、宾礼、嘉礼）等重要的礼仪概念，确立了崇古重礼的文化传统。

3. 礼仪的变革时期（春秋战国时期）

在这个时期，学术界百家争鸣，儒家学者如孔子、孟子系统阐述了礼的起源、本质和功能。在理论上全面而深刻地论述了社会等级秩序划分及其意义。

4. 礼仪的强化时期（秦汉到清末时期）

这一时期的特点是尊君抑臣、尊夫抑妇、尊父抑子、尊神抑人。虽然礼仪在一定程度上强化了社会秩序，但也逐步成为限制个性自由发展、阻碍平等交往、抑制思想自由的精神枷锁。

尽管古代礼仪在历史上曾有其局限性，但它们也为今天的社会提供了宝贵的文化遗产。现代礼仪在继承和发扬古代礼仪精髓的同时，更加注重个性的尊重和平等的交流，成为促进社会和谐与文明进步的重要力量。

作为社会的一员，人们不仅在个人和家庭生活中扮演角色，还必须参与公共生活。在公共场合，与他人和睦相处、礼让包容是人际交往的基本准则，也是公共礼仪的核心内容。

学习和应用公共礼仪，需要遵循以下三条基本原则。

1. 遵守社会公德

社会公德是人们在长期社会生活中形成的行为规范，用以维护公共生活秩序和调节人际关系。公共礼仪是社会公德的具体体现，要求人们在公共场合要有公德意识，自觉遵守相关规范。没有社会公德，公共礼仪便无从谈起。

2. 不妨碍他人

公共场合的行为规范要求人们在无须与他人交往的情况下，仍需有意识地检点和约束自己的行为，防止影响或打扰他人。这一原则体现了对他人空间和权益的尊重。

3. 以右为尊

在需要排定主次尊卑位置的场合，以右为尊是一个普遍适用的原则。右侧被视为上位，左侧为下位。在多人并排时，尊卑顺序通常从右至左递减。这一原则在表达敬意或自谦时尤为重要。

第二节　礼仪的概念及特征

礼仪作为社会交往中的一门艺术，涵盖了礼节和仪式两个方面。它是人们在社会互动中形成的并公认的行为规范，旨在表达相互尊重。礼仪不仅体现在外在的仪表、仪态、仪式和仪容上，也反映在内在的言谈举止中。礼仪的核心在于其表现形式，如谦虚恭敬的态度、优雅得体的举止、文明礼貌的语言、大方高雅的装束等。

一、礼仪的概念

礼仪是社会交往中的一种重要行为规范，它起源于对神灵的敬仰，并逐渐演变成对他人的尊重。

在汉语中,"礼"最初指的是对神的敬拜,后来泛指表达敬意的各种形式。《辞海》对"礼"的注释涵盖了多个层面:① 本谓敬神,引申为表示敬意的通称;② 为表敬意或表隆重而举行的仪式;③ 泛指奴隶社会或封建社会贵族等级制的社会规范和道德规范;④ 礼物;⑤ 古书名;⑥ 姓。

"仪"在《说文解字》中解释为"度",本意是法度、准则、典范,后来扩展为礼节、仪式和仪表的概念。

虽然礼仪在交往中表现为外在的形式,但它与内在的思想意识有着密切的联系。礼仪的形式是由其背后的思想意识所决定的。换句话说,每一种礼仪形式都是特定思想观念的体现。每个民族都有其独特的文化传统和社会心理,这些因素塑造了各具特色的习俗礼仪。礼仪不仅是人际交往的基本准则,也是展现民族特色和文化认同的重要方式。

二、相关概念的辨析

在日常交往中,我们经常使用礼貌、礼节、礼仪和礼宾这四个概念,它们各自有着独特的含义和应用场景。

1. 礼貌

礼貌是指个人在社交中对他人的尊重和友好的外在表现,包括仪表、仪容、仪态、语言和动作上的谦虚和恭敬。它是文明行为的基本要求,反映个人的文化素养和道德品质。礼貌的核心在于诚恳、谦恭、和善与适度,而微笑和问候则是其具体表现。

2. 礼节

礼节是在日常生活和社交场合中,人们用来表达尊重、祝福、问候等情感的惯用形式。它是礼貌的具体实践,也是礼仪的一部分。礼节包括传统的作揖、跪拜,现代的点头、握手,以及特定文化中的双手合十、拥抱和亲吻等。礼节是社会生活中自然形成的行为规范,虽不具法律效力,但在人际交往中至关重要。礼节不是一成不变的,它往往因时间、空间或对象的不同而有所改变。

3. 礼仪

礼仪是一个更广泛的概念,它不仅包括礼貌和礼节,还体现了内容与形式的统一。礼仪强调内心的诚意与外在动作的协调,要求在了解礼节的基础上,以恰当的方式表达尊重。缺乏诚意的礼节或不懂礼节的礼貌都可能导致失礼。

4. 礼宾

礼宾是指在接待宾客时遵循的礼节和仪式,尤其在外交场合中更为常见。各国的外交部通常设有礼宾司，王室或元首府也可能设有典礼司或典礼官，专门负责礼宾事宜。

三、礼仪的基本特征

礼仪作为一种道德规范，在不同国家、不同民族、不同历史发展阶段表现出不同的内容与形式，但是礼仪的基本特征是不变的。

1. 礼仪的共性

礼仪是全人类普遍的需求，它超越了国界和民族的界限。无论在哪个国家、属于哪个民族，只要存在人际交往，礼仪就是表达情感和尊重的必要手段。

2. 礼仪的时代性

现代礼仪与封建社会礼仪有本质区别。现代礼仪强调坦诚、实用，并在平等基础上维护人际关系，原则上更趋简化。每个时代的文化都是时代变迁的反映，礼仪文化亦然。例如，辛亥革命后，我国礼仪文化经历了显著变革，体现了新时代的风尚。

3. 礼仪的差异性

在多民族国家，不同民族的风俗习惯各异。了解并尊重这些差异，是展现教养和风度的重要方面。不同国家的礼仪习惯，如点头、摇头的含义，对数字的吉利观念，以及对礼物的选择和接受，都可能影响跨文化交流。例如，在欧美国家，除正式场合称先生、太太、小姐之外，相识的人之间无论年龄大小，皆可直呼其名，并认为这是一种关系亲密的表示；而在我国，如果对长辈直呼姓名，则是十分无礼的。

4. 礼仪的公德约束性

礼仪与公共道德不相违背的特征被称为礼仪的公德约束性。公共道德是在一定社会范围内长期以来逐渐形成的一种被大多数社会成员认可并施行的思想和行为规范，是在一定文化历史背景下形成的具有固定特点的调整人际关系的社会因素，是人们评价善、恶、丑的习惯性标准，具有约定俗成的本质属性。虽然不具法律强制力，但通过社会舆论的监督，礼仪在人们生活中具有无形的约束力。

5. 礼仪的实践性

礼仪强调学以致用，必须融入日常生活才能展现其生命力和魅力。通过不断的实践，我们可以掌握礼仪应用技巧，丰富礼仪知识，并促进礼仪的不断发展和完善。

第三节　礼仪的作用与学习方法

人是社会性的存在，我们不像鲁滨逊那样独自生活在孤岛上。社会性要求我们以礼相待，这是维持社会和谐的基础。正如《豪猪法则》中所描述的那样，豪猪在寒冷中寻找彼此的最佳距离，既获得温暖又不伤害对方，这恰如人类在社会交往中寻求礼仪的平衡。

在人类社会中，我们渴望交往以填补内心的空虚和孤寂，但人与人的不同点又可能导致隔阂。通过礼仪，我们找到了与他人共处的最佳方式，既保持个人尊严，又实现社会和谐。

礼仪是人与人之间相互联系的纽带。它不仅促进了和平共处，还有助于建立稳定的社会秩序。社会关系是人们在生产和生活中自然形成的结果，不以个人意志为转移。要建立和维护这些关系，我们必须遵循一定的社会规范。

根据马斯洛的"需求层次理论"，在满足了生理和安全需求之后，人们会追求归属感、爱、尊重，并力求自我实现。在这一过程中，社会交往成为满足这些需求的关键，而礼仪则是社会交往的基石。

无论社会如何发展，时代如何变迁，礼仪始终是人类社会的必需品。它不仅是个人素养的体现，也是社会文明的标志。掌握礼仪知识，对于个人而言，是融入社会和个人发展的前提；对于社会而言，是维护和谐与秩序的重要保障。

礼仪在我们的生活中起着至关重要的作用。它不仅帮助我们建立和维护人际关系，促进社会交往，还是实现个人价值和社会进步的基础。通过礼仪，我们能够在尊重差异的基础上实现团结与协作，共同推动社会向前发展。

一、礼仪的作用

1. 自我完善的前提

遵从礼仪对于个人修养至关重要。它不仅能培养庄重、谨慎、谦恭和和顺的品格，还有助于形成高尚的道德情操。礼仪是个人内在素质的外在表现，反映了一个人的道德观念和行为准则。

社会由个人之间的相互关系构成。遵从礼仪是认识、把握、利用和改造这些人际关系的手段。它使我们能够在社会中获得自由，并建立起良好的人际关系，保证正常的社会交往。这不仅为我们创造了一个有利于学习、工作和生活的环境，而且在这样的环境中，我们能够增强自信心和自尊心，得到实质性的帮助，从而充分发挥自己的才能。

通过礼仪，个人能够在社会中找到自己的位置。礼仪是一个人思想觉悟、文化修养和精神风貌的体现。它要求我们既要有与人为善的道德观念，又要有优雅得体的言行举止。因此，那些受过良好礼仪教育或注重礼仪修养的人，往往能够展现出更为高尚的人格特质。

礼仪不仅是个人修养的体现，也是一个国家、民族或单位文明程度、社会风尚和道德水准的重要标志。它反映了社会对成员的期望和要求，是社会和谐与进步的基础。

2. 组织形象的代言人

组织形象是一个内涵丰富的概念，通常通过"知名度"和"美誉度"两个关键指标来衡量。知名度反映了公众对组织的了解程度，而美誉度则体现了公众对组织的信任和赞许。一个组织可能广为人知但不一定享有好评，反之亦然。因此，一个组织应追求知名度与美誉度的和谐统一，形成良好的整体形象。

礼仪是塑造组织形象的重要元素。它不仅体现在员工的仪表、言谈和行为上，也体现在组织参与社会活动的仪式和典礼中。礼仪之美，在于它能够协调组织与社会、公众之间的关系，营造和谐氛围，同时注重组织形象的完善和行为的得体。

礼仪对组织的影响深远。个人代表组织时的言行举止，不仅反映个人素质，更代表组织形象。一个彬彬有礼的代表会给人留下深刻印象，而无礼的举止则可能损害组织声誉。

良好的组织形象是企业无形的资产，它为企业的生存和发展提供支持，使其提高社会地位，赢得顾客信任，吸引资金和人才。组织内部的凝聚力和对外的吸引力，都是良好形象带来的益处。正如产品的附加值源自科技和知识含量，企业的附加值则源自其形象。

礼仪是组织形象的重要组成部分，对内能够增强团队凝聚力，对外能够提升吸引力。一个注重礼仪的组织，能够在社会中建立起积极、专业的形象，从而在竞争中更容易脱颖而出，实现可持续发展。

3. 有助于人际交往

现代社会的发展为我们提供了广阔的社交空间，人们跨越职业、年龄、性别和兴趣的差异，不断扩大交际圈。社交活动不仅超越了地域限制，更扩展至全球范围。戴尔·卡耐基曾指出："一个人事业的成功，仅有15%可归因于他的专业技术，而另外85%则依赖于良好的人际关系。"这句话揭示了一个观点：在现代社会，专业技术固然重要，但人际沟通能力同样不可或缺。

人际关系是通过交际活动形成的直接心理联系。和谐的关系建立在情感因素之上，而礼仪正是这些情感的最佳表达方式。无论是家庭中的简单问候，还是工作场所的热情打招呼，这些礼节都能加强人与人之间的联系，成为人际关系中的一道亮丽风景。礼仪在交流中的重要性日益突出。讲究礼仪，能够更好地表达尊重，增进了解和友谊。缺乏礼仪，即使内心尊重对方，也可能无法给对方留下良好印象。人们往往从对方的礼仪行为中观察和了解其心态和情感，从而产生好感或排斥感。

随着物质生活的丰富，社会组织对建立良好交往关系的需求也在增长。礼仪电报、礼仪鲜花、礼仪贺卡、礼仪广告等新兴形式证明了礼仪在社交生活中的地位。商务活动中礼仪小姐的出现，也反映了礼仪在现代商务中的重要性。

礼仪已经成为社交活动中不可或缺的一部分。它不仅促进了人与人之间的和谐交往，也为组织和个人的成功提供了支持。

4. 文明程度的象征

礼仪规范和礼仪程序是社会成员共同认可、约定俗成的结果，它们是人类历史发展的结晶。在不同的社会背景下，礼仪的内容和形式各具特色。随着社会的发展，礼仪知识变得更加普及，礼仪的承袭性成为衡量一个社会文明程度的重要标志。

一个民族的文明素养，在很大程度上体现在其对礼仪的重视和实践上。一个讲礼仪、懂礼貌的民族，展现了其良好的文明素养和文化传承。

在现代社会，无论是政治、经济、军事还是科技领域，竞争归根结底是人的素质竞争。个人的文明素养不仅关系到个人形象，也影响着民族的未来发展。一些看似微小的"细节"，实际上往往是个人文明修养水平的直接体现。因此，注意礼仪细节对于个人成功至关重要。

礼仪不仅是个人行为的体现，也是民族和企业精神面貌的象征。一个企业通过学习和遵守礼仪，可以提升其精神品位和社会形象，推动精神文明建设，促进社会和谐与发展。

学习礼仪、遵守礼仪，不仅能够净化社会风气，还能增强个人、企业乃至整个社会的凝聚力。礼仪的实践有助于提升社会的精神风貌，展示出积极向上的形象，为社会的全面发展提供支持。

二、提高礼仪修养的方法

1. 自尊自爱，自我约束

自我尊重是赢得他人尊重的前提。在与人交往时，保持不卑不亢的态度，热情而不失稳重；在处世时，保持独立思考，不盲从；在面对挫折时，保持坚韧，不自暴自弃；在顺境中，保持谦逊，不忘乎所以。接纳自己的全部，包括优点和缺点。认识到自己的优点以增强自信，发展自我；意识到自己的缺点以培养自知之明，扬长避短，追求自我完善。在学习和应用礼仪中，自我约束至关重要。这包括自我要求、自我控制、自我反省和自我检点。在需要坚持时不放弃，在需要放弃时不任性，保持自我控制，不固执己见。

2. 遵守规范，宽以待人

在社交活动中，每位参与者都应自觉遵守礼仪规范，以礼仪指导自己的言行举止。适度行事，按照礼仪规范处理事务，协调与各类公众的关系，实现自律与他律的和谐统一。另外，我们应严于律己、宽以待人，多容忍、体谅和理解他人，避免求全责备、斤斤计较或过分苛求。

3. 尊重他人，求得和谐

孔子对礼仪的核心思想进行了精辟的概括："礼者，敬人也。"在交际活动中，我们应该遵循敬人的原则，与交往对象互谦互让、互尊互敬，真诚友好地相待，和睦共处。尊重他人是赢得相互尊重的前提，也是人际交往中的关键。在群体相处中，矛盾不可避免。面对个人与群体、局部与全局、暂时与长远的利益冲突，我们应该以大局为重，寻求和谐，这是公共关系的真谛。

4. 礼仪学习，贵在实践

实践是检验真理的唯一标准，也是学习礼仪的最佳途径。礼仪是一种行为准则，包括礼貌、礼节、仪式等具体规范和约定俗成的做法。我们需要通过实践和训练来了解、掌握并提高运用礼仪的技巧。

交际实践是学习礼仪的重要环节，它不仅可以加深我们对礼仪的理解，强化印象，还可以检验礼仪的作用，并据此评估个人运用礼仪的水平。

在实践中，我们提倡"微笑待人"，讲究礼貌称谓，因为这些都是内心善意和尊重的体现。礼仪不应仅被视为装饰，而应是发自内心的美好情感的自然流露，是外在表现与内在精神的统一。

我们可以从日常交往中的一声称谓、一次握手开始，到社会组织的公务活动、外事活动，以及个人形象仪表的每一个细节，都按照礼仪的要求行事。通过有意识地培养和锻炼，我们将逐渐养成良好的礼仪习惯，全面提高个人素质，以更加完美的形象展现在他人面前。

【案例分析】

1960年，周恩来总理前往印度新德里，就中印边界问题展开磋商与谈判。在坚持原则的基础上，他致力于寻求与印方的和解。在此期间，周恩来总理举办了一场记者招待会，面对西方和印度记者的尖锐提问，他从容应对。

招待会上，一位西方女记者提出了一个私人性质的问题："据我所知，您今年已经62岁了，比我的父亲还要大8岁。然而，您为何依旧神采奕奕，记忆非凡，显得如此年轻和英俊？"这个问题出人意料，却也巧妙地缓解了现场紧张的气氛，与会者在轻松的笑声中期待周恩来总理的回应。

周恩来总理思考了几秒，随即回答道："我是东方人，我遵循东方的生活习惯和方式生活，这便是我保持健康的原因。"这个回答不仅展现了他的机智和风度，也传达了东方文化的内涵与魅力。

他的回答引发了现场雷鸣般的掌声和喝彩，这不仅是对周恩来总理个人品格的认可，也是对他外交智慧的赞赏。

思考并分析：

（1）请结合礼仪规范，说说西方女记者的提问是否合理，并说明原因。

（2）在上述案例中，周恩来总理在礼仪上的成功之处在哪里？

【本章小结】

习近平总书记强调："要建立和规范一些礼仪制度，组织开展形式多样的纪念庆典活动，传播主流价值，增强人们的认同感和归属感。"礼仪制度是社会关系调节的重要工具，也是加强礼仪教育的基础。加强礼仪制度建设，要坚持以社会主义核心价值观为引领，继承优秀传统，立足当代实践，增强中国特色。强调全面性，既完善国家层面的重大纪念庆典活动礼仪制度，又规范社会层面的生产生活礼仪制度；既完善全社会共同遵守的礼仪规范，又制定体现各行各业特点的行为准则。呈现民族性，体现以爱国主义为核心的民族精神，传承发展中华优秀传统礼仪文化，在内容和形式上彰显中国精神、中国价值、中国力量，树立文明古国、礼仪之邦的良好形象。彰显时代性，体现以改革创新为核心的时代精神，符合现代文明基本理念，凸显中华传统礼仪文化的时代价值，并利用网络信息技术丰富其表达方式和呈现形式。

【复习思考题】

（1）简述我国古代的原始社会礼仪、奴隶社会礼仪、封建社会礼仪各有什么特点。

（2）简述礼仪的起源和发展过程。

（3）什么是礼貌、礼节、礼仪、礼宾？

（4）礼仪具有哪些基本特征？

（5）学习礼仪有什么重要意义？

第七章　个人形象礼仪

【学习目的】

（1）了解个人形象礼仪涉及的三大领域。
（2）熟悉仪容修饰、仪态举止、仪表服饰的礼仪规范与要求。
（3）熟练掌握并规范运用仪容修饰、仪态举止、仪表服饰礼仪。

【课程导入】

不修边幅的市长

2008年5月，鲍里斯·约翰逊以一头乱蓬蓬的金发当选伦敦市市长。当时，各界对此事有这样的反应：他的乱发是精心整理的结果，是政治人物的自我包装；他的乱发释放出的信息是诚实面对选民，不虚伪、不做作。

在2008年北京奥运会闭幕式上，这位市长蓬着金黄色头发、敞着西服上台，从北京市市长手中接过奥林匹克运动会会旗，在入场和退场的过程中都有双手插在西服侧兜的动作，形象极不雅观，一时引起巨大批评。甚至连英国民众也认为他的行为给英国绅士形象"抹黑"了。

他给世界人民留下了特立独行、不修边幅的第一印象。

《礼记》有云："凡人之所以为人者，礼义也。礼义之始，在于正容体、齐颜色、顺辞令。容体正，颜色齐，辞令顺，而后礼义备。"意思是说，人之所以为人，在于有礼义。礼义应从举止得体、态度端庄、言谈恭顺做起。举止得体、态度端庄、言谈恭顺，然后礼义才算完备。在高度开放的信息时代，在时尚潮流瞬息万变的社会环境下，一个人的形象具有重大意义。不管是谋求工作、参加商务会谈，还是出席其他各种场合，能否遵循形象礼仪，以得体的着装、整洁的仪表、优雅的举止、有礼的言谈从容应对，都是影响成败的潜在因素。对于社会中的每一个人而言，只有让自己的实力视觉化，留给他人良好的第一印象，才能有机会进行进一步的交流。

第一节　仪容修饰

仪容主要是指一个人的容貌，它包括一个人的头部的全体外观，如头发、脸庞、眼睛、鼻子、嘴巴、耳朵等，都是其不可分割的组成部分。在日常生活和工作中，仪容修饰反映出一个人的精神状态和礼仪素养，是人际交往中的"第一形象"。俗话说：三分长相，七分打扮。外貌是天生的，打扮却是后天习得的，一个人对身材的把控，对衣着的搭配，对自己仪容的修整，都蕴含着对自己、对他人、对生活的态度。每个人都应该把自己打扮得优雅得体，不是为了取悦他人，而是为了让自己有更好的状态。

一、化妆礼仪

化妆是一种历史悠久的女性美容技术。爱美之心，人皆有之。化妆是运用化妆品和工具，采取合乎规则的步骤和技巧，对人体的面部、五官及其他部位进行渲染、描画、整理，增强立体感，调整形色，掩饰缺陷，表现神采，从而达到美化视觉感受的目的。

（一）化妆的基本原则

一般来说，礼貌的妆容要遵循"三W"原则，即When（时间）、Where（场合）、What（事件）。不同场合化不同的妆容，是得体形象的定位与诠释。

化妆时要扬长避短，一方面要突出面部最美的部分，使其显得更加美丽动人，另一方面要掩盖面部的缺陷和不足。

化妆要做到自然真实，不留痕迹。在家中或上班时适合大方、悦目、清新的生活淡妆，出席晚宴、婚宴、演出等特殊场合时适合庄重的浓妆。

化妆时要采取一丝不苟的态度，有层次、有步骤地进行。

化妆时的动作要轻稳，要注意色彩和光线的配合。

化妆要因人、因时、因地而异，不要强求一致，应突出个性美和整体美。

（二）化妆应遵循的礼仪规范

1. 化妆要视时间场合而定

建议女士在社交场合尽量不要素面朝天，应该略施粉黛，以最佳的状态示人。男士在某些特定场合可以稍作修饰，调整出良好的面色和外在表现，但要适度，不可以太过夸张。女士在工作时间、工作场合最好化工作妆（淡妆）；外出旅游或参加运动时，不要化浓妆，否则在自然光下会显得很不自然；吊唁、丧礼场合不可化浓妆，也不宜抹口红，应保持素颜或化淡妆。

2. 职场应化淡妆

职场人员在工作岗位上应当化淡妆，实际上就是要求在工作岗位上不仅要化妆，而且只宜化工作妆。因此，有人将这一规定称为"淡妆上岗"。男士所化的工作妆，一般包括美发定型、清洁面部与手部，并使用护肤品进行保养，使用无色唇膏与无色指甲油来保护嘴唇与手指甲，适量使用香水等。

职场女性化淡妆，目的在于不过分地突出职场女性的性别特征，不过分吸引注意力。如果职场女性在工作场合化过于浓艳的妆容，则容易给人留下过分招摇和粗俗的印象。女士化妆时要求使用相应的化妆品略施粉黛、淡扫蛾眉、轻点红唇。恰到好处的妆容可以充分展现女性的光彩与魅力。

3. 避免当众化妆或补妆

有一些女士，不管置身于何处，只要稍有闲暇，便立刻掏出化妆盒来，补一点香粉、涂唇膏、描眉型。当众化妆或补妆，尤其是在工作岗位上当众化妆是很不庄重的，而且还会给人留下工作不认真的印象。特别是当着异性的面化妆或补妆可能会因此得到"花瓶"的绰号。在许多公司里，一般都设有专门的化妆间，女士要化妆或补妆最好去专门的化妆间或卫生间。

4. 不要借用他人的化妆品

众所周知，借用他人的化妆品不仅不卫生，也不礼貌。

5. 不与他人探讨化妆问题

由于文化、肤色等差异，以及个人审美观的不同，每个人化的妆不可能是一样的，所以不要评价、议论他人化妆的好坏。当面指出对方的妆容失误会招致对方的不快，甚至会因此和对方产生矛盾，费力不讨好。

6. 力戒自己的妆面出现残缺

假如自己适当地化了一些彩妆，那么就要有始有终，努力维护妆面的完整性。对于自己的妆面，要时常检查。用餐之后、饮水之后、休息之后、出汗之后、沐浴之后，一定要及时地为自己补妆。要是妆面深浅不一、残缺不堪，必然会给他人留下十分不好的印象。

（三）化妆技巧

化妆是一门艺术。化妆一般要突出面部五官最美的部分，使其更加美丽。化妆一般有两种，一种是日常生活工作的，具有自然美的妆容；另一种是特定场合的，如晚宴、舞会、演出等特殊的社交场合，具有艳丽美的妆容。前者是通过恰当的淡妆来实现的，它给人以大方、悦目、清新的感觉，适合在家或平时上班时使用。后者是通过浓妆来实现的，它给人以庄重高贵的感觉。无论是淡妆还是浓妆，都要利用各种化妆技术，恰当使用化妆品，通过一定的艺术处理，才能达到美化形象的目的。

化妆要因人而异，要突出自己的个性特点，对他人合适的妆容对自己未必合适，要根据场合、时间、目的及个人的自身情况来化妆。下面主要介绍不同脸型的化妆技巧。

1. 椭圆脸型

椭圆脸是公认的理想脸型，化妆时应以保留其自然美感为核心，彰显其天生的可爱气质，无须刻意改变脸型轮廓。胭脂轻扫于颧骨高点，随后向外自然晕染，增添健康好气色。唇膏的选择与应用，除非唇形需微调，否则应尽量遵循自然唇线，保持清新自然。眉毛的修饰则应顺应眼部轮廓，打造柔和弧形，确保眉头与内眼角平齐，眉尾略长于外眼角，营造和谐美感。鉴于椭圆脸的天然优势，化妆的关键在于发现并强化面部最吸引人的特征，以免妆容显得平淡无奇，确保每位椭圆脸美人都能绽放独特魅力。

2. 长脸型

长脸型化妆技巧的核心在于巧妙增加面部宽度，营造更加和谐的面部比例。在涂抹胭脂时，应将重点放在离鼻子稍远的位置，沿着颧骨高点至太阳穴下方的自然曲线，向外且向上轻柔晕染，从而在视觉上拓宽面部轮廓。针对双颊下陷或额部较窄的情况，建议选用浅色调的粉底在相应区域进行提亮，利用光影效果使面部显得更加饱满圆润。

眉毛的修饰同样重要，应修剪成柔和的弧形，避免过于生硬或棱角分明的线条，以保持整体的和谐感。同时，眉毛的位置不宜过高，眉尾部分也应避免高翘，以防拉长脸型，而应尽量保持水平或略向下延伸，以进一步平衡面部比例，使长脸型也能展现出独特的美感与魅力。

3. 圆脸型

圆脸型自带可爱与娇小气质，通过巧妙的化妆技巧，可以轻松营造出优雅的椭圆形视觉效果。涂抹胭脂时，应从颧骨开始，自然延伸至下颌部，避免仅在颧骨突出处简单画圆，以免加重圆润感。唇膏的选择与应用上，上唇可尝试浅浅的弓形涂抹法，避免形成过于圆润的小嘴形状，从而保持面部的整体平衡。

利用粉底在两颊创造自然的阴影效果，是使圆脸看起来更为立体的关键。选用暗色调的粉底，从额头靠近发际线处开始，向下以窄条状涂抹，至颧骨下方时逐渐加宽涂抹面积，形成由颧骨向鼻子、嘴唇及下巴集中的亮度变化，有效拉长脸型，增加立体感。

眉毛的修饰应追求自然弧形，略带弯曲但不失柔和，既不可过于平直显得生硬，也不可过度弯曲失去自然美感。这样的眉毛形状能够与圆脸相得益彰，进一步提升整体妆容的和谐与精致。

4. 方脸型

方脸型以其鲜明的双颊骨为标志，化妆时需巧妙掩饰这一特点，增添柔和与温婉的气质。胭脂的涂抹应避免直接触及颧骨最突出处，而应平行于眼部，轻轻抹在颧骨稍下方并向外自然晕开，以柔化面部线条。在底妆方面，利用暗色调粉底在颧骨最宽处轻柔地营造阴影效果，有效减弱方脸型的硬朗感。同时，下颌部也应采用大面积的暗色调粉底来塑造阴影，进一步调整面部轮廓，使之更趋柔和。

唇膏的选择应使唇偏向丰满型，以强调面部的圆润与柔和感，增添一份女性的温婉魅力。眉毛的修饰同样重要，应适当修宽并略带弯曲，避免直线或尖锐的边角，这样的眉形能更好地与方脸型相融合，提升整体妆容的和谐度。

5. 三角脸型

三角脸型的特征是上窄下宽，在化妆时需巧妙平衡以接近椭圆形的美感。胭脂的涂抹是调整脸型的关键，建议从外眼角处开始，轻柔地向下涂抹，逐步延伸至颧骨下方，以此在视觉上拉宽脸部的上半部分，与下半部分的宽度相协调。

在粉底的选择上，针对两腮较宽的部分，可以使用稍深色调的粉底进行涂抹与修饰，通过色彩对比来"削"去宽角感，使脸型更加匀称。同时，保持眉毛的自然状态至关重要，既不宜过于平直显得生硬，也不应过度弯曲失去和谐，让自然的眉形成为脸型修饰的点睛之笔。这样的妆容处理能够有效地改善三角脸型的视觉效果，展现出更加优雅与平衡的美。

6. 倒三角脸型

倒三角脸型，即人们常说的"瓜子脸"或"心形脸"，以其独特的上宽下窄特征而著称。化妆时，需采取与三角脸型相反的修饰策略，以平衡面部比例。胭脂的涂抹应精准定位在颧骨最突出处，随后向上向外自然晕染，以此强调面部的中部宽度，与较窄的下部形成和谐过渡。

在粉底的使用上，为了弱化过宽的额头，可在其两侧选用较深色调的粉底进行修饰，而在两腮及下巴处则采用较浅的粉底，通过色彩对比来达到掩饰上部、突出下部的视觉效果，使脸型更加均衡。

唇膏的选择应倾向于稍亮色调，以增强面部的柔和感与立体感。同时，唇形的描绘可稍显宽厚，与整体妆容风格相协调，展现女性的温婉与魅力。

眉毛的修饰同样重要，应顺着眼睛的轮廓自然延伸，保持流畅的弧形，避免过于平直或尖锐的线条，以进一步衬托出倒三角脸型的优雅与精致。

（四）职业妆的礼仪

职业妆作为职场形象的重要组成部分，其设计核心在于平衡专业感与美感，展现出既不过于浓重也不过于寡淡的精致感。妆容应以淡雅色调为主旋律，追求细节上的完美与和谐，旨在适应多种场合下与不同人士的近距离交流，同时彰显个人品位与专业素养。职场化妆礼仪强调简约而不失格调，清丽中蕴含力量，素雅里透出精致。妆容应巧妙利用光影效果，塑造出鲜明的立体感，使面部轮廓更加立体而生动。在这一过程中，需把握一个微妙的平衡：既要给人留下深刻而美好的印象，又要避免给人留下过于脂粉气或矫揉造作的印象。

总而言之，职业妆追求的是一种"清淡而又传神"的艺术境界，它要求妆容既能自然融入职场环境，又能巧妙提升个人气质，成为个人职业形象中的点睛之笔。

1. 眼妆

精致的眼线是提升眼神魅力的关键，同时也是强化职业妆容专业感的不二法门。采用黑色眼线笔，从眼头细腻起笔，沿着睫毛根部缓缓延伸至眼尾，并巧妙地在眼尾处微微上扬拉长；选用珠光银色眼影，使用中号眼影刷，轻扫上下眼睑，不仅可提升眼部的立体感，也可更巧妙地融合东方韵味与现代职业女性的干练气质，展现出一种既清爽又不失高雅的职业妆容风格。

2. 睫毛

使用黑色的睫毛膏，其他颜色只会让你显得失礼并且怪异。

3. 唇妆

使用有透明感的唇彩，可以不用勾勒唇线，选择与自己唇色接近或略深的色泽，轻而薄地涂于唇。

4. 底妆

如果长时间待在空调房里，室内照明也是冷调的光源，底妆就要选择有保湿效果的粉底，色彩也要选择适合冷光的暖色调，健康肤色和小麦色是较好体现生机的粉底色，偏白的象牙色、贵族白最好作为提亮色使用。

5. 颊妆

在职场妆容中，腮红的运用需恰到好处，其色彩浓度应微妙地低于唇彩，以营造一种温婉而不张扬的妆感。选择柔和的腮红色彩，轻轻扫于颧骨之上，不仅能够为妆容增添一抹亮色，使整体看起来更加生动亮丽，还能在无形中缓和办公室的紧张氛围。

6. 指甲

修长漂亮的指甲固然吸引眼球，但不适合工作场合；如果剪得秃秃的，也会给人不修边幅的感觉。

（五）宴会妆的礼仪

宴会妆作为社交场合中的璀璨焦点，其风格多变，涵盖高贵、优雅、性感与冷艳四大主题。每一个主题的塑造，都是对场合氛围的精准把握与个人魅力的极致展现，需与服饰、气质及风度完美融合，方能成就一场视觉盛宴。

1. 唇妆

唇妆是宴会妆的点睛之笔，层次感的营造尤为关键。选择适宜的色彩是基础，而真正的艺术在于通过色彩渐变来增强立体感。唇部外延采用稍重的色彩，精细勾勒轮廓，展现精致之美；唇部主体则是主题唇色的展现，与整体妆容协调统一；中部则可巧妙运用富含光泽的唇彩，为双唇增添一抹生动与迷人。

2. 眼妆

眼妆是宴会妆的灵魂所在，色彩的选择与运用至关重要，紫色、玫瑰红色、银灰色、蓝色等鲜明色彩成为宴会妆的常用之选，它们能够突出主题，彰显个性。带荧光的眼影与高光色的巧妙结合，更是在晚间的灯光下大放异彩，与有光泽的服饰相互辉映，让眼部成为全场的焦点。同时，注重眼部轮廓的塑造与细节的处理，让双眼更加深邃迷人，充满故事感。

3. 色彩

宴会妆的色彩运用相较于日常妆容更为浓重，但这并不意味着可以走向极端。过于浓艳的妆容容易给人留下粗俗与不受欢迎的印象。因此，在追求色彩鲜明的同时，也要注重色彩的和谐与平衡。通过巧妙的色彩搭配与层次感的营造，让妆容既能够凸显个性与气质，又能够展现出一种优雅与高贵的美感。同时，也要根据个人的肤色、气质及出席场合的正式程度来选择合适的妆容色彩，确保整体造型的完美呈现。

二、发型修饰

在当今社会，头发的功能已超越了单纯区分性别的范畴，它成为一种多元而深刻的个性表达方式。各式各样的发型，不仅是时尚潮流的载体，更是个人内心世界与外在形象的桥梁，全面而细腻地映射出一个人的道德修养、审美情趣、知识底蕴及行为准则。

人们通过精心设计的发型，不仅能够展现自己独特的个性与风格，还能在无形中透露出其职业身份、教育背景、生活层次及卫生习惯等深层次信息。这种无声的语言，让旁观者能够在第一时间捕捉到关于个体的多维画像。例如，一个简洁干练的发型可能暗示着其主人是职场上的精英，注重效率与专业性；而富有艺术感的发型则可能反映出个人对于美的追求与创造力。

（一）脸型与发型

方脸型的人由于棱角突出、下巴稍宽，往往显得个性倔强而缺乏温柔感。在选择发型时，应注重柔化棱角，使脸部看起来更加修长和谐。建议采用波浪形或微卷的发型，这些发型能够自然地遮盖突出的棱角，为脸部增添柔和感。同时，将前额和头顶的头发适度上扬，露出部分额头，但避免全部露出，以保持适当的比例。额发应带有倾斜感，以遮掩额部的两角，使整体造型更加圆润。两侧头发可选择卷曲的波浪状，并利用卷曲的长发部分遮住下颌两侧。

倒三角脸型的人在选择发型时，应关注如何平衡脸部上下的比例，避免下巴更加突出。通过打造蓬松的发卷，不仅能为整体造型增添层次感和动感，还能有效遮掩部分前额，使脸部轮廓更为柔和。避免选择往上梳的高头型，以免加剧脸部的不平衡感。可利用颈部线条的优美，增加耳边头发的分量，并适当露出额角，使脸部显得更为丰满。同时，刘海可留得美观大方而不全部垂下，面颊旁的头发要梳得蓬松饱满，以遮掩较宽的上脸部。

椭圆脸型被誉为东方女性的理想脸型，其比例均衡和谐，几乎适合所有类型的发型。不过，为了进一步凸显娴静、端庄的美感，建议选择中分或左右均衡的发型。这类发型能够完美展现椭圆脸型的自然优势，使整体造型更加和谐统一。若选择留黑色直发披肩，则更能增添一份飘逸与灵动。

三角脸型的人在选择发型时，应着眼于平衡脸部上下的宽度。可利用波浪形发卷增加上脸部的分量，使整体造型更加饱满和谐。同时，也可用头发来掩饰较为丰满的下脸部，避免给人头重脚轻的感觉。在留额发时，不宜将头发全部向上梳起，以免暴露额头太窄的缺陷。分缝可采用中分或侧分的方式，根据个人喜好和脸型特点进行选择即可。耳旁以下的发式应避免再加重分量，也不宜选择贴紧双颊两侧的发型，以免加剧脸型上窄下宽的特征。

（二）发型与服装

搭配西装时，发型的选择应强调端庄、艳丽与大方。不论是直发还是烫发，都应梳理得整洁有型，避免过于蓬松显得随意。在头发上适量涂抹润发油，不仅能增加光泽感，还能使整体造型更加精致。这样的发型能完美衬托西装的正式与干练，展现职业女性的专业与自信。

身着礼服时，发型的选择应注重庄重与高雅。将头发挽在颈后结成发髻是一种经典且优雅的发型设计，它不仅能凸显颈部的优美线条，还能使整个造型显得更加高贵典雅。这样的发型与礼服相得益彰，能够让人在重要场合中脱颖而出。

运动衫通常给人以休闲、活力的感觉。因此，发型的选择也应偏向自然与活泼。自然披散的头发能展现出一种随性洒脱的气息；而将长发梳成马尾或编成长辫，则能增添几分柔美与动感。这样的发型与运动衫搭配，使人看起来更加青春洋溢、活力四射。

皮制服装以其独特的质感与风格，成为时尚界的宠儿。搭配皮装时，发型的选择可以更加多样化。披肩发、盘发或编辫子都是不错的选择，它们能够与皮装的硬朗风格形成对比，展现出一种独特的时尚魅力。这样的发型与皮装搭配，使人看起来更加个性鲜明、风采照人。

连衣裙是女性衣橱中的必备单品，其款式多样、风格各异。在选择与连衣裙相配的发型时，应根据连衣裙的款式与风格来决定。如果连衣裙外露较多，可以选择披发或束发来展现肌肤的柔美与优雅；如果穿V字领连衣裙，则可以选择盘发来凸显颈部的优美线条与连衣裙的精致设计。这样的发型与连衣裙搭配，能够让人在举手投足间散发出迷人的女性魅力。

（三）发型与体型

对于高瘦体型的人来说，关键在于通过发型来营造更加饱满和平衡的外观，应避免将头发梳得紧贴头皮，以免加重细长单薄的感觉。同样，过分蓬松的发型也会显得头重脚轻，不协调。长发和直发是较为理想的选择，它们能够增加头部的视觉分量，使整体看起来更加和谐。头发的长度建议控制在下巴与锁骨之间，这样既不会显得过长，又能保持一定的厚度和分量感。

矮小型身材的人在选择发型时，应注重秀气与精致感，避免粗犷、蓬松的发型，以免破坏头部与身体的比例平衡。短发或中长发是较为合适的选择，它们能够凸显身材小巧玲珑的特点。盘发也是一个不错的选择，它能通过提高头部的视觉焦点，营造出身体增高的视觉效果。

高大型身材的人本身就具有力量感，但女性可能希望减弱这种高大感并增添苗条纤细的美感。因此，发型上应以大方、简洁为主。直发或大波浪卷发都是不错的选择，它们能够展现出流畅而优雅的线条。同时，避免头发过于蓬松，以保持整体的简洁明快感。

短胖体型的人通常显得健康有活力，但在发型选择上需要注意弥补一些缺陷。由于颈部可能显得较短，因此应避免留披肩长发，以免进一步缩短颈部的视觉长度。相反，可以让头发向高度发展，如选择短发或中长发并适当蓬松发顶，露出颈部以增加身体的高度感。

同时，发型应避免过于蓬松或过宽，以免显得臃肿。运动式发型是一个不错的选择，它能够展现出健康、有生气的形象。

三、不可忽视的其他细节

（一）指甲的长短

在社交场合中，个人的整体形象往往由多个细节共同构成，而手部仪容作为其中不可或缺的一部分，其重要性不容忽视。一双整洁、干净的手，不仅能够传递出良好的个人卫生习惯，更是对他人的尊重与礼貌的体现。

对于男士而言，保持手部整洁尤为关键。长指甲不仅显得不够整洁，还可能给人留下不良印象。因此，男士应定期修剪指甲，确保指甲边缘光滑无刺，保持指甲缝的清洁，杜绝污垢残留。

相较于男士，女士在手部仪容上拥有更多的自由度和创意空间。然而，这并不意味着可以忽视整洁与干净的基本原则。女士同样需要定期修剪指甲，保持其整齐划一。在指甲造型和颜色选择上，虽然可以更加多样化，但应避免过于夸张或鲜艳的款式，以免在正式场合中显得不够得体。

无论男女，都应避免在公共场合修剪指甲，因为这一行为不仅显得不文明、不雅观，还可能对他人造成不必要的干扰。因此，建议大家在私人空间内完成指甲的修剪和护理工作，以确保在社交场合中展现出最佳的手部仪容状态。

（二）体毛必须修整

鼻毛是鼻腔内的自然生长物，但过长的鼻毛确实会影响观瞻。因此，建议定期检查并适当修剪鼻毛，以保持鼻腔周围的整洁。修剪时，应使用专用的小剪刀或鼻毛修剪器，并避免在公共场合或他人面前进行，以免造成不必要的尴尬。

腋毛在视觉上可能不够美观，特别是在穿着暴露腋毛的服饰时。对于白领男士和女士而言，应有意识地避免穿着此类服饰，或在必要时采取剃除措施。特别是女士在社交活动中选择穿着无袖服装时，应提前剃去腋毛，以确保整体形象的完美无瑕。

在穿着裙装或薄型丝袜时，如果腿部露出，那么腿部的整洁度也同样重要。对于女士而言，如果腿毛较为明显，则应先进行剃除或采用其他美容方法进行处理，以避免在社交场合中给人留下不雅观的印象。

在社交和公务场合中，男士的着装同样需要遵循一定的规范。例如，不得穿着短裤或随意挽起长裤的裤管，否则不仅显得不够正式，还可能影响整体形象的稳重感。

（三）保持牙齿与口腔清洁

在人际交往中，牙齿作为口腔的"门面"，其清洁程度直接影响到个人的仪表仪容。牙齿的清洁不仅是个人卫生的体现，更是社交礼仪中不可或缺的一部分。不洁的牙齿容易引发口臭，这不仅会让自己感到不适，更会成为交际中的一大障碍。在出席重要社交场合前，我们应避免食用具有强烈气味的食品，如蒜、葱、韭菜、腐乳等。餐后及时清洁口腔是保持口气清新的有效方法，可以选择使用漱口水或牙线等工具来清除口腔中的食物残渣和细菌。

第二节　仪态举止

在塑造个人形象的过程中，得体的发型、精致的妆容、华美的服饰等无疑扮演着重要的角色，它们构成了我们外在形象的静态基础。然而，真正能够持久地展现个人风采的，却是那些动态的、不断变化的仪态。潇洒的风度、优雅的举止，如同流动的画卷，让人心生羡慕与赞叹，更能在他人心中留下难以磨灭的深刻印象。

中华民族自古以来就十分重视仪态的修养，认为"站如松、走如风、坐如钟、卧如弓"是衡量一个人行为举止的基本标准。具体而言，"站如松"强调的是站立的挺拔与稳健，如同松树般屹立不倒；"走如风"则要求行走时步伐轻盈、迅速，展现出一种自信与从容；"坐如钟"则意味着坐姿应当端正、稳重，给人以稳重可靠之感；"卧如弓"虽在日常社交中较少提及，但也体现了对休息时体态的一种优雅要求。

仪态作为体态的另一种表述，涵盖了人的身体姿势及其所传达出的情感与态度。其中，体姿是指人们肢体的动作与姿态，它直接反映了我们的行为方式与生活习惯。一个优雅的体姿，不仅能够展现出我们的自信与风度，还能在无形中提升我们的气质与魅力。而面部表情，则是我们内心世界的一面镜子，通过微妙的肌肉运动，传达出我们的喜怒哀乐、爱恨情仇。因此，在注重体姿的同时，我们也应学会控制自己的面部表情，使之与场合、氛围相协调。

一、体姿

优雅的体姿不仅是一种外在的表现形式，更是内在品质与修养的深刻反映。

（一）规范的站姿

站姿作为日常生活中最基础的举止之一，其重要性不言而喻。一个标准的站姿，不仅能够让人感受到身体的挺拔与舒展，更能展现出个人的自信、庄重与积极向上的精神风貌。

规范的站姿对于展现个人形象至关重要，以下是四种常见的站姿。

（1）垂手式是最基本的站姿。上半身挺拔、立腰、收腹，双肩平齐放松，双臂自然下垂于身体两侧，头部端正，目光平视，面带微笑，下颌微收。下半身双腿并拢，双脚呈"V"字形站立，身体重心均匀分布于两脚之间。

（2）前腹式主要用于女士，在垂手式的基础上，双手轻轻搭握于小腹前，显得更为温婉优雅。男士在特定场合下也可采用此姿势，但需注意双脚应略微分开以维持平衡。

（3）丁字步式专为女性设计，双脚前后分开，重心落在后脚上，可根据需要交换前后脚以缓解疲劳。此姿势既保持了站立的稳定性，又增添了几分灵动与优雅。

（4）背手式主要用于男士，在基本站姿的基础上，将右手搭在左手上，轻轻贴于臀部后方，双腿分开与肩同宽，两脚平行站立。此姿势显得稳重而自信。

在正式场合中，垂手式站姿因其庄重、大方的特点而被广泛应用。无论是参加企业的重要庆典、聆听贵宾的讲话，还是商务谈判后的合影留念，垂手式站姿都能展现出个人的专业素养与自信风采。

无论采用何种站姿，都应注意避免过于随便或不良的姿态。驼背、塌腰、耸肩、两眼左右斜视、双腿弯曲或不停颤抖等行为，都会严重影响站姿的美观度，给人留下不专业、不自信的印象。因此，在站立时，我们应时刻保持警觉，调整好自己的身体状态，确保站姿的规范与优雅。

此外，在站着与人谈话时，我们还需要注意以下几点礼仪规范。

（1）面向对方。保持身体正面朝向对方，以表示尊重与关注。

（2）保持适当距离。根据场合与对方身份的不同，调整自己与对方之间的距离。过远会显得冷漠，过近（特别是对异性）则可能让人感到不适。

（3）姿势端正。上身可以稍稍前倾，以示谦恭与倾听的姿态，但切勿身斜体歪、两腿叉开过大或倚靠他物。

（4）避免不雅姿态。两腿交叉站立、手扶椅背、双手叉腰、以手抱胸等姿势都是不雅观和失礼的，应避免在正式场合中出现。特别是两腿交叉站立的姿势，被视为轻浮之举，极不严肃。

（5）注意手部动作。手叉在腰间可能传达出权威或进犯的意识，在正式场合中应避免。双手也不宜长时间插在衣袋中，实在有必要时可单手插入，但时间不宜过长。以手抱胸的姿势则可能表示不安或敌意，应避免在与人的交往中出现。

（二）优雅的坐姿

坐姿作为日常生活中频繁出现的静态姿势，其重要性不容忽视。与站姿一样，坐姿也是个人教养与风度的直接体现。在正式场合，优雅的坐姿不仅能够传递出自信、友好、热情的信息，更能彰显出个人高雅庄重的良好风范。

正确的坐姿要求：坐在椅子上时，上身应自然挺直，头部端正，肩部放松平齐，双目平视前方，嘴角微扬，面带微笑。男士可将两臂微屈置于桌上或座椅两侧的扶手上，也可双手平放或半握拳置于双膝之上；女士则可两手相握轻放于腿上，展现出温婉的气质。两腿应自然弯曲，双脚平放于地面。女士在保持双膝和脚跟并紧的同时，可适当调整坐姿以维持优雅；男士则可双膝并拢或微微分开，但幅度不宜超过肩宽，以免显得过于随意。

坐姿透露着我们的教养，在较正式的场合需格外注意以下要求。

（1）入座应轻稳从容，避免急促或抢座的行为。转身背对座位，若距离较远，可先行至座位前再转身入座。右脚可向后退半步以调整位置，待腿部接触座位边缘后轻轻坐下。女士着裙装时，应用双手轻轻拢平裙摆再坐下，以维护形象。

（2）坐下后应立即调整坐姿，保持立腰、挺胸的状态，双肩放松，上身自然挺直。两臂可自然弯曲置于腿上或椅子扶手上，展现出文雅得体的风范。

（3）离座时应同样保持自然稳当，右脚先向后收半步以支撑身体平衡，然后缓缓起立，避免动作过猛造成尴尬。

（4）禁忌的坐姿：两腿叉开过大、不停抖动双腿、跷腿过高或勾着座椅腿等行为均被视为不雅，应避免在正式场合中出现；耷拉肩膀、含胸驼背、前倾后仰、斜身倚靠或坐姿歪歪扭扭等都会给人留下萎靡不振的印象，应坚决避免；双手抱胸、支肘托腮、双手摊开放在桌上甚至臀下等动作都会破坏坐姿的美感，应予以纠正。

（三）正确的走姿

走姿作为站姿的动态延伸，是展现个人风度、韵味与青春活力的关键。它要求"行如风"，即在行走中展现出协调稳健、轻盈自然、从容平稳的姿态。具体而言，正确的走姿要注意以下几点。

（1）目光与表情。双目平视前方，收颌微笑，表情自然平和，透露出内心的自信与从容。

（2）上身姿态。上身挺直，收腹立腰，重心微微前倾，这样的姿态不仅显得精神饱满，还能有效提升气质。

（3）肩部与双臂。两肩保持平稳，避免不必要的摇摆；双臂自然摆动，摆幅控制在

30°～40°，两手自然弯曲，与双腿保持一拳左右的距离，增添行走的灵动与美感。

（4）步位与步伐。步位要直，两脚尖略开，脚跟先着地，两脚内侧落地，确保行走轨迹呈直线。步伐应适当，两脚落地的距离约为一个脚长，但需注意性别、身高及着装等因素可能带来的差异。

（5）步速与步韵。步速应保持平稳均匀，避免忽快忽慢，展现出成熟自信的形象。同时，膝盖和脚踝应富有弹性，肩膀自然摆动，使行走具有一定的韵律感，更显自然优美。

（6）行走中的禁忌。避免八字步、低头驼背、摇晃肩膀、扭腰摆臀、左顾右盼及脚擦地面等不良习惯，这些都会损害走姿的美感，甚至给人留下轻佻无礼的印象。

走姿能反映一个人的性格与情绪。通过观察一个人的步态和步伐，我们可以窥见其内心的悲欢与情绪状态。同时，男女步态风格各异，男步稍大，步伐矫健有力，展现出阳刚之美；女步略小，步伐款款轻盈，透露出娴雅飘逸的阴柔之美。因此，在行走中注重性别差异，展现符合自身性别的步态风格，也是提升个人魅力的重要方面。

【拓展阅读】

不同坐姿的含义

不同的坐姿，表示着不同的含义。

（1）正襟危坐，上身紧张起来的姿势是严肃、认真的表现。

（2）深深坐入椅内，腰板挺直的人在心理上处于优势。

（3）抖动足或腿，是在传达内心的不安、急躁。

（4）张开两腿而坐的男性，充满自信，具有支配欲。

（5）一条腿自然地架在另一条腿上的女性，表示对自己的外貌有信心。

（6）频频变换架腿姿势，是情绪不稳定的焦躁表现。

（7）把脚搁在桌子上，以此延伸自己的势力范围，表明此人有较强的支配欲和占有欲，在待人接物时会有傲慢无礼的表现。

（8）有教养的女性用脚踝交叉的动作代替架腿而坐，这种姿势不仅外观优美，而且传达的拒绝含义也比较委婉。

（9）始终浅坐在椅子上的人流露出心理上的劣势和缺乏精神上的安定感，迎合对方或随时准备起身。

（10）在会场或公开场合中，坐着时手捂嘴、掩嘴、摸下巴，是以"评判"的态度在听对方发言。

（四）文明的蹲姿

蹲姿作为人体在静态时展现的一种独特体位，虽然在日常工作与生活中不常作为主要的姿态出现，但它在特定场合下发挥着不可替代的作用。蹲姿主要适用于以下几种情况：整理工作环境、给予客人帮助、提供必要服务、捡拾地面物品、自我整理装扮。

1. 蹲姿的基本要求

蹲姿的文明与正确性至关重要。下蹲时，应确保一脚在前，一脚在后，两腿自然下蹲。前脚需全脚掌着地，小腿基本垂直于地面，提供稳定的支撑；后脚则脚跟提起，脚掌着地，以辅助平衡。臀部自然向下，身体重量主要由两腿合力或后腿支撑，以防摔倒。性别差异体现在腿部姿势上，女性应并拢双膝以展现优雅；而男性则可适度分开双膝，保持稳固。

2. 蹲姿的具体方式

（1）高低式蹲姿。高低式蹲姿以其独特的双膝一高一低形态著称。下蹲时，左脚在前，右脚稍后，左脚全脚掌着地，小腿垂直；右脚脚掌着地，脚跟提起，形成右膝低于左膝的姿态。女性应并拢双腿，男性则可适度分开。此姿势主要由右腿支撑身体，常见于服务人员，尤其是男性使用。

（2）交叉式蹲姿。交叉式蹲姿专为追求优雅与美观的女士设计，尤其适合穿着短裙的女士。下蹲时，右脚在前，左脚在后，右小腿垂直，全脚掌着地；左腿则交叉于右腿之上，左膝后伸，左脚跟抬起，脚掌着地。两腿紧密靠拢，合力支撑，上身微倾，臀部向下，展现出一种典雅的姿态。

（3）半蹲式蹲姿。半蹲式蹲姿作为行走中的临时姿态，其正式程度相对较低，但在紧急情况下同样适用。下蹲时，上身稍弯，不与下肢形成直角或锐角；臀部向下而非撅起；双膝弯曲，角度约为钝角；身体重心集中于一条腿上，两腿间距不宜过大。此姿势灵活便捷，适应多种应急场合。

（4）半跪式蹲姿，又称单跪式蹲姿，是一种非正式的长时间下蹲或用力方便的姿势。下蹲后，一腿单膝点地，臀部坐于该脚跟之上，脚尖着地；另一腿则全脚掌着地，小腿垂直。双膝同时向外展开，双腿尽量靠拢，以维持稳定与平衡。此姿势在需要长时间下蹲或进行特定操作时尤为适用。

3. 蹲姿注意事项

尽管蹲姿在日常工作和生活中不常作为主导姿态，但其正确性和得体性同样不容忽视。以下是在使用蹲姿时应当特别注意的几点事项。

（1）避免突然下蹲。下蹲时应保持动作平稳，避免速度过快。特别是在行进中需要下蹲时，更应提前减速并做好下蹲准备，以防摔倒或造成不便。

（2）保持适当距离。下蹲时，应考虑到与周围人的距离，避免过近而导致"迎头相撞"或引起误会。在公共场合，尤其要注意与他人的空间距离，以维护彼此的舒适感。

（3）注意方位选择。在他人身边下蹲时，应尽量选择侧身相向的方位，避免正面朝向他人或背对他人下蹲，这样的姿势通常被视为是不礼貌的。侧身下蹲既能保持礼貌，又能减少对他人的干扰。

（4）注意遮掩与仪态。在大庭广众之下，特别是女性身着裙装时，下蹲时应特别注意遮掩腿部，防止走光或显得不雅。同时，无论男女，下蹲时都应避免膝盖分开过大或臀部向后撅起等不雅动作，以维护良好的仪态和形象。

（5）避免蹲着休息。蹲着休息不仅容易造成腿部疲劳和不适，而且在公共场合这样做也是不被接受的。如果需要休息，则应寻找合适的座椅坐下。

（6）避免不雅姿态。下蹲时直接弯腰、两腿叉开、臀部向后撅起都是不雅的动作；两腿展开平衡下蹲，以及下蹲时露出内衣裤等不雅的动作都会影响你的姿态美。

（五）合宜的手势

手作为人体最为灵巧和富有表现力的器官之一，不仅是日常劳作和精细操作的工具，更是情感与意图的隐形传话筒。正如"眼睛是心灵的窗户"，手则如同心灵的触角，细腻地捕捉并传达着内心的情感波动。手势，这一非言语的沟通方式，在人际交往中扮演着不可或缺的角色，无声却强大。

例如，当双手不自觉地交叉在一起时，这往往是内心紧张或防御心理的一种外在表现；用手指或笔敲打桌面，或是在纸上随意涂画，这些行为往往是内心不耐烦或缺乏兴趣的直接反映；搓手这一动作，通常意味着个体内心充满期待，跃跃欲试；摊开双手，是一种开放和接纳的姿态；用手支着头，看似轻松随意，实则可能暗含不耐烦或厌倦的情绪；用手托摸下巴，通常会给人留下一种深思熟虑、老练机智的印象。

1. 手势三位

（1）上位手势。在演讲或交流中，当手势超过肩部时，我们称之为上位手势。这一区域的手势通常与积极向上的情感紧密相连，如理想、希望、喜悦、激动和祝贺等。上位手势的动作幅度较大，能够有力地传达出慷慨激昂、振奋人心的内容和感情。例如，双手握拳举过头顶，这样的动作往往能够激发听众的共鸣，表达出呐喊、愤怒等强烈的情绪。

（2）中位手势。中位手势是指在肩部至腰部之间活动的手势。这一区域的手势更多地用于叙述事物、说明事理，传递出较为平静和理性的情绪。中位手势的动作幅度适中，既不过于张扬也不过于内敛，能够恰到好处地表达个体的观点和思考。由于这一区域的手势一般不带有浓厚的感情色彩，因此它们在日常交流和商务场合中尤为常见。

（3）下位手势。下位手势通常与消极、否定的情感相联系，如憎恶、鄙视、反对、批判、失望和压抑等。下位手势的基本动作是手心向下，手势向前或向两侧往下压，动作幅度较小但力度明显。这样的手势往往能够直接传递出个体对某事或某人的不满和否定态度。

2. 手势美规范

手势作为一种非言语的沟通方式，其重要性不言而喻。生动形象的有声语言，搭配上准确、精彩的手势动作，能够极大地增强交流的感染力、说服力和影响力。然而，并非所有的手势都能产生积极的效果，手势的运用也需要遵循一定的美学原则与礼仪规范。

（1）简洁明确。手势的运用应追求简洁明了，避免烦琐复杂。手势的数量不宜过多，且应与语言内容紧密相关，形成和谐统一的整体。过多或无法理解的手势只会造成混乱和误解。

（2）大小适度。手势的幅度应根据场合和需要来调整。在社交场合中，手势的活动范围应控制在适当的限度内，既不过于夸张也不过于拘谨。手势的上界一般不应超过对方的视线范围，下界不低于自己的胸区，左右摆动的范围也应适中。

（3）动静结合。手势的运用应注重动静结合，既有动态的表达也有静态的留白。在不需要使用手势时，应保持静态姿态，避免无意识或下意识的手势动作。

（4）自然亲切。手势应自然流畅、亲切可人。避免刻意模仿或做作的动作，保持手势的个性和自然性。柔和曲线的手势能够拉近人与人之间的距离，增强交流的亲切感。

（5）避免不良手势。在社交场合中，应避免使用不礼貌或粗鲁的手势。同时，也要注意不要做出过于亲密或冒犯性的手势动作。

（6）尊重他人。在与他人交谈时，应尊重对方的感受和隐私。避免使用手势对他人进行贬低或侮辱，更不要背后指点或嘲笑他人。

（7）适应场合与对象。手势的运用还需要考虑具体的场合和对象。例如，在长者面前应保持稳重端庄的手势；在异性面前则要注意避免过于亲密或轻浮的手势动作。

二、表情语

人面部的眼、眉、口、鼻共同构成了一个表情丰富的三角区，这些面部器官与面部肌肉的微妙变化交织在一起，形成了千变万化的面部表情，它们无声地传递着个体的情感、态度和意图。

（一）目光语

在面部表情中，目光语占据着举足轻重的地位。眼睛被誉为"心灵的窗户"，它们不仅能够反映出个体的内心世界，还能够传递出深层的情感信息。通过目光的交流，我们可以感受到对方的喜怒哀乐，理解其真实想法和感受。

1. 目光注视的种类和部位

（1）社交式注视。这是最为常见和广泛使用的注视方式，适用于各种社交场合。在与人交谈时，我们的目光应注视对方的双眼和口之间的三角部位，这种注视方式能够营造出一种轻松、友好的社交氛围。特别是在求职面试等正式场合，社交式注视能够展现出我们的自信和尊重。

（2）公事式注视。在业务洽谈、贸易谈判等正式场合，公事式注视更为适用。此时，我们的目光应注视对方的双眼和额头中部的三角形部位，这种注视方式能够传达出我们的专业和严谨态度，有助于建立良好的商务关系。

（3）亲密注视。在亲人、挚友、恋人之间，亲密注视是表达情感的重要方式。两人的目光相互融合，传递出彼此之间的深厚情感和亲密关系。

2. 目光注视的时间

在谈话过程中，我们的注意力应高度集中，视线接触对方面部的时间应占全部谈话时间的60%以上。这不仅能够表明我们在认真倾听对方的讲话，还能够增强彼此之间的信任和亲近感。如果对方在讲话时，我们左顾右盼或心不在焉，则会给对方留下不尊重或心虚的印象。

3. 目光注视的方式

与对方保持正视是基本的礼貌和尊重。正视的部位应在对方的双眼和口鼻处交替进行，这样既能避免长时间直视造成的尴尬，又能保持沟通的流畅和自然。如果与对方目光相遇的对视太少，可能会显得缺乏自信；而过多的直视则可能让对方感到不适。斜视、瞟、瞥和眼睛的半睁半闭等注视方式都是不礼貌和不尊重的表现。它们会传递出不耐烦、目中无人等负面情绪，对沟通效果产生不良影响。在对方讲话时，双眼注视对方不仅表示出你在认真和仔细地倾听，还能够使自己处于与对方平等的位置上，有助于消除紧张感。如果心神不安或连头都不敢抬，则会显得紧张失态，影响沟通效果。

（二）微笑语

微笑具有独特的魅力，它如同阳光般温暖人心，能够迅速改变周围的不和谐气氛，营造出一个温馨、友善的交流环境。一个人的形象往往通过其面部表情得以展现,而面带微笑则能显著提升个人的亲和力和吸引力,使其在人群中脱颖而出,受到他人的欢迎和喜爱。相比之下,冷漠、呆板甚至凶狠的面部表情则会给人带来距离感、不信任感甚至恐惧感,这些都不利于人际交往的顺利进行。因此,面带微笑、和颜悦色,才是人际交往中最理想的面部表情。

微笑语的魅力与价值在各行各业中都得到了广泛的认可和应用。以希尔顿酒店为例,其创始人康拉德·希尔顿先生深知微笑对于酒店服务的重要性。在长达五十多年的经营生涯中,他始终强调对客人的微笑服务,并将其视为酒店经营成功的关键因素之一。这种对微笑的重视不仅提升了希尔顿酒店的服务质量,也赢得了全球客户的广泛赞誉。

1. 微笑的种类

微笑可分为一度微笑、二度微笑、三度微笑,如图7-1所示。

一度微笑　　　　　二度微笑　　　　　三度微笑

图 7-1　微笑对比

(1)一度微笑。嘴角两端微微上提,笑肌微抬,无须露齿,展现出一种含蓄而又不失亲切的笑容。这种微笑方式既不过于张扬,也不显得冷淡。

在服务场合中,一度微笑的应用场景十分广泛。例如,在餐厅备餐台进行准备工作时,服务人员可以通过一度微笑来保持积极的工作状态,同时向顾客传递出即将提供优质服务的信息。同样,在高铁乘务员巡视车厢的过程中,以及服务人员在聆听客户诉求或待岗时,一度微笑都能有效地展现出他们的专业性和亲和力。

(2)二度微笑。嘴角肌肉紧张,嘴角两端一起向上提,给上嘴唇带来一种拉上去的紧张感,嘴角上扬约15°,露出大约6颗牙齿。这种微笑传递出鼓励、友好和礼貌的信息。

在问候客户、提供指引或解答疑问等场合,二度微笑能够迅速拉近双方的距离,营造出轻松愉快的交流氛围。二度微笑能够让客户感受到服务人员的真诚与热情,从而更加愿意分享自己的需求和想法。同时,二度微笑也展现了服务人员的专业素养和亲和力,有助于提升客户对服务的满意度和忠诚度。

（3）三度微笑。它要求拉紧肌肉使嘴角两端尽量上提，嘴角上扬达到30°，露出大约8颗牙齿。这种微笑充满了热情和感染力，是表达祝贺、祝福，以及与熟悉客户愉快沟通时的最佳选择。

三度微笑不仅是一种表情的展现，更是一种情感的传递，它能够让客户感受到服务人员的真诚关怀和深厚情感，从而在心理上产生共鸣和认同。在庆祝客户成功、祝福客户幸福或与客户分享喜悦时，三度微笑将成为连接双方情感的纽带，让服务体验更加难忘和深刻。

2. 微笑的练习方法

（1）对镜微笑训练法。这是一种直观且易于实施的训练方法。找一个安静的地方，面对镜子坐下，确保衣着整洁，心情轻松愉快。深呼吸几次，让身体放松。然后，开始微笑练习：轻轻闭上双唇，嘴角微微上扬，同时舒展面部肌肉，让笑容自然绽放。注意眼神的配合，让眼睛也充满笑意，形成眉目舒展的微笑面容。重复这个过程多次，每次练习时间可根据个人情况自由调整。为了增加趣味性，你可以播放欢快的背景音乐，让心情更加愉悦。

（2）情绪诱导法。情绪诱导法通过外界刺激来唤起内心的愉悦和微笑。你可以尝试以下几种方法：打开一本你喜爱的书，阅读那些让你感到快乐或启发的段落；翻看珍藏的照片或画册，回忆过去的美好时光；播放你钟爱的音乐，让旋律带动你的情绪；回想一次成功的经历、一个温馨的拥抱或一次愉快的旅行。这些都能帮助你快速进入愉悦的状态，从而自然地展露出微笑。如果条件允许，使用摄像机记录下这些微笑的瞬间，以便日后回顾和模仿。

（3）观摩欣赏法。观摩欣赏法是一种通过观察和模仿来提升微笑技巧的方法。你可以邀请几位朋友一起进行微笑练习，互相观摩、交流心得。在练习中，注意观察对方的微笑细节，如嘴角上扬的角度、眼神的明亮程度等，并尝试模仿其优点。同时，也可以在日常生活中多留意他人的微笑，尤其是那些自然、真诚的微笑，将这些美好的"镜头"储存在记忆中，并在需要时模仿它们。通过不断的观摩和模仿，你的微笑将变得更加自然、迷人。

第三节　仪表服饰

服饰作为文明社会绚烂多彩的产物，涵盖了服装与各式饰品，其美学价值深远地延展了人体之美，为这份自然之美增添了无限变化与层次，极大地强化了人体魅力的表达。在我国古代，服饰更被赋予了深厚的"礼"文化内涵，成为封建礼制体系中不可或缺的一环。我国古代礼制的著名典籍《仪礼》，对服饰制度进行了详尽而严格的规定，体现了社会等级秩序的森严。其中，色彩的运用尤为讲究，黄色因其尊贵而被独尊为皇帝御用之色，象征着至高无上的皇权。而对于官吏与臣民，其服色亦依据品级严格划分：五品及以上官员身着绯红，彰显其尊贵地位；三品及以上官员则身着紫衣，更显身份显赫；六品以下官员则身着绿装；皂隶则统一身着黑衣，以示其服务于统治阶层的身份。至于普通百姓，则多身着白衣，朴素无华，体现了其社会地位的平凡与谦卑。

此外，服饰材质也是区分社会阶层的显著标志。绸缎、锦、绮等丝质华美面料，多为权贵阶层所独享，象征着财富与地位；而布衣，则成为平民百姓的日常穿着，简单质朴，却也承载着"布衣之交"这一美好寓意，象征着平民之间纯真质朴的友谊与情感。因此，在我国古代社会，服饰不仅是一件遮体御寒之物，更是社会等级制度的直观体现，深刻反映了封建社会的等级结构与价值观念。

服饰发展至今，它不再是社会等级的标志，而是一种礼仪符号，这种符号使人们在交往过程中相互尊重、友好相处。

一、仪表服饰的重要内涵

（一）仪表是素养和品位的表现

美国行为学专家迈克尔·阿盖尔曾经做过一个实验：他故意在同一城市的同一地点，以截然不同的衣饰形象出现。首次，他身着笔挺西装，风度翩翩，瞬间吸引了众多路人的注意，其中不乏举止优雅的绅士阶层人士，他们大多以礼貌的姿态向他问路或询问时间。而当他转换形象，换上破旧衣物，蓬头垢面地再现于同一地点时，围拢而来的则多是流浪者、无业游民等社会边缘群体。这一鲜明的对比实验深刻揭示了，在人际交往的微妙场景中，个人仪表所传达的信息往往超越了语言本身，能够直观地映射出一个人的内在品质。

在初次见面的瞬间，服装作为非语言的沟通工具，占据了给人留下印象的30%之重，它不仅是身体的外在包裹，更是个人素养、自尊心及独特品位的无声宣言。仪表的整洁与得体，不仅体现了个人的自我尊重，也是对他人及所处环境的一种尊重与重视。

（二）仪表服饰与成功联系在一起

在人际交往的舞台上，美好的第一印象如同珍贵的宝石，一旦错过便难以重拾。科学研究表明，人们往往在初次见面的短短5秒内，便对对方形成了难以磨灭的第一印象，而这一印象的塑造，服装扮演着举足轻重的角色。

优雅的着装，不仅是个人品位的展现，更是积极心态的外化符号。一身正式、得体、优雅的服装，能够瞬间提升个人的自信心，激发内心深处的积极、奋发与乐观。这种由内而外散发的正能量，让我们在面对生活的风雨时更加坚韧不拔，能够更加从容地解决各种挑战与难题，从而赢得成功之神的青睐。

相反，那些忽视仪表、衣着随意的人，或许正透露出一种消极、悲观的心态。在人际交往中，这样的形象往往难以赢得他人的尊重与信任，无形中为自己筑起了一道难以逾越的社交壁垒。

因此，注重个人着装，不仅是为了追求外在的美观，更是为了塑造一个积极向上、值得信赖的个人形象。它不仅能够展现我们的仪表美，提升交际魅力，更能在无形中为我们的事业成功铺就一条坚实的道路。

二、着装原则

运用服饰美，必须拥有正确的美的观念，并遵循着装的基本原则。

（一）TPO 原则

TPO是一种服饰穿戴原则，即时间（Time）、地点（Place）、场合（Occasion）。着装的TPO原则，要求人们的着装应与时间、地点、场合相适应。

1. 时间原则

时间是一个多维度的概念，不仅涵盖了每日的晨光初照至夜幕低垂，还跨越了四季的轮回、人生的各个阶段等。

时间原则要求着装考虑时间因素，做到随"时"更衣。通常，早晨人们在家中或进行户外活动，着装应方便、随意，可以选择运动服、便服、休闲服。工作时间的着装，应根据工作特点和性质，以服务于工作、庄重大方为原则，主要穿职业装或工作服。晚上如果要听音乐会、看演出、出席宴会、赴舞会等，着装就要比较正式，以礼服为主。许多西方国家明文规定，人们去歌剧院观赏歌剧一类的演出时，男士一律着深色的礼服，女士着装也应端庄雅致，以裙装为主，否则是不能入场的。

服饰应随着季节的变化而调整。夏季以凉爽、轻柔、简洁为主，选择能给人带来视觉和心理愉悦的服饰色彩和款式。冬季则以保暖、轻便为原则，避免过于臃肿或单薄，以保持形体的美观。

服饰还应顺应时代潮流，既不过于落后，也不过于新奇，以免引起不必要的注意。

2. 地点原则

地点原则是指地方、场所不同，着装应有所区别。服饰的种类、质地、款式和花色都应与地点相协调，以实现视觉和心理上的和谐美感。例如，在办公室中，女性的着装应保持专业与得体。衬衫或内衣的领口应适度，避免过低、过松，以展现简洁利索的形象。衣着合不合适，必须要与周围环境相协调，穿着职业正装是正式工作环境的标准，但在非正式的场合，如娱乐、购物、休闲或观光时，这样的着装可能会显得过于正式，与环境不协调。同样，穿着牛仔服、超短裙、运动服或休闲服进入办公或社交场所，也可能显得不够得体，与环境不和谐。

3. 场合原则

场合原则强调，服饰应与交际目的和场合气氛相协调，以实现和谐的审美效果和人景相融。以下是四种常见场合的着装要求。

（1）商务、公务场合。商务场合及政府部门的公务活动场合，着装要求庄重、保守，首选是商务正装和制服。男士可穿深色西装套装、黑色袜子、黑色系带皮鞋，并系领带。在我国，男士也可以穿中山装，配黑色皮鞋。女士可选择职业套裙或连衣裙，裙装长度在膝盖上下为好。

（2）休闲场合。居家或户外活动时，最佳的着装选择为休闲服。休闲场合服装以舒适、时尚为主要特点。服装质地应以自然面料为主，如棉、麻等，做工必须考究。服装风格应以时尚、个性为主，至于色彩，可以选择自己喜爱的色调，同时也要符合自己的年龄和气质。

（3）办公场合。办公场合的穿着应整洁、大方，凸显职业化及干练的气质。对男性而言，西装无疑是最好的选择，而深色系的西装更为合适，看起来更加稳重和踏实。女性则以职业套裙为主要选择。

（4）社交场合。社交场合着装要求时尚个性。朋友聚会等轻松场合，男士可穿得放松、个性，女士可选择展露风情的服装。在节日、婚礼、生日等喜庆场合，服饰可鲜艳明快、潇洒时尚。一般来说，在正式的喜庆场合，男性服装均以深色为宜，单色、条纹、暗小格都可以；在游览、联欢、生日晚会等场合，可以选择色彩明快的服装。女性不论在什么喜庆场合，都可以选择适合自己的色彩鲜艳的服装。至于服装款式，在正式的喜庆场合，男性以中山装、西装为主；在其他喜庆场合，男性可以选择两用衫、夹克衫、牛仔服等各种便装，力求轻松潇洒。女性既可以穿西装或民族服装，也可以穿旗袍或连衣裙。

（二）体现个性原则

体现个性原则是指穿衣者在符合服饰基本规范的基础上，要根据自己的年龄、职业和气质，选择能显示自己鲜明个性的服装，不要盲目地赶时髦。

穿着服装必须考虑自己的特征，与自己的肤色、风格相协调，展现出自己的个人魅力与气质修养。

（三）整体性原则

着装的整体性原则强调，服饰的各个部分应相互协调，以展现完美和谐的视觉效果。着装的整体性原则主要体现在两个方面：一是要恪守服装本身约定俗成的搭配，如穿西装时，应配皮鞋，而不能穿布鞋、凉鞋、拖鞋、运动鞋；二是要使服装各个部分相互呼应，局部服从整体，力求展现着装的整体之美、全局之美。如女性在整体着装上，除服装的内外搭配、上下搭配外，还要注意首饰、款式和面料的搭配等。

（四）整洁性原则

正确的着装应力求整洁，避免肮脏邋遢。着装要坚持整洁性原则，应体现于以下三个方面。一是着装要整齐，服装应常熨烫，不得皱皱巴巴。二是服装应当完好，不应残破或乱打补丁，在正式场合禁穿"乞丐装"。职业女性的丝袜，如发现有抽丝或破损现象，应立即更换，否则有损其职业形象。三是着装要干净卫生，服装应勤于换洗，不应允许其存在明显的污渍、油迹、汗味与体臭。

（五）文明大方的原则

穿着服装是人与兽的一大区别。在正式场合要注意文明着装，主要体现在以下四点：一是忌穿过分暴露的服装；二是忌穿过分透视的服装；三是忌穿过分短小的服装；四是忌穿过分紧身的服装。不要为了展示身材的线条而有意选择过于短小紧身的服装，更不可不修边幅，使自己的内衣、内裤的轮廓在过紧的服装之外隐约可见。身体部位的过分暴露，不但有失自己的身份，而且也失敬于人，使他人感到不便。

三、职业男性着装

职业男性的着装多是西装，西装是"保鲜期"最长的服装。

（一）正装西装与休闲西装的区别

男士的正装有两种，一是西装，二是制服。其中西装又分为正装西装和休闲西装。男士在正式的商务场合一般穿着正装西装，在商务休闲场合或其他场合一般穿着休闲西装。两者的区别主要体现在以下几点。

（1）颜色。正装西装的颜色上下装一致，且为深色，首选是深蓝色，其次是灰色或棕色，再次是黑色。而休闲西装的颜色选择较多，还可以是浅色，如粉色、紫色等，上下装的颜色也不要求一致。

（2）面料。正装西装的面料要求是纯羊毛或混纺，而休闲西装的面料可以用多种材质，如呢子、皮革、灯芯绒等。

（3）款式。正装西装为套装，必须成套购买，而休闲西装可以是套装也可以是单件上衣。从扣子的排数来看，双排扣西装较单排扣西装要更正式；从扣子的颗数来看，扣子越多越趋向休闲。

（二）西装颜色的选择

男士穿着西装，选对颜色才显权威感。

（1）深蓝色西装。深蓝色是比较权威与保险的颜色。作为职场新人，选择深蓝色西装出席各种场合基本不会出错。

（2）灰色西装。灰色比较传统、正式，比深蓝色柔和一些，感觉较为友善，能使穿着者显得精神饱满。

（3）黑色西装。黑色是特别专业的颜色，但需要一定的年龄和阅历才能驾驭它。

（4）白色西装。除了结婚、聚会、舞会等场合可以穿着白色西装，其他场合还是尽量少穿。

（5）卡其色西装。浅卡其色属冷色调，比较适合春、夏两季穿着。

（三）衬衫的搭配

男士穿着西装必须搭配衬衫。衬衫搭配合适才能为西装加分。选择衬衫不仅要注意衬衫的颜色，还要注意图案和穿法。

1. 衬衫的颜色选择

（1）纯白色衬衫。白色是衬衫的标准色，无论任何体型、任何场合、任何西装，都能与之搭配，而且永不过时，同时还能给观者以朝气、干净之感，是男士衣橱的必备品；缺点是淘汰率高，一旦沾有脏污或汗渍，就无法再穿了。

（2）蓝色衬衫。与白色衬衫一样，蓝色衬衫也适用于各类场合。它能更凸显穿着者的本性与权威感。

（3）粉色衬衫。配灰、黑、蓝色西装都很适合，是男士展现亲和力的有力武器。每一位成功的商务男士都应准备一件粉色衬衫，让自己彰显权威的同时略显柔和。

2. 衬衫的图案

（1）条纹衬衫。以前被认为不太适合于商务场合，现在却是很多商务人士的首选。条纹越窄，穿搭起来越保守和保险，不愿太张扬的商务男士可以适当选择。

（2）格子衬衫。这是最休闲的衬衫，一般情况下，正式、庄重的场合或商务活动现场不适宜穿着。而且格子衬衫穿着有一个规则，即大格子要比小格子休闲，只适合日常休闲穿。

（3）牛津衫。比较休闲，职场新人可以把它作为第一件衬衫，在非正式的场合也可以穿这种牛津衫。

3. 衬衫的穿着细节

选择衬衫要注意大小合适。一般来说，穿着西装和衬衫时，衬衫有三处需要漏出西装外才能彰显男士的潇洒风度，即"露三白"才有范儿。一是衬衫领子露白。衬衫衣领要高出西装衣领，以保护西装衣领，增加美感。二是前胸露白。前胸露白会给人精神百倍、充满激情的第一印象。三是袖口露白。衬衫袖口露白有一定的国际标准，比外套长2厘米左右较好，太长不好，太短也不好。另外，个子越高的人袖口露白越应该少一点，而个子越矮的人露白应越多，但绝不能超过国际标准，否则白色就太显眼了。

（四）领带的选择

领带是男士身上最经典的装饰，选择一条合适的领带才能彰显男士的气度。

（1）单色领带。单色领带即完全没有图案或花样的领带，是最常见、最实用的一种款式，能够与任何款式的西装或衬衫搭配。一套做工精细、质量上乘的西装，搭配一条单色领带，整体的华贵、精致会让人耳目一新。

（2）多色领带。多色领带是印有圆形、方形、菱形等几何图案的领带，同样十分普遍。与单色领带一样，它的用途广泛，很好搭配衣服。需要说明的是，这类领带搭配起来要与西装的色系相匹配，且领带上几何图案的颜色最好与衬衫的颜色相同。

（五）商务休闲装

在商务休闲场合穿着商务休闲装可以让男士尽显个性与潇洒。穿着商务休闲装的注意事项可归结为以下几点。

（1）衣服要有质感。过于松垮的衣服会让人怀疑你的能力和态度，因此，即便是休闲装，也要板正立挺、干净利落。开衫是商务休闲装中的主打款，需要注意的是，开衫需要选择羊绒的，内搭衬衫要与开衫有一定的反差，能凸显出质感。

（2）衬衫、领带变化体现个性。窄版领带或直接敞开领口都可以表达轻松却不失严谨的感觉，以细节营造精致感，体现真我个性。

（3）条绒西装显轻松。若想既有职场的规矩又有个性的表达，条绒、法兰绒质地的休闲款西装最为适合。

（4）鞋子要与衣服搭配。球鞋、运动鞋都会让商务休闲装流于随便，不如选一双中性色彩的休闲皮鞋,既能体现出时尚感,又不失职场的端庄。

(六)男装的配饰

一个在商场上叱咤风云的商务男士并不意味着沉闷与古板,善用配饰亦能彰显出自己的个性与品位。一块手表、一副眼镜、一条皮带、一条口袋巾等,都散发着细节之美。合理地运用配饰,可以让男士的形象更具魅力和张力,于无声处体现出男士的身份地位。

(1)手表。在重大的社交场合,手表往往被看作男人的首饰,是一个男人地位、身份、财富状况的体现。在正式场合,男人应该佩戴手表。手表的选择,造型上要庄重保守,尤其是尊者、年长者更要注意。怪异新潮的手表只适合追求个性的年轻人。一般来说,皮革表带的手表略显休闲,金属表带的手表更显商务,更能给人以信任感。

(2)眼镜。眼镜可以修饰人的脸型,是改变造型的利器之一。通常一副有型有款的眼镜能让人改头换面,焕然一新。

(3)皮带。在一定程度上,皮带代表着男人的身份和品位,其重要性是其他配饰无法取代的,从一条皮带上可以判断出这个男人讲不讲究,注不注重细节。特别需要指出的是,皮带上一定不要挂东西,尤其是钥匙串。

(4)口袋巾。男士宽阔的胸膛彰显着男人的阳刚之气,如果在西装上衣口袋里放一块与领带颜色相近的口袋巾,则可以在阳刚之气的基础上增加些许的优雅和高贵。需要注意的是,口袋巾不可露出过多。

四、职业女性着装

(一)职业套裙

所有适合职业女性在正式场合穿着的裙式服装中,套裙是首选。它是职业套裙(也称西装套裙)的简称,上身是女式西装,下身是半截式裙子。女士在参加正式活动,尤其是政务工作或涉外活动时,一般要选择穿套裙,以示正式。一套合适的套裙,能够显示出职场女性的干练与自信。

套裙一般有两种:一种是标准套装,女士西装上衣和裙子成套设计;另一种是随意型,女士西装上衣和随便一套裙子进行自由搭配。

套裙在质地、颜色和款式上比较讲究。在正式场合穿的套裙,一般选用的面料都比较高档。上衣和裙子应保持同质地、同色系,色系以清新且凝重的冷色调为主,如炭黑色、藏青色、藏蓝色、茶褐色等,以体现着装者的大方典雅、端庄稳重。在款式造型上,上衣应平整挺括、合体贴身,较少或基本不使用饰物和花边点缀。裙子以窄裙为主,裙长要到膝盖或过膝。

穿着同色的套裙可能有些单调，为了看起来生动活泼，可以采用不同色的衬衫、领花、丝巾、胸针、围巾等配饰来加以点缀；还可以采用不同色彩的面料来制作套裙的衣领、前襟、下摆，但是一套套裙的全部色彩不应超过两种。

穿棉、麻、丝等薄型面料或浅色面料的套裙时，一定要穿衬裙。衬裙要选择白色、肉色等与外面套裙相协调的面料。此外，穿套裙切忌"三截腿"。三截腿是指穿半截裙子的时候，穿半截袜子，袜子和裙子中间露一段腿肚子。这种穿法容易使腿显得粗短，术语叫作"恶性分割"。这样穿既显得不美观，也有失优雅。

（二）女装的配饰

（1）首饰。首饰不能佩戴过多，过多则易给人庸俗感。如果同时佩戴两件或两件以上的首饰，首饰的色彩要一致。同时，还要考虑与着装的风格相协调，兼顾衣服的款式、质地、色彩。首饰的选择也要符合身份，选戴首饰时，不仅要考虑个人爱好，还应当考量自己的性别、年龄、职业、工作环境。

（2）皮包。出席正式的晚宴或晚会时，可以选择一个小巧的手包来搭配优雅高贵的晚礼服。而日常的工作场合，可以选择大而结实的皮包。中等大小的包适合多种场合配用。选择皮包时，要考虑它的颜色，最好能与平时穿着的大部分衣服相搭配。

（3）丝巾。丝巾飘逸柔美，是很多女士钟爱的配饰，一款合适的丝巾能提升女性的风情和气质。挑选丝巾要注意丝巾的质地、颜色、图案，要选择与自身年龄、体型、脸型、穿衣风格相协调的丝巾。搭配时可遵循衣深巾浅、衣冷色巾暖色、衣素巾艳等原则。

（4）腰带。女士腰带的选材很丰富，有皮革和编织物等。女士系腰带要注意以下三个原则：和服装搭配、和体型搭配、和社交场合搭配。

（5）手套。手套不仅能御寒，还是重要的饰件。戴手套需要注意的是，手套的颜色和材质要与衣服的相一致。穿深色大衣适宜戴黑色手套。女士在穿西服套装或时装时，可以挑选薄纱手套、网眼手套。女士在舞会上戴长手套时，不要把戒指、手镯、手表戴在手套外面。另外，女士在穿短袖或无袖上衣时，一定不要戴短手套。

五、礼服

（一）男士的礼服

男士的礼服一般有三种，即常礼服、小礼服和大礼服。

（1）常礼服。常礼服又叫晨礼服，可作为白天参加典礼、婚礼等的正式礼服。常礼服的搭配：黑色、灰色的上衣，带条纹的黑色、灰色裤子，白衬衫系黑色、白色、驼色、灰色领带，黑袜子，黑色的皮鞋。

（2）小礼服。小礼服用作晚餐礼服或便礼服，晚上参加音乐会、宴会，或看戏剧时穿着。小礼服为白色或黑色西装上衣，衣领镶有缎面，下装配有缎带或丝腰带。

（3）大礼服。大礼服又称燕尾服，在极其郑重的社交场合穿着。上装为黑色或深蓝色，前摆齐腰剪平，后摆剪成燕尾状，下装为黑色或深蓝色的长裤，裤腿外有黑丝带。最重要的是要系黑色的领结和腰带，领结的面料是丝绸或天鹅绒。

在我国，男士去赴宴或出席一个较隆重的社交场合，如果没有西式礼服，也可以选择一套深色的中山装作礼服。

（二）女士的礼服

女士的礼服也分为常礼服、小礼服、大礼服。

（1）常礼服。通常由上衣与裙子精心搭配而成，上下衣颜色的一致性确保了整体的和谐与统一。这种礼服设计简约而不失优雅，帽子与手套的点缀更是增添了几分高贵与精致。常礼服适合参加一些较为正式的社交聚会或商务活动，既体现了对场合的尊重，又不失女性的温婉与柔美。

（2）小礼服。小礼服更加注重展现女性的性感与妩媚。其设计特点包括露背设计、裙长至脚甚至拖地的款式，或是简约而不失品位的单色连衣裙。小礼服适合参加一些更为隆重的场合，如晚宴、舞会等，能够让女性在人群中脱颖而出，成为焦点。

（3）大礼服。大礼服要求袒胸露背，裙摆拖地或是不拖地的连衣裙，搭配同色的帽子、长纱质手套以及各种精致的头饰、耳环、项链等配饰，整体造型既华丽又庄重。

在我国，正式社交场合的礼服是旗袍。旗袍的线条流畅巧妙，使东方女性显得柔美婀娜。

【案例分析】

卡耐基曾讲过这样一个故事：

"有一次，我去纽约参加一个宴会，遇到一位女宾，她在不久前，曾经得到一笔巨额的遗产。因此，她特地花了不少的钱，把自己从头到脚装扮得十分华丽。她这样做，无非是想给他人留下一个好印象。可是很不幸，她那张面孔，却有着一副冷漠得像铁板一样的表情，并且显得傲气凌人，使人家见了她，一点也不觉得愉快。她只知道装饰自己身上的衣饰，却忘了最重要的面部表情。"

这个女人虽然有钱，可以买华丽的衣服，却不明白，这些华丽的衣服穿在一个面无表情的人身上，和穿在一个木头的标本上，并没有什么区别。人是感情的动物，只有当你把愉快的感情表现出来，以谦和、热情的态度与他人相处时，他人才可能会对你产生好感。

思考并分析：

在社交场合如何正确恰当地进行个人形象管理？

【本章小结】

得体的着装、整洁的仪表、优雅的举止是每一位职场人追求的目标。在日常生活和工作中，仪容修饰反映出一个人的精神状态和礼仪素养，是人们交往中的"第一形象"。仪容修饰礼仪要求掌握化妆礼仪、职业淡妆的化妆技巧及发型修饰的方法。体态又称仪态，即人的身体姿势，包括体姿和面部表情两大部分。一般来说，人们肢体的动作称之为体姿，主要包括站姿、走姿、坐姿、蹲姿；脸部的肌肉运动称为面部表情，主要包括目光语和微笑语。

仪表服饰是一个人素养和品位的表现，也往往与成功联系在一起。服饰发展至今作为一种礼仪符号使人们在交往过程中相互尊重、友好相处。职场人士穿着服装必须遵守基本的着装原则及配饰的搭配方法，以塑造良好的职场形象。

【复习思考题】

（1）仪容修饰应注意哪些方面？

（2）简述仪态礼仪的规范要求。

（3）简述着装的"TPO"原则。

（4）简述职场男士穿着西装的礼仪规范。

（5）职场男士应如何规范地穿着商务休闲装？

（6）简述职场女士穿着套裙的礼仪规范。

（7）简述职场女士应该如何正确佩戴首饰。

第八章　社交礼仪

【学习目的】

（1）了解社交活动中常见的相识礼仪、拜会礼仪及通联礼仪等。
（2）熟悉和理解常见的相识礼仪、拜会礼仪及通联礼仪的要求与规范。
（3）能够熟练掌握和规范应用常见的相识礼仪、拜会礼仪及通联礼仪。

【课程导入】

某公司新建办公大楼需要添置新办公家具，价值数百万元。公司总经理决定向 A 公司购买这批办公家具。

这天，A 公司的销售部负责人打来电话，要上门拜访这位总经理。总经理打算，等对方来了，就在订单上盖章，定下这笔生意。

然而，A 公司的销售部负责人突然提前两小时到访，打破了原本的安排。原来，他不仅想促成办公家具的交易，还敏锐地捕捉到了公司员工宿舍即将落成的信息，希望能一举拿下宿舍家具的订单。为了谈这件事，销售部负责人还带来了一大堆的资料，摆满了台面。

总经理没料到对方会提前到访，刚好手边又有事，便请秘书让对方等一会儿。这位销售部负责人等了不到半小时，就开始不耐烦了，一边收拾资料一边说："我还是改天再来拜访吧。"

这时，总经理发现对方在收拾资料准备离开时，将自己刚才递上的名片不小心掉在了地上，对方却并没发觉，走时还无意从名片上踩了过去。但这个不小心的失误，却令总经理改变了初衷，A 公司不仅没有机会与对方商谈员工宿舍的家具购买，连几乎到手的数百万元办公家具的生意也告吹了。

A 公司的销售部负责人在此次拜访中存在着严重且不可原谅的错误。名片在商业交际中是一个人的化身，是名片主人"自我的延伸"。弄掉了对方的名片已经是对他人的不尊重，更何况还踩上一脚，顿时让这位总经理产生反感。再加之对方没有按预约的时间到访，提前却未曾通知，又没有耐心等待的诚意，丢失了这笔生意也就不是偶然的了。

我国自古以来被誉为礼仪之邦。子曰："不学礼，无以立。"这句话深刻地指出了礼仪对于个人在社会中立足的重要性。礼仪不仅是一套行为规范，更是人际交往中不可或缺的润滑剂。在现代社会，随着人际交往的日益频繁，掌握社交礼仪显得尤为重要。遵循和讲究社交礼仪，不仅能够体现一个人的教养、素质和风范，更是提升个人魅力、赢得社会认可的关键。一个人的言行举止，如果能够体现出对他人的尊重和对社交规范的遵守，那么他就能在社会中建立起良好的形象，增强个人的影响力。

第一节　相识礼仪

一、问候礼仪

问候是一种基础而重要的社交行为，它通常包括问好、打招呼或进行简短的寒暄。这些看似简单的交流，实际上是我们向他人表达尊重和友好的第一步。

【拓展阅读】

世界问候日

11月21日是"世界问候日"，对于每个人来说这都是一个温馨的节日，这个节日提醒我们，通过向遇到的每一个人发出真挚的问候，或是传递一个甜美的微笑，我们就能将快乐和温暖传播到世界的每一个角落。它不仅是一个温馨的节日，更是一个促进人与人之间相互理解的桥梁。

1973年11月21日，为了促进埃及和以色列之间的和平共处，澳大利亚的姆可马克与米切尔兄弟两人，自费印刷了大量有关问候的宣传材料寄给世界各国政府首脑及世界知名人士，向他们阐述设立"世界问候日"的重要意义，第一个"世界问候日"就此诞生了。随着时间的流逝，"世界问候日"的宗旨已经从最初的呼吁和平，发展成为一个以促进人类相亲相爱为主题的节日。它不再局限于政治层面的和平呼吁，而是扩展到了更广泛的人文关怀。

现在已有一百多个国家响应"世界问候日"。联合国还曾经发行过一套"世界问候日"邮票，希望人们借助信件传递友爱，给每个人都带去一片好心情。

在社会交往中，恰当的问候是建立良好第一印象的关键。有效的问候应关注次序、态度和内容这三个核心要素。

1. **问候次序**

在正式场合，问候一定要讲究次序。

当一个人问候另一个人时，通常遵循"位低者先问候"的原则。这意味着在身份或年龄上处于较低位置的个体应首先向身份或年龄较高的个体发出问候，如年轻者先问候年长

— 155 —

者，下级先问候上级，主人先问候客人，男士先问候女士。

当一个人问候多人时，这时既可以笼统地加以问候，如说"大家好"；也可以逐一进行问候。逐一问候时，既可以根据每个人的身份或年龄，从高到低或从长到幼依次问候，也可以根据人们的站位，从近到远依次问候。

2. 问候态度

问候是表达敬意和尊重的重要方式，在进行问候时，我们的态度至关重要，以下是四个关键点。

一要主动。问候他人要积极、主动。当他人先问候自己时，应立即给予回应，避免显得高傲或不友好。

二要热情。问候他人的时候，通常要表现得热情、友好。面无表情或冷漠的问候可能会适得其反，无法传达出你的诚意。

三要自然。在问候他人时，你的热情和主动应显得自然而不做作。过分夸张或不自然的行为可能会给人留下不真诚的印象。

四要专注。在问候时，应保持微笑，并通过眼神交流来显示你的专注和诚意。避免在问候时目光游离，这可能会让对方感到不舒服或被忽视。

3. 问候内容

问候内容可以根据场合和文化背景采取不同的形式，主要分为直接式和间接式两种，每种都有其特定的适用范围。

直接式问候是一种简洁明了的问候方式，通常用于正式的公务交往，特别是宾主双方初次见面时。在国际交往中，常用的直接式问候语有"您好"。然而，这种问候语更适用于与对方关系较为熟悉时。如果双方不太熟悉，或为了表示尊重，更稳妥的选择是使用时间性的问候，如"早上好""上午好""下午好""晚上好"。

间接式问候则更为随意和个性化，通常通过一些约定俗成的问候语或根据当前情境可能引发的话题来进行。这种方式适用于非正式场合或熟人之间的交往，如使用"在忙什么呢？""您去哪里？"等问句作为问候的开始。

在正式场合，应优先使用统一且规范的问候语，如"您好"，以避免涉及个人私生活或文化禁忌。

此外，问候语具有强烈的民俗性和地域性特征。例如，老北京人可能会问"吃过饭了吗？"这实际上是"您好"的一种地方性表达。然而，如果用这种方式问候不熟悉中国文化的外国人，可能会被理解为"你要请我吃饭？"或"多管闲事"，从而引起误会。

【拓展阅读】

人际交往中的"3A"原则

人际交往中的"3A"原则又叫"布吉林3A"原则，其内容是如何把对他人的友善通过三种方式恰到好处地表达出来。这些原则也是我们在人际交往中待人接物的基本之道。

1. 接受对方（Accept）

（1）要严于律己，宽以待人，接受他人是最重要的。

（2）在人际交往中，尖酸刻薄且自以为是和妄自尊大的人是不受欢迎的。

（3）接受的三个要点：

① 接受交往对象。例如，老师不能拒绝学生，商家不能拒绝顾客。

② 接受交往对象的风俗习惯。

③ 接受交往对象的交际礼仪。例如，北方人同朋友谈论自己父母时喜欢用"咱爸咱妈"这样的称呼，其实和"我爸我妈"是一样的，并无轻薄对方之意。

2. 重视对方（Appreciate）

确保对方感受到被重视和尊重，避免让他们有被忽视或冷落的感觉。通过积极的非语言信号，如点头、微笑或眼神交流，表达你对对方的重视。

3. 赞美对方（Admire）

用真诚的欣赏态度去肯定对方，这不仅能增强对方的自信，也能增进彼此的关系。赞美应该是真诚的、具体的，并且基于对方的真实成就或特质。

二、称呼礼仪

称呼是人们在日常生活和社交互动中，所采用的彼此之间的称谓语。恰当的称呼不仅展现了个人的礼貌和真诚，还能够让对方感受到尊重和温暖，从而促进双方情感的融洽和交流的深入。

【拓展阅读】

中国古代称谓礼仪

我国古代的很多文明称呼至今还被运用。例如，将父母称为高堂、椿萱、双亲；称他人的父母为令尊、令堂；称他人的兄弟姐妹为令兄、令姐、令弟、令妹；称他人的儿女为令郎、令爱；自称父母、兄弟、姐妹为家父、家严、家慈、家兄、家姐、舍弟、舍妹；称他人的庭院为府上、尊府；自称为寒舍、舍下、草堂。妻父俗称丈人，雅称为岳父、泰山。兄弟为昆仲、棠棣、手足。夫妻为伉俪、配偶、伴侣。妇女为巾帼，男子为须眉。老师为先生、夫子、恩师，学生为门生、受业。学堂为寒窗，同学为同窗。

（一）称呼的原则

在社会交际中，称呼很有讲究，必须慎重对待。称呼不仅能体现个人的身份、性别、社会地位和婚姻状况，还能传达出对对方的尊重、态度和亲疏程度。不同的称呼可能会激发不同的情感反应。因此，在交际之初，采用得体且高格调的称呼至关重要，它能够激发对方的交往兴趣。在使用称呼语时要遵循以下四个原则。

1. 礼貌原则

礼貌是人际交往的基本原则之一。每个人都渴望得到他人的尊重，而恰当的称呼则是表达这种尊重和展现个人礼貌修养的有效方式。在交际时，使用尊称是对对方的尊重和礼貌的体现。以下是一些常用的尊称及其使用建议。

"您"，用于表示对对方的尊敬，如"您好""请您……"等。

"贵"，用于尊称对方的姓名、公司、机构或学校，如"贵姓""贵公司""贵方""贵校"。

"大"，用于尊称对方的姓名或作品，如"尊姓大名""大作"。

"老"，用于尊称年长或资深的人，如"张老""您老辛苦了"。

"高"，用于尊称对方的年龄或意见，如"高寿""高见"。

"芳"，用于尊称对方的名字或年龄，如"芳名""芳龄"。

在交际场合，应避免使用任何可能带有不尊重含义的绰号。

2. 尊崇原则

在人与人之间的交往中，存在着一种尊崇年长、资历深和地位高的倾向，这种心态反映在人际交往的称呼习惯上。如对同龄人，可以使用"哥""姐"等称呼来表达亲切和尊重，尤其是在较为随意或亲密的社交场合；当面对既可以称为"叔叔"也可以称为"伯伯"的长者时，选择"伯伯"作为称呼，以示更多的敬意和尊重；对某些岗位职务的副职，如副科长、副处长等，在非正式场合也可在姓后直接以正职相称。

3. 适度原则

一些人倾向于使用"师傅"这一称呼，虽然它传达了一种亲切感，但在某些情况下可能缺乏文雅或不够普适。例如，对于理发师、厨师和企业工人等职业，"师傅"是一个恰当且尊重的称呼。然而，对于医生、教师、军人、政府官员和商务人士等，使用"师傅"可能就不那么合适了。因此，要根据交际对象、场合、双方关系等来选择恰当的称呼。另外，在与多人打招呼时，应注意性别和年龄的礼节，一般遵循先长后幼、先高后低、先女后男、先亲后疏的原则。

4. 差异原则

在国际交往中，由于各国的国情、民族、宗教和文化背景的差异，称呼习惯也表现出多样性。在运用称呼时，我们既要把握通用的规则，也要关注各国的特殊习惯。在国际交往中，对男性通常使用"先生"，对女性则根据婚姻状况分别使用"夫人""女士"或"小姐"。一般对男子称先生，对女子称夫人、女士、小姐。已婚女子称夫人，未婚女子称小姐，对不了解婚姻状况的女性，可称呼为"女士"。称呼可以结合姓名、职称或衔称，如"丁先生""王小姐""护士小姐"等。

（二）称呼方式

选择称呼要合乎常规，要照顾被称呼者的个人习惯，入乡随俗。

1. 日常生活中的称呼方式

日常生活中的称呼应当亲切、自然、准确、合理。与外人交谈时，对自己的亲属，应采用谦称；对他人亲属的称呼，要采用敬称。对于关系一般或初次见面的人，可以根据情况选择"同志""先生""女士""小姐""夫人""太太"等称呼。对朋友、熟人的称呼主要有以下三种方式。

（1）使用敬称。对所有朋友和熟人，可以使用"你""您"进行称呼。对年长或有身份的人，应使用"您"或"先生"。对文艺界、教育界的人士或有成就的人，可以称呼为"老师"。对德高望重的人，可以使用"公"或"老"，如"秦公""谢老"。

（2）称呼姓名。平辈之间可以直接使用姓名称呼。长辈对晚辈也可以直呼其名，但晚辈对长辈应使用敬称。为表示亲切，可以在姓前加上"老""大"或"小"字，如"老张""小李"。对关系亲密的人，可以只呼其名，但对异性则应保持适当的礼貌。

（3）亲近的称呼。对于邻居、至交，可用令人感到信任、亲切的称呼，如"爷爷""大爷""大妈""叔叔""阿姨"等类似血缘关系的称呼，也可以在这类称呼前加上姓氏。

2. 职场称呼方式

在工作场所，人们之间的称呼往往体现出一种庄重、正式和规范的特点，这反映了职业身份和对彼此的尊重。

（1）职务性称呼。根据对方的职务进行称呼，以体现身份的区别和敬意。可以仅使用职务名称，或在职务名称前加上姓氏或全名。

（2）职称性称呼。对于拥有专业技术职称的人员，尤其是高级职称者，应直接以其职称进行称呼。可以只使用职称，或在职称前加上姓氏或全名。

（3）行业性称呼。在某些情况下，可以根据行业特点进行称呼。对于特定行业的专业人士，可以直接使用职业名称，如"老师""医生"等，并可根据需要在职业前加上姓氏或全名。

（4）性别性称呼。对于从事商界、服务行业的人，一般约定俗成地按性别的不同分别称呼"小姐""女士"或"先生"。

（5）姓名性称呼。在工作场合，对同事和熟人的姓名称呼有三种常见方式：一是直呼其名；二是直呼其姓，要在姓前加上"老、大、小"等前缀；三是只称其名，不呼其姓，通常限于同性之间，尤其是上级称呼下级、长辈称呼晚辈，在亲友、同学、邻里之间，也可使用这种称呼。

三、介绍礼仪

介绍是社交活动中人与人相互了解的重要手段，也是人们交往、沟通的一座桥梁。通过介绍，可以拉近人与人之间的距离，帮助扩大社交范围，促进相互之间的了解，还可以消除不必要的误会。

（一）他人介绍

他人介绍是一种常见的社交手段，由第三方将某人介绍给他人，有助于建立联系和理解。以下是进行他人介绍时应考虑的关键点。

1. 谁当介绍人

在他人介绍中，为他人做介绍的人一般有社交活动中的东道主、社交场合中的长者、家庭聚会中的女主人、公务活动和商务活动中的专业人员等。介绍贵宾时一般由东道主中职务最高者作为介绍人，礼仪上称之为规格对等，实际上是对客人的一种尊重和重视。在一般的交际应酬场合，介绍人可能是共同的熟人、被指定的介绍人或被要求的介绍人。

2. 介绍的顺序

在介绍两人相互认识时，应遵循"尊者居后"的原则，即先把身份地位较低的一方介绍给身份地位较高的一方，让尊者优先了解对方的情况，以表示对尊者的敬重。而在口头表达上，则是先称呼尊者，然后再介绍。具体来说，有如下几种情况。

（1）先把男士介绍给女士，再把女士介绍给男士。通常适用于同年龄、同地位的人。

（2）先把客人介绍给主人，再把主人介绍给客人。

（3）先把晚辈介绍给长辈，再把长辈介绍给晚辈。

（4）先把地位低者介绍给地位高者，再把地位高者介绍给地位低者。

（5）先把未婚女士介绍给已婚女士，再把已婚女士介绍给未婚女士。

（6）先把家庭成员介绍给他人。

3. 介绍的标准姿势

为他人做介绍时，手掌掌心向上，五指并拢，胳膊向外伸，斜向被介绍者。向谁介绍，眼睛就应该注视着谁。

4. 他人介绍的六种形式

（1）标准式。主要介绍双方的姓名、单位、部门、职务，适合比较正式的场合。例如，"我来给两位介绍一下，这位是远洲国际大酒店公关部经理王海燕小姐，这位是九江中国国际旅行社导游部经理吴弘小姐。"

（2）简介式。只介绍双方的姓名或姓氏，适用一般的社交场合。例如，"我来介绍一下，这位是小贺，这位是老李。"

（3）强调式或附加式。在进行介绍时，使用强调式或附加式的方法可以强化被介绍者的身份或与介绍者之间的关系，从而引起听众的注意和重视。这种介绍方式特别适用于社交场合，因为它能够在初次见面时建立起一种联系和信任感。例如，"杨经理，您好！这位是王莹，她在卫生局工作，是我的侄女，请杨经理多多关照。"

（4）引荐式。在这种方式中，介绍者仅将双方引荐给对方，而不提供具体的个人信息或背景，给予双方空间去自行发现共同点和交流。这种方式主要适用于普通社交场合。例如，"两位其实是校友，现在请你们自报家门吧。"

（5）推荐式。推荐式介绍是一种更为详细和具有目的性的介绍方式，通常由介绍者事先准备，并在介绍过程中重点强调被介绍者的专业成就或个人优点。这种介绍方式适用于较为正式或商务的场合，有助于建立专业形象并促进深入交流。例如，"这位是周扬先生，这位是我们公司的赵嘉新总经理。周先生在汽车销售方面有多年的经验，是业界的风云人物。赵总，我想您一定乐于认识他吧！"

（6）礼仪式。这是一种正式的他人介绍方式，适用于特别正式的场合。介绍时内容略同于标准式，但在语气、表达、称呼上更为礼貌、谦恭。例如，"陆小姐，您好！请允许我把深圳大鹏公司的销售部经理王浩先生介绍给您。王先生，这位是九江新盛集团的业务部经理陆园小姐。"

（二）自我介绍

自我介绍，即将自己介绍给他人。自我介绍是向他人展示自己的一个重要手段。好的自我介绍不仅可以扩大自己的交际范围，广交朋友，而且有助于自我展示、自我宣传，在交往中消除误会，减少麻烦。从礼仪上讲，进行自我介绍时应注意以下几个问题。

1. 注意时机

自我介绍要考虑场合，抓住时机。一般来说，有以下几种情况：在业务接洽时，如果双方是初次见面，应主动进行自我介绍，以建立业务联系；当遇见自己知晓或仰慕的人士时，如果对方不认识你，可以抓住机会进行自我介绍；在偶遇的情况下，为了增进了解和信任，可以适时进行自我介绍；在事先通过电话预约访问时，应在电话中进行自我介绍，确认身份和访问目的；参加聚会时，可以主动向同席或周围的人进行自我介绍，促进交流。请注意，如果对方正忙、心情不佳，或者大家的注意力集中在其他事情上，则应避免进行自我介绍，以免打扰。

2. 注意时间

自我介绍的理想时长通常为半分钟左右，尽量不要超过一分钟，以保持简洁并尊重对方的时间和注意力。为了节省时间，进行自我介绍时，还可利用名片、介绍信加以辅助。

3. 注意方式

自我介绍时要实事求是、恰如其分地介绍自己，语言和内容力求简洁。自我介绍的内容和方式应根据具体场合和目的进行调整。以下是五种常见的自我介绍方式，每种都具有其特点和适用场景。

（1）应酬式自我介绍。

应酬式自我介绍是一种在非正式或较为随意的社交场合中使用的简洁介绍方式，其主要目的是确认个人身份，而非深入交流。因此，介绍的内容要少而精，往往只包括姓名一项即可。

（2）公务式自我介绍。

公务式自我介绍主要适用于工作场合，以工作为自我介绍的中心，因工作而交际，因工作而交友。公务式自我介绍的内容一般应包括介绍者的姓名、单位及所属部门、职务等要素。

（3）社交式自我介绍。

社交式自我介绍是一种刻意寻求与交往对象进一步交流与沟通，希望对方认识自己、了解自己、与自己建立联系的自我介绍。社交式自我介绍的内容，一般应当包括介绍者的姓名、工作、籍贯、学历、兴趣以及与交往对象的某些熟人的关系等。具体介绍哪些内容应依照具体情况而定。

（4）礼仪式自我介绍。

礼仪式自我介绍适用于讲座、报告、演出、庆典、仪式等一些正规而隆重的场合。它是一种意在表示对交往对象友好、敬意的自我介绍。内容除介绍者的姓名、单位、职务等外，往往还使用适宜的谦辞、敬语，以示对交往对象的尊敬。

（5）问答式自我介绍。

问答式自我介绍一般适用于应试、应聘、公务交往及交际应酬场合。问答式自我介绍的内容，讲究问什么答什么，有问必答。

4. 讲究介绍态度

自我介绍时的态度一定要自然、友善、平和，语气自然，语速正常，发音清晰，表达自己渴望认识对方的真诚态度。要正视对方，给人以自信大方的感觉。

5. 注意介绍方法

自我介绍时应先向对方点头致意或以"您好"提示对方，得到回应后再向对方介绍自己。如果有介绍人在场，自我介绍则被视为是不礼貌的。应善于用眼神表达友善以及沟通的兴趣。在获知对方的姓名之后，不妨加重语气重复一次，这样可以让对方感到被重视。

6. 他人进行自我介绍时的注意事项

（1）避免直接询问对方姓名，而应使用礼貌和委婉的表达方式，例如，"请问尊姓大名？""您贵姓？""不知怎么称呼您？""您是？"等。

（2）他人做自我介绍时要仔细聆听，记住对方的姓名、职业等关键信息。

（3）当一方做自我介绍后，另一方也应做自我介绍，以示相互尊重。

（4）不要问对方敏感的话题。

四、握手礼仪

握手是交往时最常用的一种礼节。相传握手最早发生在人类"刀耕火种"的时代。那时人们手上经常拿着石块或棍棒等武器，遇见陌生人时，如果大家都无恶意，就要放下手中的东西，并伸开手掌，让对方抚摸手掌心，表示手中没有藏武器。这种习惯逐渐演变成今天的握手礼。如今，握手已是世界通行的礼节，初次见面、久别重逢、告别或表示祝贺、鼓励、感谢、理解、慰问等都可行握手礼。

【拓展阅读】

周恩来总理的握手

在日内瓦会议期间，一个美国记者主动和周总理握手，周总理出于礼节没拒绝。没想到，这个记者刚握完手，忽然说："我怎么跟中国的好战者握手呢？真不该！真不该！"然后拿出手帕不停地擦自己刚和周总理握过的那只手，然后把手帕塞进裤兜。这时很多人在围观，看周总理如何处理。周总理略略皱了一下眉头，他从自己的口袋里也拿出手帕，随意地在手上擦了几下，然后走到拐角处，把这个手帕扔进了垃圾桶，说："这个手帕再也洗不干净了！"

（一）握手的标准姿势

握手时，双方保持一步左右的距离，各自伸出右手，手掌略向前下方伸直，四指并拢，大拇指分开，指向对方，手掌与地面是垂直的，两人的手掌平行相握，一般持续1~3秒。同时，要注意上身稍向前倾、头略低，面带微笑，注视对方，并伴有问候性语言。

（二）握手的礼仪规范

【案例】

不是任何事情都可以抢着做的

某公司在一次接待某省考察团到访的任务中，由于工作人员小王与考察团团长熟识，因而作为主要迎宾人员陪同部门领导前往机场迎接贵宾。当考察团团长率领其他工作人员到达后，小王立即面带微笑热情地走向前，先于部门领导与团长握手致意，表示欢迎。小王旁边的领导已经面露不悦之色。

案例讨论：小王的领导为何面露不悦之色？

在社交活动中，无论是见面还是告别，适时的握手都是必要的。但握手时要注意一些礼仪规范，否则会导致他人的误解、猜疑和不快，不利于顺利交往。

1. 注意伸手的先后顺序

见面时握手是向对方表示友好、礼貌，但在人际交往中，不可贸然伸手。伸手的先后顺序，要视身份、地位而定，遵循"尊者决定"的原则，即见面握手时应该由上级、长辈、主人、女士决定是否握手。作为下级、晚辈、客人、男士，应该先问候，等对方伸出手后，再伸手与其相握。此外，在社交场合要遵循"女士优先"原则和"已婚主动"原则，即女士与男士握手应由女士先伸手,已婚者与未婚者握手应由已婚者先伸手。

客人和主人握手时,伸手顺序有所不同。迎接客人时,一般主人先伸手,表示欢迎;送别客人时,一般客人先伸手,表示请主人留步。

若一个人要同时与许多人握手,最有礼貌的顺序应该是先上级后下级,先长辈后晚辈,先主人后客人,先女士后男士。如果是同辈人之间或不能分辨身份职位时,可以按照"由近及远、顺时针方向"的原则来进行握手。

2. 握手的力度要适中

如果是一般关系,握手时只需稍稍握一下即可;如果关系密切,双方握手时可略用力,并上下轻摇几下。男士对女士一般只轻握一下手指部分。

3. 要把握好握手的时间

对于关系亲近或久别重逢的人,握手时间可以更长一些,以表达深厚的情感。在一般情况下,握手时间以2~3秒为宜,切忌时间过长,特别是男士与女士握手,停留时间的长短更应注意。与多人初次相见时,应确保握手时间大体相等,避免给人偏颇或不平等的感觉。

此外,按国际惯例,身穿军服的军人可以戴着手套与人握手,地位高的人和女士可以戴着手套与人握手。一般人握手时要脱去手套,否则是十分失礼的。如因故来不及脱手套,则必须向对方说明原因并表示歉意。

(三)握手的方式及含义

(1)平等式握手,也是标准的握手方式,是意义较单纯的、礼节性的、表示友好的握手方式。

(2)控制式握手,也称支配式握手,用掌心向下或向左下的姿势握住对方的手,显得傲慢,也暗示想取得主动或支配地位。这种人一般极度自信,凡事一经自己决定,就很难改变观点,控制欲强。

(3)乞讨式握手,也叫谦恭式握手、顺从式握手。与支配式握手相对,用掌心向上或向左上与对方握手。用这种握手方式的人往往性格比较内向,软弱且易顺从。

(4)双握式握手,即在用右手紧握对方右手的同时,再用左手加握对方的手背、前臂或肩部。这种握手方式是要表达自己的热情、真诚、信赖和友谊,一般用于慰问朋友,看望德高望重的老人、久别重逢的朋友等。男士对女士、初次相识者一般不宜采用这种握手方式。

(5)捏指尖式握手,即握手时,轻轻触一下对方的指尖,往往给人一种冷冰冰的感觉。女士与男士握手时,常采用这种方式,以显示自己的矜持与稳重,也隐含着保持一定距离的意思。同性别的人之间这样握手，往往会给人生疏和冷淡的感觉。而身份或地位较高的人如果采用这种方式握手，则往往有意显示自己的身份或地位。

五、常见的其他见面礼

（一）点头礼

点头礼适用于路遇熟人，在会场、剧院、歌厅、舞厅等不宜与人交谈之处，在同一场合碰上已多次见面者，遇上多人又无法一一问候之时。行礼的做法：头部向下轻轻一点，同时面带笑容，不宜反复点头不止，点头的幅度也不宜过大。

（二）举手礼

行举手礼的场合与行点头礼的场合大致相似，它适合向距离较远的熟人打招呼。其做法是右臂向前方伸直，右手掌心向着对方，其他四指并拢、拇指分开，轻轻向左右摆动一两下。不要将手上下摆动，也不要在手摆动时用手背朝向对方。

（三）脱帽礼

行脱帽礼多发生在公共场合，两人或多人相遇时。行此礼的方法很简单，男士只需摘下帽子向对方点头致意即可。若相识者侧身已过，双方亦可回身补问"您好"，并将帽子略掀一下即可。若相识者在同一场合先后多次相遇，双方不必反复脱帽，只点头致意即可。

戴着帽子的人，在多种场合下应自觉主动地摘下帽子，以表达对他人的尊重与礼貌。具体而言，这些场合包括但不限于：进入他人居所时，以示对主人家的尊重；路遇熟人、与人交谈、握手或行其他见面礼时，为避免遮挡面部和眼神交流，展现真诚与亲近；进入娱乐场所时，遵循场所的礼仪规范，保持整洁与庄重；在升国旗、演奏国歌等庄严时刻，脱帽以示对国家和民族的崇敬。

此外，在庄重场合，人们应自觉脱帽，以维护场合的严肃性。男士在社交场合遇见熟悉的女性时，脱帽致意是一种传统且优雅的礼仪表现，体现了对女性的尊重与绅士风度。然而，值得注意的是，女士并没有脱帽还礼或脱帽致意的硬性要求，她们可以根据个人习惯和场合氛围自行决定。

（四）注目礼

具体做法：起身立正，抬头挺胸，双手自然下垂或贴放于身体两侧，笑容庄重严肃，双目正视于被行礼对象，或随之缓缓移动。一般在升国旗、游行检阅、剪彩揭幕、开业挂牌等情况下，使用注目礼。

（五）拱手礼

拱手礼是我国传统的会面礼，在过年时举行团拜活动，向长辈祝寿，向友人恭喜结婚、生子、晋升、乔迁，向亲朋好友表示感谢，以及与海外华人初次见面时常常行拱手礼。

拱手礼也称揖礼或作揖，其历史可追溯至古代汉民族，是古人相见时的一种庄重而优雅的礼仪形式。行此礼时，需双腿并拢站直，上身保持直立或微微前倾，以显谦逊之态。双手动作尤为关键，左手置于右手之上，左手掌心向内，右手握拳，两手合抱于胸前，随后轻轻晃动两三下，同时面带微笑，以眼神传递温暖与祝福。行拱手礼时，一般右手在内，左手在外；我国古人以左为敬，所以行拱手礼时，左手在外，以左示人，表示真诚与尊重。

（六）鞠躬礼

鞠躬起源于中国，是中国、日本、韩国、朝鲜等国家普遍使用的一种礼节。

鞠躬主要表达"弯身行礼，以示恭敬"的意思。鞠躬时必须伸直腰、脚跟靠拢、双脚尖处微微分开，目视对方。视线由对方脸上落至自己的脚前1.5米处（15度礼）或脚前1米处（30度礼）。随着视线的下移，身体从腰部开始缓缓向前弯曲，这一动作应流畅而自然，速度适中，既不过于急促也不显拖沓。弯腰至合适角度后，稍稍停顿，随后抬头并恢复直立姿态，整个动作应一气呵成，给人以优雅舒适之感。

此外，性别差异在鞠躬礼仪中也有所体现。男性在鞠躬时，双手通常自然下垂，置于身体两侧；而女性则往往选择将双手轻轻合起，置于身体前方，以展现其温婉与端庄。

（七）合十礼

合十礼又称合掌礼，最初仅为佛教徒之间的拜礼，后逐渐跨越宗教界限，演变成了一种广泛采用的见面礼仪，象征着和平、友好与团结合作的美好愿景。在东南亚、南亚等佛教盛行的地区，以及我国傣族等少数民族聚居的区域，合十礼已成为日常生活中不可或缺的礼仪习俗。行合十礼时，双掌合于胸前，十指并拢向上，掌尖和鼻尖基本持平，手掌向外侧倾斜，双腿立直站立，上身微欠低头，可以口颂祝词或问候对方，也可面带微笑，但不准手舞足蹈或反复点头。

（八）拥抱礼

拥抱礼作为一种温馨而亲切的见面方式，在欧美地区尤为盛行，并逐渐跨越国界，成为全球多国人民表达友情、亲情及欢迎之情的普遍礼节。无论是久别重逢的老朋友，还是初次见面的新知己，一个温暖的拥抱总能瞬间拉近彼此的距离。

在正式场合，拥抱礼展现出其独特的庄重与规范。行礼时，双方正面相对而立，各自以右臂环绕对方，右手轻搭于对方左肩后方，同时左臂自然下垂，左手则温柔地扶住对方右腰后侧，首先向对方的右侧轻轻贴近，随后转向左侧，最后再回到右侧，完成这三次充满情感的拥抱，寓意着全方位的接纳与祝福。然而，在普通场合行拥抱礼则不必如此讲究，次数也不必要求如此严格。

（九）亲吻礼

亲吻礼是西方国家常用的见面礼，有时它会与拥抱礼同时使用。行礼时，通常忌讳发出亲吻的声音，也不应将唾液弄到对方脸上。在行礼时，双方关系不同，亲吻的部位也有所不同。长辈吻晚辈，应当吻额头；晚辈吻长辈，应当吻下颌或面颊；同辈之间，同性应当贴面颊，异性应当吻面颊。接吻，即吻嘴唇，仅限于夫妻与恋人之间，而不宜滥用，不宜当众进行。

【拓展阅读】

胜利之吻

1945年8月14日，在纽约时代广场，一位年轻的美国水兵在听到日本无条件投降的消息后，欣喜若狂。他一路飞奔，拥抱了所遇到的每一位成年女性，随后又当场拥住一个陌生的年轻护士亲吻。这一动人的场面被人抓拍下来，定名为《胜利之吻》，成为摄影史上的传世佳作。接吻通常是象征亲昵和伴侣之爱的一个特殊动作，那个妩媚的女护士与水兵素不相识，她之所以接受这个吻，就如她60年后回忆时所说："我让他亲吻我，是因为他曾在战场上为我而战、为这个国家而战。"事实上，这个胜利之吻已超出了吻的寻常意义，把两性间的亲昵表达演化为一种人类喜悦的宣泄，把战争在人们心灵上的震颤揭示得无比生动和贴切。

（十）吻手礼

吻手礼是流行于欧美上层社会的一种礼节。英法两国喜欢"吻手礼"，不过行这种礼的人也仅限于上层人士。这种礼节的特点，决定了它宜在室内进行。吻手礼的受礼者，只能是女士，而且是已婚女士。手腕及以上部位，是行礼时的禁区。

行吻手礼正确的做法：男士行至已婚女士面前，首先垂手立正致意，然后以右手或双手捧起女士的右手，俯首以自己微闭的嘴唇，去象征性地轻吻一下其手背或手指。

第二节 拜会礼仪

一、拜访礼仪

拜访又叫拜会、拜见，是指前往他人的工作地点或住所，去会晤、探望对方。不论是公务交往还是私人往来，拜访都是人们在社交中经常采用的一种交际方式。它可以加强了解、联络感情、增加信任、促进合作。要想使拜访达到预期的效果，必须遵守一定的礼仪规范。

（一）家庭拜访

1. 先约后访

由于住宅是私人的生活领域，所以要事先约好时间，以便主人及其家人有所准备。约见的时间不宜太早或太晚，最好在下午或晚饭后，尽量避开吃饭、休息的时间。时间约定后要准时或略提前几分钟到达。如有特殊情况不能赴约或不能按时赴约，则应提前通知主人，表示歉意，并重新约见。

2. 礼品的准备

初次到他人家拜访，最好适当带些礼品。如主人家有老人或小孩，所带礼品应尽量适合他们的需要。熟人一般不必带礼物，但遇有重要节日或特殊约见，不妨带些普遍受欢迎的礼品。

3. 注意仪容、仪表

要注重自身的形象，穿戴应整洁大方，适当修饰，以显示对主人的尊重。

4. 先声后人

到他人家拜访时，要先敲门或按门铃，待有回音或主人前来开门时，方可入内。注意，敲门的动作要轻，要有节奏、停顿，一般用中指，第一遍先敲两三声。门铃按一下以后，稍等片刻再按第二遍，如果里面有人回应就不要再敲门或按门铃了。如果主人家大门半开或全开，也要先以平和的语气询问，得到允许后方可进去。如果不认识出来开门的人，则应询问："这是XXX的家吗？""XXX在家吗？"待对方给予肯定并邀请时，再进家门。

5. 注意言行举止

进门之后，如果看见主人穿着拖鞋，那么你应在门口换上主人准备好的拖鞋，并将外衣、帽子、手套、雨具、提包等物品，放在主人指定的地方，千万不要随意乱放，以免引起主人的反感。然后，再向主人行见面礼，一般是握手、问安之类的。另外，对主人家的其他成员，应按"长幼有序"的原则，亲切称呼问好。如果携带礼物来，则要先将礼物交给主人。在主人未允许之前，不能自己随意坐下。

如果有其他客人在，则应先向他们打招呼，然后坐在一旁静听，偶尔可插一两句话，但不可主动询问他们与主人的关系及来访的原因等。等其他客人走后，再与主人交谈。与主人交谈时，要注意礼貌，认真倾听主人的谈论，不可随意插话、抢话，更不要自以为是。

在拜访过程中，应坚持"客随主便"。主人没有提出参观邀请时，不应主动提出参观，更不能未经主人许可到处走动，乱翻乱动，这是对主人的不尊重。如果是第一次拜访或主人的居室刚经过装修，则应适当地夸赞。应主人之请在主人家吃便饭时，应首先请主人及其家人一同进餐，待主人入座进餐后自己才能吃。进餐时要注意文明，饭后应向主人恰当地表示赞美和感谢。

6. 掌握时间，适时告辞

拜访的时间不宜过长，第一次拜访应以15~20分钟为宜。当双方已充分交流了既定话题，且氛围自然流畅时，便是适时告辞的时机。此外，若察觉主人有紧急事务需处理、有新客到访，或出现以下微妙信号，也应及时告辞：一是双方话不投机，或当你谈话时，主人反应冷淡，甚至不愿搭理时；二是主人虽显"认真"，但反复看手表或墙上的挂钟时；三是主人将双肘抬起，双手支于椅子的扶手时。

应注意，告辞之前不可让主人看出你急于想走的样子，不可打哈欠、伸懒腰，不要在主人刚刚说完一段话或一件事时立即提出告辞，以免使主人难堪。告辞时，别忘了与其家人，特别是长辈打招呼，并诚恳地约请他们到自己家里做客。同时，应对主人的接待给予感谢。如主人处还有其他客人，即使不熟悉，也要遵守"前客让后客"的原则，礼貌地向他们告辞。主人送出门时，应劝主人留步，并主动伸手握别。当走到门外第一个拐弯处时，一定要再回头看看主人是不是还在目送；如果主人还未返回，则应挥手向主人示意，以示最后的谢意，并请主人快回去。

（二）办公室拜访

因工作需要到对方单位、办公室进行拜访，应注意以下几方面的礼节。

1. 提前预约

拜访前应提前预约，并把拜访的重要目的告诉对方。预约时应注意用友好、商量的口气。一旦对方无法安排，应主动表示再与对方约定下次拜访的机会。一旦时间约定好后，要准时造访。

2. 注意仪容仪表

到办公室拜访，穿戴要整洁大方，男士最好穿西装、系领带，女士也应穿戴、打扮庄重，这既是对对方的尊重，同时也表明自己对拜访的重视程度。

3. 适时、礼貌入内

抵达工作场所后，首先应在门口稍微停留，观察目标人员是否在办公室内。若目标人员在场，应礼貌地打招呼后再行进入。若不在，可轻声细语地向周围同事询问其去向。当发现工作场所正在进行会议或有其他访客时，应自觉保持低调，主动退到门外等候，避免打扰到正在进行的活动。在准备进入办公室之前，无论门是开着还是关着，都应先轻轻敲门，并等待对方的回应。得到允许后，方可推门进入，这一举动不仅体现了对他人的尊重，也是职场中基本的礼貌与规矩。

4. 注意拜访中的礼节

如果是初次拜访，进门后应主动问候"您好""各位好"或点头致意，然后进行自我介绍或向接待人员递名片，请求与约好的人见面。见面时，双方如果是第一次见面，则必须先向对方问候，再进行自我介绍，并说明来意。等对方让座后，来访者应谢座，然后大方、稳重地坐在对方指定的位置上。如果对方站立说话，则自己也应站起来说话，以示尊重。当他人端茶递水时，要欠身表示谢意。与他人打招呼、谈话时，声音不要太大或太小，保持适中的音量。

5. 掌握时间，礼貌告辞

拜访的时间应视现场情况而定，谈完公事，不可久坐，应立即礼貌告辞。告辞时，要对拜访的成功结果表示满意，对对方的热情接待表示感谢，对进一步接触表示诚意和期待。

二、待客礼仪

不仅拜访要讲究礼节、礼貌，接待客人同样要讲究礼仪、技巧，只有热情、周到、礼貌待客，才能赢得朋友，获得尊重。根据接待地点不同，待客可分为家庭接待、办公室接待等。

（一）家庭接待

家庭接待与正式场合中的人际交往相比，更直接、轻松、随意，但家庭接待也要注意应有的礼仪规范。

1. 准备迎客

当有客人预约来访时，应根据来访者的身份、性别、年龄、爱好等做一些适当的准备，如将家里收拾干净、整洁，备好茶水和水果等，也要整理好个人的仪容仪表，切忌穿着睡衣、短裤会客，那是非常不礼貌的。

2. 接待客人

（1）迎接问候。如果是长者、贵客来访，则应让全家人到门口微笑迎接。见到客人，应热情招呼，寒暄问候，以示欢迎。如果与来访者是第一次见面，则见面后双方都应进行自我介绍。表明身份后，将客人引入家中，并介绍给家人，同时也要将家人介绍给客人。

（2）感谢礼物。如果客人有带礼物来，则主人应双手相接，并说"不好意思，让您破费了"等必要的客套话，还可以适当地夸奖客人的礼物。

（3）热情招待。当许多客人同时来访时，应一视同仁、热情招待。

第一，请客人入座后，应给客人敬茶、上水果或其他茶点。如果客人带有小孩，则可找些玩具、儿童食品等招待小客人。

第二，陪客人交谈。如果来访者是长者，则谈话要诚恳、谦逊，多让老人谈，多谈些老年人关心的话题；对熟悉的老朋友，谈话可以随意一些，但也不宜当着客人的面公开家庭内部矛盾，更不应在客人面前发生口角让客人感到尴尬；如果客人有事要谈，又不太好意思启齿，或想单独两人谈时，家中其他人应自觉回避或另换个房间进行个别交谈。与客人交谈时要态度亲切，面带微笑，不能边谈边干别的事，或频频看表、连打哈欠，以免客人误会你在下逐客令。

第三，挽留用餐。久别的亲朋来访，应挽留吃顿便饭。一般客人来访，到了用餐时间也应邀请他们一起用餐。菜肴准备应视情况而定，一般应比平时略丰盛些。进餐时可根据情况与客人交谈娱乐，营造热烈、欢乐、轻松的氛围。

第四，如果客人无意中弄脏或弄坏了家里的东西，主人不要露出厌烦的神情，应对感到内疚的客人加以安慰"没关系""不要紧"，以免让客人难堪。

3. 礼送客人

客人告辞时，应婉言相留。如果客人执意要走，则应等客人起身后，主人再起身相送，家里在场的人，都应与客人亲切道别。

若客人带来了礼品，主人应在送客时适当还礼。

当客人告别离开时，主人应走在客人的后面相送。如果是常客、老熟人或一般来访者，可随意一些，送到门口或楼梯口，致意告别即可。如果客人是长辈、幼儿或贵客，则应多送一程，必要时为客人招呼出租车；如果客人乘车离开，在车要开动时，应微笑着向客人挥手致意，待车子走远后再返回。

（二）办公室接待

办公室接待一般是因为双方工作、业务往来的需要，因此，应注意其应有的礼仪规范，以免损坏单位的形象，带来负面的影响。

1. 做好准备

（1）办公场所要文明、整洁，物品摆放整齐有序。

（2）办公人员要注意自身的形象。要注意仪表端庄，仪容整洁，加深客人对单位的第一印象。要做到态度热情友好，语言谦和礼貌，举止优雅大方，精神饱满，敬业乐业。

（3）准备材料。要按约定准备好自己能提供的、客人需要的相关材料。对于交谈的话题，要做到"心中有数"。

2. 接待客人

任何客人来访时都应热情欢迎。如果是上级、贵宾、外单位团队来访，则应当组织适当规模的欢迎仪式。

（1）迎接。应根据客人的身份、来访目的和规格，组织相应人员到门口迎接，并表示热情的欢迎与问候。

（2）介绍。如果客人对前来欢迎的人不熟悉，则应向客人一一进行介绍。向领导引见客人时，应礼貌地为双方做介绍。双方握手问候后，主人应主动让座。

（3）上茶水。主客双方坐下后，接待员应按礼仪次序的要求为客人上茶水，离开时应向客人礼貌致意，退出门外，轻轻把门关上。

（4）交谈。在办公室与客人交谈，应直接高效，简短寒暄后即可进入正题。交谈时要专心致志，表达清晰，重点突出。对客人的来访意图和交谈的内容等可做适当的记录。对客人提出的要求要认真考虑，无法立即答复的，应诚恳地向客人说明，或向有关部门、领导汇报后再答复。如果对方的意见和要求不合理，应委婉拒绝。无论结果如何，都不能失礼和失态，要注意维护己方的利益和尊严。

当领导与客人交谈时，其他人不要打扰。如果有事要请示，敲门进去后，应礼貌地说"对不起，打扰一下"。请示完后应马上退出，并向客人表示歉意，把门轻轻关上。

【案例】

办公室接待礼仪

秘书小董是某技工学校汽车文秘专业毕业的学生，参加工作后，他虚心好学，把老秘书接待来访的过程认真记在心里。在接待方面，特别注意迎客、待客、送客这三个环节，力求使来访者满意。

一天，办公室来了一位下级单位的工作人员。刚听到叩门声，小董就赶忙放下手中的工作，说声"请进"，同时起身相迎。来客进屋后，小董并未主动与对方握手，而是热情地招呼对方："请坐，请坐，您有什么事需要我帮忙吗？"小董的热情接待给对方留下了深刻的印象。

问题：试分析秘书小董的做法是否符合接待礼仪的要求。

分析：客人来后，秘书应放下手中的工作，立即站起来迎接，将对方让进屋里。一个人在陌生的环境中容易紧张，对自己缺乏信心，总感到自己处在不利的地位，这时，秘书若简单地招呼一声"您好""您有什么事需要我帮忙吗"，很快便会打消客人的拘谨。在一般情况下，秘书人员不要主动与来访者握手，除非来访者非常重要或年事已高。如果对方主动伸出手来，则秘书应立即回握，并问候对方"您好"。因此，秘书小董的做法符合接待礼仪的要求。

三、馈赠礼仪

馈赠是指人们为了向其他人表达某种个人意愿，而将某种物品不求报偿，毫无代价地送给对方。中华民族素来重交情，古代就有"礼尚往来"之说。在正常的交际活动中，用以增进友情的合理、适度的赠礼与受礼是必要的。馈赠不仅是一种礼节形式，更是人与人之间诚心相待，表达尊重和友情的重要方式。

（一）礼品的选择

1. 情感性

馈赠礼品要重视其情感意义。礼品作为友好的象征物，其意义并不在礼品本身，而在于通过礼品所传达的友好情意，这是馈赠礼品的基本思想，所谓"千里送鹅毛，礼轻情意重。"著名作家萧乾，在一次访问美籍华人朋友时，特意携带了几颗枣核作为礼物。他深知这位朋友身处异国他乡，心中充满了对故乡的思念。萧乾相信，这些来自故乡的枣核如果能在异国的土地上生根发芽，将会成为朋友心灵上的极大慰藉。果然，那位朋友一见到那几颗枣核，顿时勾起了思乡之情，他把枣核托在手掌，仿佛比珍珠、玛瑙还贵重。因此，在选择礼品时，我们应铭记"情"字，应挑选价廉物美，具有一定纪念意义，或具有某些艺术价值，或为受礼者所喜爱的小艺术品，如纪念品、书籍、画册等。

2. 针对性

所谓"宝剑赠侠士，红粉赠佳人"，送礼一定要看对象，要根据其需要选择合适的礼品。

礼品的价值并非其价格，而是能否触动受礼者的心弦。因此，在选择礼品时，要尽可能了解受礼者的性格、爱好、修养与品位，尽量把礼品送到受礼者心坎儿上。此外，礼品的选择还需因人而异、因事而异。不同的场合、不同的关系，都需要我们精心挑选不同的礼品。例如，在出席家宴时，向女主人赠送鲜花、土特产或工艺品，既能体现对主人的尊重与感谢，又能增添宴会的温馨氛围；而向主人的孩子赠送糖果、玩具，则能迅速拉近与孩子的距离，让家庭氛围更加融洽。

【案例】

北京大学赠送连战的礼物

2005年4月29日，连战访问北京大学，获得一份特殊的礼物：母亲赵兰坤女士在76年前毕业于燕京大学的学籍档案和照片，其中包括在宗教系就读的档案、高中推荐信、入学登记表、成绩单等，大多是她亲笔写的字。在这份特殊的礼物面前，一贯严谨的连战先生也难掩内心的激动。他高举起母亲年轻时的照片，然后细细端详，眼里泛着晶莹的泪光。这一刻，他满脸都是幸福的微笑。

案例讨论：请谈谈这次礼物赠送的成功之处。

3. 时尚性

赠送礼品应折射时代风尚。随着社会的进步和人们生活水平的提升，我们对礼品的选择也在悄然发生变化。现代的礼品馈赠，已经从单一的经济实用型转向了更注重精神价值和个性化表达的高雅、新潮礼品。

4. 适俗性

在挑选礼品时，一个至关重要的原则是确保赠品与对方所在地的风俗习惯相契合。如在我国大部分地区，时钟和雨伞通常被视为不宜赠送的物品。而在涉外交往中，这一原则更显得尤为重要。不同国家、地区之间的文化差异巨大，对于礼品的接受程度与偏好也各不相同。因此，我们需要深入了解目标国家或地区的文化背景、宗教信仰、风俗习惯及个人爱好，并以此为依据进行精心挑选。

5. 独创性

在赠送礼品的过程中，精心构思与匠心独运是不可或缺的关键。我们应当追求礼品的新颖性、独特性与创意性，力求每一次的馈赠都能成为受礼者心中的一抹亮色，令人耳目一新。

— 175 —

（二）礼品的赠送

挑选到一件令人满意的礼品仅是馈赠过程的第一步。按照礼仪规范恰当地赠送礼品，对于确保整个馈赠行为的成功至关重要。

1. 精心包装礼品

包装是礼品的外衣，精美的包装是礼品的组成部分。精美的包装不仅能够提升礼品的整体美感，使之更具艺术性和高雅情调，还能够充分展现赠礼者的文化品位与对受礼者的尊重与重视。在选择包装时，需注重色彩、图案、形状及缎带等细节，确保它们与受礼者的文化背景、风俗习惯和个人喜好相契合，避免触及任何可能的禁忌。

2. 把握赠送的时机与场合

时机贵在及时。在相见和离别的时候赠送礼品是最适宜的。相见时赠送礼品，有助于拉近彼此之间感情的距离；而离别时赠送礼品，则能够更好地表达对受礼者的珍重。

此外，赠送礼品时要注意公私有别。工作中所赠送的礼品应该在公务场合赠送，而在工作之外或私人交往中赠送的礼品，则不宜在公务场合赠送。

3. 表现真诚与友善

在赠送礼品时，应展现出真诚和友善的态度。保持微笑，目光亲切地直视对方，以双手递上礼品，并伴随着热情的握手，表达出对受礼者的尊重和友好。若需要同时向多人赠送礼品，应注意遵循一定的礼节顺序，如先长辈后晚辈、先女士后男士、先上级后下级，确保馈赠过程有序且得体。

4. 真诚说明

当面赠送礼品时要辅以适当的、真诚的说明。一是说明因何送礼。送生日礼物时说一句"祝你生日快乐"，送结婚礼物时说一句"祝两位百年好合"等。二是说明自己的态度。赠送时得体的寒暄既可以表达送礼者的心意，也可以让受礼者受之心安，如"这是我为你精心挑选的""区区薄礼不成敬意，请笑纳"等，同时向受礼者介绍礼品的独特意义和价值，以表示自己对对方的特别重视。三是说明礼品的寓意。介绍礼品的寓意时可适当说几句吉祥和祝福的话。四是对较为新颖的礼品可以说明其用途、用法。

（三）礼品的接受

在社交场合，当他人赠送礼品时，作为受礼者也应讲究相应的礼仪，做到合规得体。

1. 受礼坦然

在一般情况下，对他人诚心赠送的礼品，只要不是违法违规的物品，应该大大方方、欣然接受。即使礼品不称心，也不能表露在脸上。接受礼品时要用双手，并说上几句感谢的话语。

2. 当面拆封

如果条件许可，在接受他人相赠的礼品后，应当尽可能地当着对方的面，将礼品包装当场拆封，这种做法在国际社会是非常普遍的。在拆封时动作要轻缓，不要随意撕扯。拆封看到礼物后要表达适当的肯定与欣赏。

3. 拒收有分寸

由于种种原因，不能接受他人赠送的礼品时，要讲明原因，婉言拒收。拒收对方的礼品，要讲究方式方法，依礼而行，要给对方留有退路，不要使对方产生误会和难堪。

4. 要讲究礼尚往来

"来而不往非礼也"，这句古训深刻揭示了人际交往中礼尚往来的重要性。诚然，赠送礼物时，我们应怀有无私之心，不应期待对方的直接回报。然而，当我们荣幸地接收到他人的馈赠时，及时以某种形式表达感激与回馈，是符合礼仪规范且能增进彼此情谊的明智之举。

其一，要把握好还礼的时间。还礼时间过早，给人以"等价交换"的感觉，但如果拖的时间过久，又显得遥遥无期。因此，还礼要把握好机会，如对方举办喜庆活动，或是我们登门拜访、回访之时，都是还礼的绝佳机会。

其二，要把握好形式。还礼的形式是很有讲究的，有时还礼不当，不如不还。在选择还礼物品时，可以遵循两种思路：一是选择与对方所赠礼品相似或同类的物品，以表达我们对其品位的认同；二是挑选价值相当但具有独特意义的礼品，展现我们的用心与创意。此外，除了物质上的回馈，我们还可以通过书信、电话、面对面交流等方式，向对方表达我们的感激之情，分享我们对礼品的喜爱，这些非物质形式的还礼同样能够增进双方的情感交流，促进友好关系的发展。

（四）赠花的礼仪

鲜花是美好、吉祥、友谊和幸福的象征。我国早在汉代就有"折柳送别"的习俗。在当今社会的交往中，人们经常相互赠送鲜花以言明心志。但由于各地风俗习惯不同，花的含义也不同，送花时必须做好以下几个方面。

1. 了解"花语"

当我们以花为媒来传递情谊时，要注意掌握正确的"花语"。在不同的国家和地区，同一种花也许会有不同的寓意，如在一些国家，菊花和康乃馨被认为是厄运的象征。在美国，垂柳表示"悲哀"，但在法国，柳则是"仁勇"的象征。实际上，同一种类型的花，因其不同的颜色，也有不同甚至截然相反的意思。例如，红色的郁金香是"爱的表示"，蓝色的郁金香象征"诚实"，而黄色的郁金香则象征"无望的恋爱"。因此，在赠花前务必深入了解"花语"，确保传递的信息准确无误。

2. 区分赠花的场合

赠花还需根据场合的不同而精心挑选。在我国传统习俗中，凡花色为红、橙、黄、紫的暖色花和花名中含有喜庆吉祥意义的花，可用于喜庆事宜；而白、黑、蓝等寒色偏冷气氛的花，大多用于伤感事宜。具体而言，喜庆节日应选色彩鲜艳、充满活力的花；悼念逝者应选择淡雅肃穆的花；探视病人应挑选能带来宁静与舒适感的花。

3. 赠花的注意事项

在正式场合，如开业庆典、纪念活动等，花篮是传递祝福的佳选；迎宾、欢送及演出时，花环与花束则更为适宜；而在宴会与招待会上，胸花能增添一抹优雅；至于追悼会，送花圈是一种表达哀悼的传统方式。

此外，赠花时还需注意一些细节：避免送单一白色花卉，以免被视为不吉；送玫瑰花时，单数更为得体（12朵除外），且应避免将红玫瑰赠予未成年少女；对于病人，则应选择无浓烈香气的花，以免加重其不适。

最后，一束精心包装的鲜花往往能倍增其魅力。使用彩色透明纸包裹花朵，并系上与鲜花颜色相协调的彩带，不仅便于携带，还能让这份礼物在视觉上达到完美的呈现。

第三节　通联礼仪

随着信息时代的到来，科技的飞速发展为人们的沟通和联系提供了前所未有的便捷性、准确性和及时性。然而，在享受这份由科技带来的沟通便利之时，我们也不可忽视与之相伴的礼仪规范。

一、电话礼仪

（一）电话礼仪的基本要求

（1）态度礼貌友善。在电话交流中，礼貌的用语是尊重对方的基石，也是个人良好修养的直接展现。保持热情洋溢、大方得体的态度，耐心倾听，用谦和礼貌的语言表达，同时配以文雅的举止，能够瞬间拉近与通话对象的距离，营造和谐的沟通氛围。

（2）传递信息简洁。电话沟通追求的是效率与效果并重。因此，在问候之后，应迅速切入正题，用简洁明了的语言传达核心信息。避免冗长无味的寒暄，确保每一次通话都能精准传达意图，节省双方时间。

（3）语气温和。通话时语气的把握至关重要，因为它直接反映着通话人的办事态度。采用温和、亲切、自然的语气，能够迅速赢得对方的好感，为沟通奠定良好的情感基础。同时，注意发音清晰、咬字准确、音量适中、语速平缓，确保信息准确无误地传达给对方，避免因沟通不畅而产生误解或冲突。

（二）打电话的礼仪

（1）选择合适的时间。应避免在清晨8点前、夜晚10点后的私人休息时间，以及他人的用餐和午休时段进行电话交流。同时，遵循"三分钟原则"，即通话时间尽量控制在三分钟以内，以保持沟通的精练与高效。若需深入讨论，应礼貌地询问对方是否方便延长通话时间，或提议另约时间进行面谈，以体现对对方时间的尊重。

（2）充分准备。通话之前应该核对对方的姓名、电话号码、单位名称等。写出通话要点及询问要点，准备好笔和纸，以便在通话过程中快速记录重要信息和对方的答复。确保所有相关的资料和文件都已整理好，并且容易获取，以便在通话中需要时能够迅速提供。

（3）注意礼节。接通电话后，应主动自报家门并核实对方身份。在通话过程中，坚持使用礼貌用语，如以"您好"开场，适时穿插"请"字表达请求，最后以"谢谢"收尾，展现出温文尔雅、谦逊有礼的态度。在结束通话时，一般情况下应由主叫方先挂断电话以示礼貌；但若是与上级、长辈或重要客户通话，则应更加尊重对方，无论自身角色如何，都应主动让对方先挂断电话，以体现更深层次的敬意与关怀。

（三）接电话的礼仪

（1）迅速接听。接电话时，迅速而敏捷的响应是展现礼貌与尊重的第一步。力争在铃响三声之内拿起话筒，避免让来电者感到被忽视或等待过久，从而留下良好的第一印象。

（2）积极反馈。作为受话人，应积极投入通话，全神贯注地聆听对方的讲话，适时给予反馈。遇到听不清楚或理解不明之处，应立即礼貌地提出疑问，确保信息准确无误。对于邀请或会议通知等事项，应以热情的态度表达感谢，展现积极的合作态度。

（3）热情代转。若对方请求代转电话，则应耐心询问并准确记录对方身份及所需联系人的信息。在转接电话前，礼貌地告知对方"请稍等"，并迅速且高效地寻找目标人员。若需远距离呼喊，则可采用手捂话筒或按下保留按钮的方式，以减少对通话质量的干扰，同时保持通话环境的安静。

（4）做好记录。若接电话的人暂时不在，应主动承担起记录信息的责任。记录时要详尽准确，包括来电时间、对方姓名、联系方式、事由等关键信息。记录完毕后，最好向对方复述一遍以确认无误，避免遗漏或误传信息。

（四）使用手机的礼仪

随着智能手机的普及，它们已经成为我们日常生活中不可或缺的工具。然而，在使用手机时，我们需要遵循一定的礼仪和注意事项，以确保我们的沟通更加顺畅、高效。

第一，要遵守公德。在公共场所使用手机时，需要尊重他人的权利与感受，应该注意控制手机铃声和通话的音量，避免旁若无人地大声说笑。如果需要接听电话或者进行通话，则应该尽量保持声音的音量适中，避免影响到周围的人。在会议室、影剧院、图书馆和医院等场合应将手机调至静音或震动模式，尽量避免在以上场景中使用手机，若确需紧急通话，则应尽量远离人群。

第二，要保证畅通。使用手机，主要的目的是保证自己与外界的联络畅通无阻，对于此点不仅必须重视，而且还需为此而采取一切行之有效的措施。告知他人自己的手机号码时，务必准确无误。若更换手机号码，则应及时告知重要的联系人。

第三，要考虑对方是否方便接听。特别是针对重要人物，应避免在其忙碌时段贸然打扰。在通话过程中，留意对方所处的环境，若背景嘈杂或对方语气不便，可简短交流或另约时间详谈。

第四，要重视私密。通信自由与隐私保护同样重要。应妥善保管自己的手机号码，避免随意泄露。同时，尊重他人的隐私，不随意打探或传播他人的手机号码。为防止信息泄露与手机被盗，不建议随意借出手机或前往非正规维修点检修。

第五，要注意安全。在使用手机时，安全意识不可少。驾驶时请避免使用手机，以免分心导致交通事故。乘坐飞机时，请遵守规定关闭手机，保障飞行安全。在加油站等易燃易爆场所，严禁使用手机接打电话，以防静电引发火灾。此外，在任何标有禁用手机标志的地方，请严格遵守规定，确保自身与他人的安全。

二、其他礼仪

（一）收发传真的礼仪

传真机作为远程通信领域的重要工具，以其高效便捷的特性，在现代商务活动中扮演着重要的角色，有效减轻了邮递业务的负担。传真件作为被广泛认可的正式文书形式，其起草与发送均需遵循一定的规范与礼仪。

（1）规范操作。如有可能，在发送传真前，应先打电话通知对方，特别是当对方单位多人共用一台传真机时，此举可避免信息误传或遗失，确保传真直达目标收件人手中。

鉴于传真机纸张质量限制，不宜传送过长或过于复杂的文件。若需长期保存，建议复印传真件以提高清晰度。对于需领导亲笔签字的合同等重要文件，应在传真后尽快以商业信函形式寄送原件。

（2）明确信息。正式传真应附以封面页，明确标注双方公司信息、人员姓名、日期、总页数等关键信息，便于接收方快速识别与处理。企业可定制"填空式"或专用封面纸，以提升专业形象。对于紧急传真，务必在封面显著位置注明"急件"字样，以免在大批量处理中被延误。即使使用非正式传真纸，也需清晰标明传真的页码，可以使用带有企业名称的公文纸，并注明发送的时间和日期。在传真的第一页上，写明接收人的姓名、电话号码以及所在部门名称，如有需要，还应包括发送人的姓名、传真号码、电话号码及所在部门名称。

（3）注意保密。鉴于公共传真机的保密性有限，应避免通过其传送高度敏感或机密的文件。对于需保密的信息，应采用更安全的通信方式，如加密邮件或亲自送达，减小泄露的风险。

（4）行文礼貌。撰写传真件时，应注重语言清晰、简洁且不失礼貌。遵循书信礼仪，正确使用称呼、敬语及信尾签字，这不仅体现了对接收方的尊重，也是确保信息有效性的重要一环。签字作为对传真内容的确认与负责，不可或缺。

（二）收发电子邮件的礼仪

电子邮件，即通常说的E-mail，凭借便捷性、高效性和低成本，已成为全球范围内信息交流不可或缺的工具。随着其用户基数的持续增长，特别是在跨国沟通与海量信息传递方面，其优势尤为显著。因此，遵循收发电子邮件的礼仪规范，不仅体现了对他人的尊重，也促进了沟通的有效性。

1. 撰写与发送

在撰写电子邮件时，尤其是撰写多个邮件或邮件内容较多时，建议先脱机撰写并保存至草稿箱，待准备就绪后再联网发送，以确保内容完整无误。

在电子邮件的"主题"或"标题"一栏，务必简明扼要地概括邮件核心内容，避免被误判为垃圾邮件而遭忽视。若邮件中包含附件，请在正文中明确提及，提醒收件人注意查收。

邮件正文应遵循正式信函或公文的书写格式，内容精练，语言礼貌，展现专业素养。

电子邮件的发送有如下讲究：第一，发送电子邮件时，不要只发送附件而不写正文，这可能会被视为不礼貌，且容易被邮件系统误判为垃圾邮件。即使附件是邮件的主要内容，正文中也应简要说明附件的目的和重要性。第二，重要的电子邮件可以发送两次，以确保发送成功。发送完毕后，可通过电话或短信确认收件情况。第三，收到邮件后应尽快回复，若暂时无法详细回应，可先简短告知已收到，并承诺后续跟进。

2. 接收与回复

保持定期检查收件箱的习惯，确保重要邮件不被遗漏。原则上，应在邮件到达当天给予回复，对于复杂问题可先简短告知已收到，处理后再详细答复。

3. 注意安全

电子邮件作为一种高效的沟通工具，也可能成为计算机病毒传播的渠道。发送前确保邮件无病毒，接收时警惕不明来源的邮件，尤其是仅含附件的邮件。对于不熟悉的发件人或邮件内容，保持高度警惕，必要时直接删除。避免点击邮件中的不明链接或下载附件。定期清理邮箱中的文件夹，释放空间，同时整理并保存重要联系人的信息，便于日后联系。

（三）网络礼仪

网络礼仪是指在网上交往活动中形成的被普遍认同的礼节和仪式。网络礼仪是互联网用户应遵守的行为规范，它包括尊重他人、保持文明礼貌、避免传播不良信息、保护个人隐私和遵守法律法规等。这些规范有助于维护网络环境的健康和秩序，促进用户之间的和谐交流。

网络礼仪的基本规范主要包括以下几个方面。

第一，尊重他人。我们应尊重他人的权益和观点。不发表侮辱、诽谤、恶意攻击的言论，不对他人进行人身攻击或歧视。

第二，遵守法律法规。网络行为必须遵守国家法律法规和相关政策规定。不得传播违法信息、侵犯他人著作权、参与网络犯罪等违法行为。

第三，保护个人隐私。我们应保护个人隐私，不随意泄露他人的个人信息，包括姓名、地址、电话号码、身份证号码等。同时，也要保护自己的隐私，不轻易透露个人信息给他人。

第四，维护网络安全。网络行为应遵循网络安全原则，不参与网络攻击、黑客入侵、病毒传播等危害网络安全的行为。同时，要加强自我保护意识，不轻信陌生链接、不下载来源不明的软件等，以防止受到网络攻击。

第五，使用文明用语。在网络中，我们应该使用文明用语，避免使用粗俗、恶搞、恶意的语言。尊重他人的语言风格和文化背景，不进行语言攻击或挑衅。

第六，负责任地传播。在网络中传播信息时，我们应该负责任地选择和传播真实、准确、有益的信息。不传播虚假信息、谣言、恶意炒作等有害的信息，以免误导他人或造成不良影响。

第七，保护著作权。我们应该尊重他人的著作权，不擅自复制、转载、传播他人的原创作品，不侵犯他人的著作权。

第八，促进良好网络环境。网络行为应该积极促进良好的网络环境，不参与网络欺凌、网络暴力、网络诈骗等不良行为。同时，要积极参与网络公益活动，传播正能量，为社会做出积极贡献。

总之，网络礼仪的基本规范要求我们在网络空间中保持文明、尊重他人、遵守法律法规、保护隐私、维护安全、负责任地传播信息、保护著作权，并积极促进良好的网络环境。只有这样，我们才能共同营造一个健康、和谐、有序的网络空间。

【案例分析】

小王的困惑

小王进入新单位以后，一直感到有些困惑和孤独。他观察到其他同事之间相处融洽、谈笑风生，心中不禁生出羡慕。然而，他发现自己似乎被朋友们疏远，同事们也不太愿意与他深入交流。

这种情况持续了一段时间后，负责指导小王工作的李师傅把小王叫进办公室，语重心长地指出了小王在社交礼仪方面存在的不足，使小王豁然开朗。

原来，小王喜欢和他人开玩笑，对还不是很熟悉的同事，也经常口无遮拦。有一次见了同事小赵，第一句话就问："哥们儿，最近又交往什么女孩了吧？还是原来那个女朋友吗？"弄得小赵的脸当时就变了颜色。还有一次，小王在街上遇到一个几年未见的大学女老师正在和几个朋友说话，小王热情地上去，对老师说："您是韩老师吧？您不记得我了？"韩老师一时想不起来，很是尴尬，小王笑哈哈地说："老师真是贵人多忘事啊！都不记得我这个学生了，真是让人伤心啊！"本以为开玩笑的话能让老师喜欢，没想到老师和他寒暄几句后就匆匆离开了。

思考并分析：

请帮小王分析一下，他在称呼礼仪和问候礼仪方面存在哪些问题？他为什么得不到朋友和同事的喜欢？

好久不见的老同学

王峰在大学读书时学习非常刻苦，成绩也非常优秀，几乎年年拿奖学金，为此同学们给他起了一个绰号"超人"。大学毕业后，他顺利加入一家知名跨国公司，并在八年的时间里凭借自己的才干和努力晋升为部门经理。

去年国庆节，王峰携妻子回国探亲，其间安排了一次大剧院的音乐剧观赏。他们刚刚找到座位，就看到三位观众向他们走来。其中一位边走边热情地伸出手，大声呼唤："喂！这不是超人吗？你怎么回来了？"王峰定睛一看，才发现是多年未见的老同学贾某。贾某毕业后南下创业，如今已是上海一家公司的老板，今天他正陪伴着一对年长的香港夫妇观看音乐剧，这对夫妇是贾某交往多年的生意伙伴。

　　王峰和贾某重逢，两人都感到既惊喜又激动。贾某激动地与王峰寒暄了好一会儿，这才注意到王峰身边优雅站立的女士。王峰这时才想起向贾某介绍自己的妻子，待王峰介绍完毕，贾某高兴地走上去，给王峰妻子一个拥抱礼。这时，贾某也想起应该向老同学介绍他的生意伙伴了。

　　思考并分析：

　　上述见面过程中有哪些不符合礼仪的言行？请指出并说明正确的做法。

尴尬的握手

　　郑瑞是某单位的经理，受邀出席了一场汇聚众多职场精英的盛大晚宴。在宴会上，郑瑞被朋友介绍给一位曹女士。为了表达自己的友好，他主动伸出手以示问候。然而，曹女士似乎并未注意到这一举动，依旧与旁边的友人谈笑风生，这让郑瑞感到十分尴尬。他的手悬在半空，持续了二十多秒，而曹女士仍未做出回应。"蚊子！"情急之下，郑瑞假装去拍打一个不存在的蚊子，试图收回自己的手。这一突发的举动让周围的人都感到紧张，而郑瑞也是满脸通红地离开了现场。

　　思考并分析：

　　（1）案例中的角色有哪些做法不符合礼仪规范？为什么？

　　（2）合乎礼仪的握手应该注意哪些问题？

【本章小结】

　　礼仪是一个人立足于社会的行为规范。讲究交往礼仪，遵循社交规范，可以展现一个人的教养、素质和风范。

　　（1）问候，即问好、打招呼，是见面时最先向对方传递的信息。在见面问候时，要注意问候的次序、态度和内容三个方面。

　　（2）称呼是人们在日常交往中，所采用的彼此之间的称谓语。选择称呼要合乎常规，要照顾被称呼者的个人习惯，入乡随俗。生活中的称呼应当亲切、自然、准确、合理；职场上的称呼要庄重、正式、规范。

　　（3）介绍是社交活动中人与人之间相互了解的重要手段。在他人介绍时，需明确介绍人的身份、介绍的顺序、姿态的得体性及具体的介绍形式。而自我介绍，则是展现自我风采的舞台，应把握时机、精练语言、注重方式与态度，力求给人留下深刻印象。

（4）握手作为世界通用的礼仪方式，蕴含着丰富的情感与意义。从初次见面到久别重逢，从表达祝贺到传递理解，握手都是不可或缺的环节。标准的姿势、规范的礼仪，以及不同方式所承载的含义，都需我们细心体察、恰当运用。

（5）拜访又叫拜会、拜见，是指前往他人的工作地点或住所，去会晤、探望对方。无论是家庭拜访还是办公室拜访，都需遵循一定的礼仪规范。预约先行、礼品精心挑选、仪容仪表整洁得体、言行举止温文尔雅、时间掌握得当等，都是拜访成功的关键要素。

（6）馈赠礼品的选择要体现情感性、针对性、时尚性、适俗性和独创性。赠送时，应精心包装、选择恰当时机、态度大方友善、说明详尽等。而受礼者亦应讲究礼仪，表达感激之情，做到有礼有节。另外，送花时要了解"花语"，并区分场合。

（7）在信息化时代，电话、手机、传真、电子邮件及网络等通信工具已成为我们日常生活中不可或缺的一部分。在使用这些通信工具时，我们应注重语言礼貌、简洁明了，确保信息准确传递。同时，还需遵守相应的礼仪规范，如拨打电话前确认对方是否方便、使用手机时注意公共场合的安静与隐私保护等，以展现我们的文明素养与良好形象。

【复习思考题】

（1）在社交场合问候西方人士应注意哪些方面？

（2）如何进行自我介绍？

（3）简述握手的礼仪规范。

（4）家庭拜访应注意哪些礼节？

（5）接待客人时，应该如何迎送客人？

（6）馈赠礼品时应该注意哪些礼仪？

（7）在携带和使用手机的过程中应注意哪些礼仪？

第九章　职场礼仪

【学习目的】

（1）了解职场礼仪涉及的范围。
（2）熟悉和理解职场礼仪的规范要求。
（3）能够熟练、规范地应用职场礼仪。

【课程导入】

在复杂多变的职场环境中，每一个细节都可能成为展示个人专业素养和情商的舞台。小李，一位年轻员工，在一次商务晚宴上就遇到了这样的考验。

晚宴上，公司高层和关键客户齐聚一堂，气氛热烈又庄重。每个人都在努力地展示自己的最佳形象。刚刚坐下，领导就对他说："小李，你来点菜吧。"小李深知，在这样重要的场合，受领导指派去点菜可谓使命光荣、责任重大，要全力以赴做到细致周全，既要体现当地餐饮特色，也要照顾到客人的口味喜好。于是，小李回答道："感谢领导信任。王总和其他嘉宾从杭州远道而来，应该好好品尝一下我们川菜的特色菜品。请大家根据菜单选出自己最喜欢吃的一道菜品吧。我会综合各位嘉宾的选择并结合我们本地特色，拿出一份正式的晚宴菜单请大家过目。"

领导听了小李的建议后，点头赞同，并鼓励客人提出自己的喜好。客人们对小李的考虑和安排表示赞赏，纷纷提出了自己想尝试的菜品或特别喜欢的口味。小李仔细记录下每位客人的需求，随后礼貌地与服务员沟通，确保菜品能够满足所有人的期望。

晚宴结束后，客人和领导都对小李的处理方式表示满意，他的职业形象和人际关系因此得到了提升。第二天，领导特别表扬了小李在晚宴上的表现。

小李的这次经历表明，在职场上，高情商的沟通和行为不仅能解决眼前的问题，还能长远地增强个人的职业竞争力和团队协作能力。

职场宛如战场，礼仪是制胜的利器。在当前的职场竞争中，单纯的专业实力已不足以保证优势，竞争已经演变为涵盖专业技能、人际交往、沟通协调等多方面能力的综合性比拼。这不仅是对个人智商的考验，更是情商的重要较量。在这场双重考验中，职场礼仪的重要性不言而喻。职场礼仪既涉及自身的学识修养、职业形象，也包含人际关系的处理之道。在当今社会，职场礼仪已成为企业形象的重要组成部分，它传递着企业文化和价值观，对内能够增强团队凝聚力，对外能够提升企业的品牌形象。因此，职场礼仪在当今的企业竞争中受到了前所未有的重视。

第一节　常用公务礼仪

一、办公室礼仪

办公室是处理日常公务和进行公务洽谈、交接的场所。办公室礼仪在很大程度上体现了机关、团体、企事业单位的管理水平、团体精神和团体氛围。

【案例】

小张的故事

小张是某知名企业的新员工，初入职场，他深知职场礼仪的重要性。每天，他都会提前到达办公室，整理好自己的工作区域，并与同事们热情打招呼。在会议中，他总是认真倾听，积极发言，展现出自己的专业素养。在接待客户时，他非常注重接待礼仪，把握交往分寸，给公司内外留下了非常好的印象。

小张的故事告诉我们，职场礼仪不但能够树立职场人的良好形象，而且能够帮我们建立良好的人际关系，从而为职业发展奠定坚实的基础。

（一）办公室礼仪要求

办公室是集中处理工作业务的场所。遵守办公室礼仪不仅是对同事的尊重、对单位文化的认同，也是个人素质在公务环境中的直接体现。遵守办公室礼仪有助于营造积极、健康、高效的工作环境，这对于提高整个团队的工作效率和创造力具有重要意义。

1. 环境整洁卫生

保持办公环境的整洁是基本要求。办公桌应摆放有序，文件资料应定期整理，避免无关物品堆积。室内应保持清洁，及时清理垃圾，保持空气清新，避免在办公室内进食刺激性气味的食物或吸烟。

2. 举止文明礼貌

在办公室内，应保持音量适度，以免干扰他人。使用电话和办公设备时，应礼貌且小心轻放。公共设备应合理使用，避免长时间占用。对待访客，应以礼相待，保持专业和友好。

3. 工作有序高效

遵守工作时间，不迟到、不早退，坚守岗位，避免在工作时间处理私事或接待私人朋友。对于涉及机要等工作的岗位，更应严格遵守规章制度，强化保密意识。

4. 爱护公共财产

展现对公共财产的尊重和爱护，遵守相关管理和使用制度。使用公共物品时应节约，长时间离开办公室时，应关闭电器，防止浪费和安全事故。

5. 办公室节能小细节

合理设置空调温度，避免无人时开启。充分利用自然光，减少不必要的照明。计算机等办公设备在不使用时应设置为节能模式，下班后关闭电源。倡导无纸化办公，减少纸张使用，实行双面打印，提高资源利用效率。

（二）正确处理与同事之间的关系

同事之间的相处质量直接影响我们的工作表现和职业发展。和谐的同事关系能够带来愉悦的工作氛围，提升工作效率，进而助力事业发展。相反，紧张的同事关系会导致工作环境恶化，影响日常工作和生活，甚至阻碍职业进步。

为了促进同事之间的和谐相处，我们可以采取以下措施。

1. 尊重同事

相互尊重是处理好任何一种人际关系的基础，同事关系也不例外，同事关系不同于亲友关系，它不是以亲情为纽带的社会关系，亲友之间一时的失礼，可以用亲情来弥补，而同事之间的关系是以工作为纽带的，一旦失礼，创伤难以愈合。所以，处理好与同事之间的关系，最重要的是尊重对方。

2. 明确物质界限

同事之间可能有相互借钱、借物或馈赠礼品等物质上的往来，但切忌马虎，每一项都应记得清楚明白，即使是小的款项，也应记在备忘录上，以提醒自己及时归还，以免遗忘，引起误会。向同事借钱、借物，应主动给对方写借条，以增进同事对自己的信任。如果所借钱物不能及时归还，则应每隔一段时间向对方说明一下情况。在物质利益方面，无论是有意或无意地占对方的便宜，都会在对方的心理上引起不快，从而影响自己在对方心目中的形象。

3. 传递关怀温暖

当同事面临困难时，我们应主动伸出援手，尽己所能提供帮助。这种关怀不仅能帮助同事渡过难关，还能加深彼此之间的情感联系，让工作环境充满温情与正能量。

4. 勇于承担与沟通

在工作中，我们难免会犯错或与他人产生误会。此时，勇于承认错误、主动道歉并寻求解决方案是至关重要的。通过开诚布公的沟通，我们可以及时消除误会，修复受损的关系，从而维护团队的和谐与稳定。

5. 守护隐私界限

尊重他人的隐私是每个人应具备的基本素养。在职场中，我们应避免在背后议论同事的私事，以免损害他们的名誉和尊严。保持适度的距离和尊重，让我们的交流更加健康、积极。

（三）正确处理上下级之间的关系

上下级关系作为组织内部架构的基石，直接关乎工作氛围与效率。为构建和谐高效的上下级关系，应遵循以下礼仪规范。

1. 相互尊重，相互支持

上级应该尊重下级的工作和努力，下级应该尊重上级的职位和领导地位。双方应该保持礼貌和理解，并避免使用侮辱性的语言或行为。上级应该为下级提供必要的支持和资源，帮助他们完成工作任务；下级应该充分利用上级提供的资源开展工作，遇到困难时可向上级寻求帮助和指导。

2. 双向反馈，有效沟通

上下级之间的沟通应该是清晰、及时和有效的。上级应该明确传达工作任务和期望，下级应该主动向上级报告工作进展和问题。上下级应该双向反馈，上级应该给予下级建设性的反馈和指导，下级应该向上级申请反馈和寻求改进工作的机会。

3. 公平公正，公私分明

上级在处理与下级的关系时，应坚守公平公正的原则，确保决策过程透明、结果公正，杜绝任何形式的偏袒与歧视。此外，公私分明同样重要，上下级之间应清晰界定工作与个人生活的界限，避免私人问题干扰工作进程，同时尊重彼此的个人空间与隐私。

4. 保持职业形象

每位员工都应在工作场所展现专业风范，从着装到言行举止皆需得体大方。上级更应以身作则，树立良好的职业形象，成为下级学习的楷模。

总之，良好的上下级礼仪不仅是个人素养的体现，更是构建积极、尊重与高效工作氛围的关键。它能够有效促进团队合作，提升员工满意度与绩效，为公司的发展注入强劲动力。

（四）汇报和听取汇报的礼仪

1. 汇报礼仪

向上级汇报工作时，应遵守以下礼仪要求。

（1）遵守时间。汇报工作时要遵守时间，不提早，也不推迟。

（2）注意礼貌。先敲门，经允许后再进门汇报。汇报时要注意仪表、姿态，做到文雅大方、彬彬有礼。

（3）语言精练。汇报时应口齿清晰，音量适中，语言简洁有力，条理分明。

（4）汇报结束后，应耐心等待上级的指示或反馈，切勿擅自离开。在得到上级允许后，方可整理好个人物品及用过的茶具、座椅等，保持办公环境的整洁。离开时，主动向上级表示感谢，如"谢谢"或"请留步"，展现良好的礼貌习惯。

2. 听取汇报的礼仪

听取下级汇报时，应遵守以下礼仪要求。

（1）守时守约。恪守约定的时间，如有需要可提前到达，确保所有准备工作就绪，包括记录工具和资料。

（2）及时招呼。在汇报者到来时，及时邀请他们进入并安排座位，保持友好的态度，不可居高临下、盛气凌人。

（3）专注倾听。通过目光交流和积极的体态语言，如点头，表明你正在认真倾听汇报。对于不清晰的信息，适时请求澄清或重复，同时提出问题以显示兴趣和参与度，但要确保问题不会使汇报者感到不自在或沮丧。避免在汇报过程中随意批评或过早下结论，深思熟虑后再发表意见。不要通过频繁看表、打哈欠或分心的行为表现出不耐烦。当需要结束汇报时，使用恰当的体态语言或委婉的语气告知汇报者，避免粗暴打断。汇报结束后，站立并送别汇报者。对于不常见的下级，可将其送至门口，展现额外的尊重和关怀。

二、公务迎送礼仪

在公务活动中，公务迎送是一项协调上级与下级、单位与单位之间关系的重要活动。除秉持高度的工作责任感、全心全意为人民服务的宗旨及敏锐的公关意识外，细致入微的接待迎送礼仪同样不可或缺。

（一）确定接待规格

接待规格的确定应综合考量来宾的身份、访问目的、性质及时长等因素，力求体现对等与尊重。在外事活动中，更应严格遵循对等原则。具体而言，接待规格应体现在以下三个方面：一是要由级别相当的人员或组织负责迎送，若因故不能亲自前往，应委托适当人员代劳，并附上诚挚的歉意说明；二是要依据因公出差住宿标准，提供既不过于奢华也不失体面的住宿条件；三是要精心安排车辆接送及所需物品，确保一切准备就绪。

（二）迎接准备

迎接客人时要做好以下几个方面的准备工作：准备接站牌；事先安排好客人住宿的宾馆、饭店或旅馆；对远道而来的客人，应提前去机场、车站、码头等候客人，避免客人久等或迷路；为了帮助客人尽快熟悉当地环境，可准备一些有关资料提供给客人查阅，如交通图、游览图及城市介绍资料等。

（三）欢迎、介绍

在客人到达时，主要迎接人员应主动上前表示欢迎、握手、问候。如有乐队，应奏欢迎曲。介绍环节需遵循礼仪，先由礼宾人员介绍主人与客人认识，再由主人向客人逐一介绍欢迎团队。随后，由客人介绍随同前来的其他人员，双方简短寒暄，增进了解。

（四）陪车

在陪车的过程中，应细致考虑座位安排，遵循尊卑有序的原则。在为客人打开车门时，需用手掌轻挡车篷以防碰头，待客人坐稳后轻轻关门。接待人员应从车尾绕行至左侧后门上车，保持谦逊姿态。

车内座位顺序一般为后排右座最为尊贵，其次是后排左座、后排中座、前排右座。抵达目的地时，接待人员应先下车，绕至客人车门旁，以同样方式协助其下车。

（五）下榻并安排好来访与宴请

客人入住后，接待人员应适时离开，给予其充足的休息时间。离开前，可提供日程安排表并征询客人意见，确保后续活动的顺利进行。主人应适时进行礼节性拜访，安排宴请，注意拜访时间不宜过长，以免打扰客人休息。

（六）热情有礼地送客

送客是公务迎送的温馨收尾，需提前为客人预订返程票务，并询问其需求，准备途中食品等贴心服务。送行当天或前一天，接待人员应诚恳表达招待不周之意，并征询客人意见，询问是否需要进一步帮助。送行时，应送至车站、码头或机场，直至交通工具启动后方可离开；若无法亲自前往，则应提前说明原因并致歉。

第二节　会议礼仪

在现代社会，会议是党政机关、企事业单位和群众团体处理重大事务、商讨问题、做出决策、交流信息、总结经验、协调关系的重要工作形式。为了提高会议质量，节省开会时间，无论是公务还是商务人员，都应在妥善安排会议内容的同时，注重会议礼仪。

会议礼仪贯穿于会议的全过程，大致可分为三个阶段：会议准备与筹划阶段的礼仪、会议进行阶段的礼仪、会议结束阶段的礼仪。

一、会议准备与筹划阶段的礼仪

会议的成功举办不仅依赖于主持人在会议进行中的技巧掌控，更离不开会前的精心准备与周密筹划。为确保会议圆满成功，需做到"五个明确"并满足"三个必要条件"。

五个明确：主题明确、参会者明确、目的明确、时间明确、地点明确。

三个必要条件：所有参会者，包括会议举办者与参加者，应有某种共同目标；确保会议具备与规格相适应的经济支持和物质条件，如场地、设备等；制订详尽、周密的会议计划，包括议程安排、人员分工、物资准备等。

（一）确定会议宗旨

公务和商务会议的召开，都有明确的目标和任务，这就是会议的宗旨。因此，会议筹划的第一项任务是分析会议召开的必要性和意义，考虑是否通过会议形式最为有效。明确会议希望达成的具体结果，评估会议是否为实现该结果的必要途径。

（二）成立会务组

为确保会议顺利进行，组织工作至关重要。通过成立专门的会务组，可以高效地处理会议的各项事务。会务组可以再分为会务小组和接待小组，前者主要负责布置会场，会议文件的准备、分发，后者主要负责与会人员的迎送、食宿等事宜。

一般说来，大型会议通常还会设秘书处来负责会议的组织和协调工作。秘书处可以下设三个组。

（1）秘书组。管理会议日程，负责人员安排、处理文件、简报和档案等文书工作，确保信息传递的准确性和时效性。

（2）总务组。统筹会场布置，负责接待、住宿、餐饮、交通、卫生和文娱活动等后勤工作，为会议提供全面的后勤保障。

（3）保卫组。负责会议期间的安全保卫，确保会议顺利进行，预防和处理任何安全问题。

（三）确定会议议程

会议议程是确保会议目标达成和提升效率的关键工具。它规划了会议的流程，明确了每个议题的讨论顺序。

在会议开始前，必须完成议程的制定，以确保所有参会者有足够的时间准备。议程的内容，一般说来应包括会议的时间、地点、主要目的及各个议题的讨论顺序。每个议题都应清楚明确，让参会者能够在会前集中思考和收集相关信息，从而在会议中进行充分、有效的讨论。另外，考虑到参会者在会议初期精力更充沛，应将需要创造性思维和高度参与的议题安排在议程的前半部分。

（四）确定与会人员

会议的效率和成效并不与参会人数成正比。过多的参会者可能导致会议变得复杂、耗时，并且增加成本。因此，应该根据会议需求和领导意图，合理确定参会人员范围，避免人数过多导致效率低下。

（五）拟发会议通知

确定与会人员后，应及时发出会议通知，明确会议详情及准备事项。会议通知一般以书面形式发送，内容应包括会议名称、目的、内容、日程、地点、报到信息等，必要时可注明费用报销事宜。会议通知印好后，应盖上公章再发出。

（六）会场安排

1. 会场选择

选择会场，要根据参加会议的人数和会议的内容来综合考虑，一般来说，会场要符合以下标准。

（1）大小要适中。

会场大小需精确匹配参会人数，避免资源浪费或空间局促。过大的会场可能导致氛围冷淡，而过小的会场则易造成拥挤，影响交流与舒适度。

（2）地点要合理。

对于短期或临时性会议，优先选择参会者集中的区域，减少交通时间与成本。对于持续超过一天的会议，会场位置应靠近参会者住宿地，便于参会者休息与参会，提升整体满意度。

（3）设施设备要齐全。

会场的照明、电话、扩音、录音等各种设施设备都要配备齐全。对所有附属设备，要逐一进行检查，确保设施设备正常运转。此外，选择会场时还要考虑有足够的停车场地，方便会议用车及参会者车辆的有序停放。

2. 会场布置

会场布置是一门艺术，它主要通过会场上的会标、标语、会徽、旗帜、花卉、彩灯等来营造各种不同的氛围。大型会议的会场门口，要张贴欢迎标语和指示引导牌。会议室应当根据会议的内容来安排，或庄重肃穆，或郑重宏大，或热烈欢快。例如，人民代表大会的会场要布置得隆重庄严，庆祝大会的会场要布置得喜庆热烈，纪念性会议的会场要布置得肃穆典雅，经验交流会的会场要布置得和谐亲切。总之，会场的布置应与会议内容相协调。

（1）会场设计。

根据会场大小、形状及参会人数，灵活运用长方形、圆形、方形等布局，同时考虑美学原理与参会者的审美体验。

对于小型会议，推荐圆桌式或方桌式布局，促进参会者之间的互动与交流。

大型会议则可采用"口"字形、"匚"字形、"V"字形或教室布局方式，确保每位参会者都能清晰看到主席台与演示内容，同时便于会场的管理与服务。

（2）主席台设置。

主席台设在代表席对面的正前方，和与会人员面对面。由于会议多数在礼堂、多功能厅、影剧院等场所召开，主席台一般设在舞台上。中型会议的主席台，设在舞台上面或下面均可。小型会议可以不设主席台。

（3）座次的排列。

座次包括主席台座次和其他参会者座次。主席台座次安排按主席台人员的职务（或社会地位、声望）高低排列，最高的排在第一排的正中间，其余按高低顺序，以正中间座位为中心，面向会场，依左为上右为下（我国政务活动、国企或事业单位内部会议）或依右为上左为下（商务会议、国企或事业单位非内部会议）的原则排列。若有几排座位，其他各排的排位可灵活掌握。座次排定后，必须报会议组织单位的领导审查。

其他参会者面对主席台就座，其座次应统一安排，既要服从会议目的，又要体现平等精神，一般可按姓名笔画、按地理位置或按行业系统等方法排列。座次方案提出以后，也要报请领导审查。

3. 印制证件

证件是出席会议的证明，是参会者身份、资格、权利、待遇的凭证。代表证、记者证、工作人员证要用不同颜色的字或纸印制，以作区别。

（七）迎接与接待

1. 迎接

报到日当天，工作人员要提前前往机场、车站、码头等重要的交通枢纽，并携带醒目的接站标识，迎接从各地赶来参加会议的人员。

2. 接待

为了了解参会者的出席情况，大、中型会议往往都派专人做签到工作。签到处的服务人员，必须穿戴整齐，在胸前或胳臂上佩戴会务人员的标志，彬彬有礼地将参会者一一引到签到处签到。完成签到后，服务人员应迅速、准确地引导参会者前往各自的房间，并协助其办理入住手续。

二、会议进行阶段的礼仪

1. 签到

签到是为了统计到会人员情况，统计人数要准确、及时、迅速，随时准备领导询问到会情况。小型会，可以在入口处设立签到处。参会者在签到簿上签名，即表示到会。大、中型会议一般可事先发签到卡，参会者在入口处把签到卡交给工作人员即可。

2. 安排大会发言

大会发言要事先排定人选和次序，由秘书处提出初步发言安排建议，经领导审核确定后执行。

确定发言人应注意以下三个平衡。

（1）领导人之间的平衡。对于高一级领导或主要领导的发言，其位置安排应依据发言内容的性质而定。若为开幕词、动员性或启发性的发言，则宜安排为首位，以鼓舞士气、引领会议方向；若为总结性、综合性的发言，则宜置于会议尾声，以便对会议内容进行全面回顾与总结；对于讨论发言或座谈发言，则应采用交叉安排的方式，以促进不同领导之间思想的碰撞与交流，使会场氛围更加生动活泼。

（2）单位平衡。在选择发言单位时，应优先考虑其典型性与代表性，确保发言内容具有广泛的参考价值。同时，也需兼顾不同单位之间的平衡，避免出现某一单位发言过多而其他单位鲜有发声的情况，以维护会议的公正性与广泛性。

（3）内容平衡。发言人的内容应紧密围绕会议主题展开，确保会议讨论的聚焦与深入。对于不同主题的发言，应避免将其混杂安排，以免影响参会者的集中思考与会后讨论效果。

3. 记录

会议记录是指对发言内容进行客观的文字记录，重要的会议要有专人进行记录。记录内容应包括会议的名称、时间、地点、出席人、到席人、缺席人、主持人、发言人和记录人等。

三、会议结束阶段的礼仪

一次成功的会议，不仅要有充分的会前准备、周到的会中服务，还要有合理的会后安排。会议结束后必须做好收尾工作，确保会议圆满落幕。

（一）离会服务

1. 退场引导

引导与会嘉宾及车辆有序离场，避免出现拥挤现象。

2. 嘉宾送别

安排专门的工作人员在会场外、宾馆门口送别参会人员。对于一般的参会者可安排礼仪小姐或工作人员送行；重要嘉宾离场时则应当安排身份对等的人员送行。送行时应当充分注意礼仪，要向参会者表达诚挚的惜别之情。

3. 返程服务

帮助或协助重要嘉宾订好返程交通票务，安排送行车辆，将嘉宾送到机场或车站，待其启程后再返回。

（二）清理会场

会议结束后，要及时撤除会场的临时性布置，清点工具、用品，能再次使用的归库保管，租用的设备器材要及时退还，参会者遗漏的物品要物归原主。

1. 清理会场

检查会场是否有参会者的遗留物品，若有，需做好登记；回收好会场遗留的会议材料、文件和物品；收回会议现场的布置物品，如横幅、易拉宝等。

2. 检查设备

检查会场设备设施，规整好会议临时用品，如插线板、激光笔、笔记本电脑等，及时关闭灯光、空调、门窗，切断电源，落实安全措施。

3. 清洁卫生

会议后的卫生清洁非常重要，会议结束后要安排相关的保洁人员进行现场卫生的清洁工作。

（三）财务结算

会议结束后应按会前经费预算计划，将各种工作支出的费用结清。结算会议费用时应当做到账款两清、准确无误，将相关的票据、合同和账目妥善保管，防止混乱和丢失。

1. 会议费用结算

对会议所涉开支项目，如会场布置及场租费、餐饮费、住宿费、交通费、嘉宾邀请费、宣传费、资料印刷费、设备租用费、礼品费、劳务费、杂费等项目一一进行核对、统计，对超出预算金额的项目进行说明。

2. 开具票据

为参会者结清会议费用，并开具相关票据，以便参会者进行报销；同时，对相关会议支出项目索要相应票据。

（四）会后宣传

会后要跟进新闻媒体发稿，将相关会议内容，如数据、图片、视频等进行收集、汇总、整理，交给有关人员发布。同时，跟进举办单位各平台会议信息更新工作，促进有关人员在相应版块或专栏将会议以图文的形式进行宣传展示。

（五）会议资料归档

正规的组织一般都会将会议的资料进行归档整理，如会议记录、参会者名单、发言稿、会议决议等文字资料，以及会议现场的音视频资料等。

（六）会务总结

会务总结一般以开总结会的方式进行。全体工作人员参加会议，总结经验与教训，反思不足之处，并提出改进措施。总结会结束后，要撰写书面会务总结，并呈有关领导审阅。

第三节　求职礼仪

求职礼仪是求职者在求职过程中与招聘单位接待者接触时应具有的礼貌行为和仪表仪态规范，它通过求职者的应聘资料、语言表达、仪态举止、仪表服饰等方面体现其内在素质。一次完整的求职过程主要包括以下三个环节的礼仪要求：一是求职准备礼仪；二是求职面试基本礼仪；三是面试后必备礼仪。

一、求职准备礼仪

古人说："凡事预则立，不预则废。"为了得到自己向往已久的职业，实现事业的抱负，求职者在择业之前必须做好充分准备，把相关事宜烂熟于胸。

一般而言，求职准备包括四大内容：一是认知准备；二是材料准备；三是心态准备；四是模拟演练。

（一）认知准备

在正式求职之前，必须对市场就业信息、用人单位情况、面试题目及求职途径等情况有充分的认知和理解。

1. 了解市场就业信息

就业信息不仅包括国家政治经济状况、就业指导计划、社会各部门需求情况及未来新产业、职业的发展趋势等宏观情况，还包括某些行业对就业者素质的要求、某一行业的发展情况、单位的具体情况等。其中，单位的具体情况包括：近期各类媒体对该单位的报道、评价，单位所属行业的基本知识，单位近期主要的产品或经营项目，单位人员的构成，单位对人才的重视程度，单位的历史及发展前景和形象，单位的性质、位置、福利待遇等，尽可能地让自己头脑中有一个完整的单位形象。

【案例】

求职案例及分析

赵毅是上海某高校新闻系的学生，虽然就读于文科，但也得到了如四大会计师事务所、宝洁等企业的offer，成功跨越了传统文科生的职业界限。他认为是每一次面试前的精心准备让他离目标越来越近。面对世界500强公司及顶尖咨询公司的严苛筛选，赵毅展现出了超乎常人的策略与决心。他提前数月就沉浸在面试准备的海洋中，广泛阅读面试技巧书籍、深入研究各大企业的面试指南，甚至对可能遇到的每一个问题都进行了精心的预设与演练，确保自己的回答既精准又富有说服力。例如，在面试四大会计师事务所时，为了使合伙人相信他喜欢审计这种枯燥工作，他以英国某数学家的名字作为自己的英文名字，为之后的陈述埋下伏笔。

这样精益求精的同学在求职中并不多见。我们看到大部分同学都只精心准备了简历，但轮到面试时，往往像赶鸭子上架，一律依靠临场发挥。其实，面试的过程虽然看似无形，可以准备的内容却也是很多的，如"你如何安排你的一天""谈谈你最喜欢的一本书""你的职业理想是什么""你的缺点是什么"等。

总之，精心做好面试准备是求职成功的基石。

2. 熟悉求职的途径

随着人才流动的增加、人才市场的开拓，求职的途径也越来越多。例如，利用职业中介机构进行求职，参与招聘洽谈会与招聘会，咨询官方就业指导机构，发布求职广告，主动上门自荐，拨打求职热线，网络求职等。

（二）材料准备

"工欲善其事，必先利其器"，必要的材料准备是求职的前提。

求职材料是求职者与用人单位之间的第一次接触。准备好求职材料不仅可以提高求职者的竞争力，还可以给用人单位留下良好的第一印象。目前，用人单位所需要的书面材料主要有简历、自荐信和作品集。

1. 简历（Resume）

简历是求职者展示自己能力和经历的重要工具，准备简历时应尽量简洁明了，内容应包括以下几个要点。

（1）个人信息：姓名、联系方式、居住地等。

（2）求职意向：准确表达希望应聘的职位。

（3）教育背景：列出所获得的学历、专业、学校、毕业时间等。

（4）工作经历：按照时间顺序列出自己的工作经历，包括公司名称、职位、工作时间等。

（5）个人技能：列出求职者掌握的技能，如专业知识、语言能力、计算机技能等。

（6）证书与奖项：曾经获得过的相关证书或奖项。

此外，求职者还可以根据自己的具体情况添加其他内容，如个人特长、志愿者经历等。

2. 自荐信（Cover Letter）

自荐信是用来介绍自己和简述求职意向的附加信件。准备自荐信时应注意以下几点。

（1）自荐信的首段进行自我介绍，并说明写信目的。

（2）自荐信的中段阐述个人与该职位的匹配度，以及为什么希望得到面试机会。

（3）自荐信的尾段表达对用人单位的兴趣和感谢。

（4）在撰写自荐信时，求职者应根据招聘信息和公司背景，有针对性地撰写内容，突出自己对该职位的适应性和热情。

3. 作品集（Portfolio）

对于某些职位，如设计师、摄影师等，求职者可能需要提交作品集以展示自己的实际能力。准备作品集时应注意以下几点。

（1）选择相关作品。根据求职的职位和要求，选择最能展示自己能力的作品，不要一味追求多而杂。

（2）优化展示。将作品以整洁的方式展示出来，注意排版、配色等细节。

（3）解释说明。对每个作品都写上简单的说明，解释自己的设计思路和观点。

（三）心态准备

在准备求职材料和面试技巧时，求职者应结合个人的实际情况和求职目标进行准备。同时，求职者还应具备良好的心理素质，保持积极向上的心态，对于面试中的挑战有足够的应对能力。

在求职抉择前，求职者首先要明确自己的人生目标，进行科学的自我定位，明确最适合自己的职业和职位。其次，求职者应从实际出发，处理好理想与现实的关系，调整就业心态，先就业再择业。最后，克服恐惧心理，发挥自己的潜力和特长，进行积极的自我暗示，充分地肯定自我，积极进取，不轻言放弃。

（四）模拟演练

面试前，求职者还可以根据面试程序提前进行模拟演练和答辩准备。

1. 录制自我介绍视频

在现代社会，自我介绍视频已经成为一种常见的求职材料。求职者可以提前录制一段自我介绍视频，向用人单位展示自己的职业形象和能力。在录制时，求职者要注意以下几点。

（1）简洁明了。在短时间内介绍自己的姓名、学历、求职意向及相关的工作经验和技能。

（2）自然真实。保持自然的表情和语调，展示真实的个人特质和自信。

（3）专业背景。简述自己的专业背景和从业经历，突出自己的专业素质和能力。

2. 准备答辩稿或演讲稿

在一些企业或机构的面试过程中，求职者可能需要进行答辩或演讲。在这种情况下，求职者可以准备答辩稿或演讲稿，帮助自己在面试中更好地表达自己的观点。在准备时，求职者应注意以下几点。

（1）结构清晰。答辩稿或演讲稿应有明确的引言、主体和结论。

（2）逻辑严谨。在表达观点和理论时，要有清晰的逻辑关系，并给出具体的例证和论据。

（3）简洁凝练。控制篇幅，突出重点和亮点。

（4）多练习。尽量多做练习，熟悉稿件的内容和思路，提高口头表达的流利程度。

3. 模拟面试

为了更好地适应面试环境和提升个人面试能力，求职者可以进行模拟面试。可以请亲友或专业人士充当面试官，向其请教和接受反馈意见。在模拟面试中，求职者应注意以下几点。

（1）准备问题清单。根据面试常见问题，准备一份问题清单，进行模拟面试时可以围绕这些问题进行回答。

（2）记录和反思。在模拟面试过程中，及时记录自己的表现和面试官的反馈意见，以便之后进行反思和改进。

（3）实际练习。模拟面试时应尽量模拟真实面试的环境，包括着装、时间限制和紧张氛围等。

二、求职面试的基本礼仪

当求职者进入面试单位或面试场所时，一定要注意以下几个环节的基本礼仪。

（一）面试前的礼仪

1. 检查仪容仪表

求职者应确保自身仪容仪表的整洁与得体，从着装到发型、妆容，每一处细节都需精心打理。建议在前往面试地点前，利用面试公司附近的洗手间或静谧角落进行最终检查，确保万无一失。此外，携带一小包口香糖，保持口气清新。为留出足够的整理时间，求职者最好提前20分钟到达约定地点。

2. 关闭通信工具或调成震动模式

根据多项调查显示，在面试中接听电话或被电话打断会严重影响求职者的形象评分。因此，在面试开始前，求职者应将手机关机或调成震动模式，以避免任何不必要的干扰，展现出对面试的尊重与专注。

3. 检查整理自己所带的资料

细致整理好面试所需的资料，包括但不限于身份证明、学历证书、精心准备的简历、获奖证明及作品集。资料应按顺序排列，便于递交给面试官时展现整洁有序的形象，同时也便于面试官快速查阅所需信息。如遇资料遗忘，保持冷静，提前准备好解释的话语，以体现求职者的应变能力和专业素养。

4. 仔细观察，多了解面试公司

在等待面试期间，不妨利用这段时间仔细观察公司的环境、企业文化展示等细节。这不仅能在面试中自然地表达出你对公司的认同与兴趣，还能帮助你更全面地评估这份工作是否适合自己的职业发展规划。若等候区设有公司宣传资料架，不妨取阅一份，这不仅能加深你对公司的了解，还能让面试官看到你的主动性与积极性，为面试增添正面印象。同时，掌握更多公司业务信息，也能让你在面试中更加自信地参与讨论，从而展现你的专业素养。

（二）见面的礼仪

在面试过程中，求职者的职业礼仪最能体现求职者的修养和素质。因此求职者应重视以下几个方面的礼仪。

1. 见面要遵时守信

面试时，守时是最基本的礼仪之一。迟到或无故违约不仅体现了对面试官的不尊重，也反映出求职者的不专业。如遇特殊情况需调整面试时间，务必提前致电说明原因，以免给面试官带来不便。若不慎迟到，应主动诚恳地解释原因，并表达歉意，展现你的诚意与应变能力。

2. 尊重接待人员

面试过程中的每一位接待人员都代表着公司的形象，因此应以礼相待。对他们的帮助和指引表示感激，使用礼貌用语如"谢谢""请"等，展现你的谦逊与教养。在接受服务时，如被递上茶水，应起身双手接过，并致谢。在等待面试时，保持耐心与礼貌，避免表现得过于随意或冷漠。

3. 礼貌进入面试考场

在进入面试考场前，无论门是否虚掩，都应先敲门示意，待得到允许后再轻轻推门进入。敲门时应控制力度与节奏，用指关节轻敲三下，并询问"可以进来吗"，以体现你的礼貌与细心。进入考场后，记得轻轻关门，避免发出声响，保持环境的安静与尊重。

4. 进入考场，主动问候

当踏入面试考场，与面试官目光交汇时，应面带微笑，以和煦的态度与对方打招呼。若有多位面试官，应环视一周，以眼神向每个人致意，主动问候"您好"或"大家好"，展现出你的热情与自信。对于面试官的问候，应礼貌回应，表达感激之情，如"见到您我也很高兴"或"感谢您给我这次面试的机会"。

5. 举止大方，行止有度

在面试过程中，应保持举止大方、行止有度。递交求职资料时，应双手呈上，以示尊重。就座前，若面试官示意，应表达谢意后再坐下。坐下后，注意坐姿端正，展现出你的自信与专注。在整个面试过程中，都应保持自然、得体的举止，以最佳状态展现你的职业素养与潜力。

（三）应答礼仪

在与面试官交流时应保持恰当的礼貌，注重倾听与交流，保持良好的语言文明和举止礼仪。

1. 认真倾听，严谨作答

面试时，首要任务是全神贯注地倾听面试官的提问并理解其背后的意图。确保充分理解问题后，再组织语言，围绕问题的核心给出清晰、准确的回答。避免未等面试官说完就急于发言，或是偏离主题、滔滔不绝。展现出耐心倾听、深思熟虑的能力，有助于与面试官建立共识，赢得更高的评价。同时，也体现了求职者能够在团队中耐心倾听他人意见，促进和谐沟通的良好素质。

2. 保持轻松自如

面试确实可能带来一定的紧张感，但求职者应学会调整心态，保持自信与从容。可以通过积极的自我暗示来减轻压力，如提醒自己已具备足够的实力与准备，只需正常发挥即可。在面试过程中，展现出自信而不自负，轻松而不懈怠的态度，能够增加面试官的好感度。

3. 遇事冷静，注意"陷阱"

面试官有时会通过特殊手段，如设置难题或故意制造冷场，来考察求职者的应变能力与自我控制能力。面对此类"陷阱"，求职者应保持冷静，不急不躁，迅速分析情境，机智应对。可以通过请求面试官进一步解释问题、提出自己的见解或适时转移话题等方式，展现出良好的应变能力和职业素养。同时，注意在整个过程中保持礼貌与尊重，避免给面试官留下冲动或缺乏自制力的印象。

【拓展阅读】

解析10种常见面试题

1. 面试官问：你最大的弱点是什么？

解析：这个问题是面试官试图了解你的自我认知能力。回答时，选择一个真实的弱点，但要确保它不会严重影响你应聘的职位。然后，展示你是如何积极应对并改善这一点的。

在面试过程中,尽可能地少暴露自己的缺点,多展示自己的优势,但这也不意味着可以夸大事实欺骗对方。

参考:我最大的弱点就是有完美主义倾向,会对经手的工作有很高的标准,会让下属和同事产生压力,导致关系紧张。

2. 面试官问:你有缺点吗?

解析:每个面试官都希望能招到优质员工,遇到这样的问题,千万不要天真地把自己的缺点一股脑儿地说出来,但也不要表示自己没有缺点,这会让面试官认为你很自大。你可以讲一些不会对工作产生太大影响的缺点,并设定一个前提条件,表明只有在某种客观情况很糟糕的时候,这样的缺点才会显现出来。

参考:我认为自己没有明显的会影响到工作的缺点,有时候我发现自己对那些磨磨唧唧的人确实缺乏耐心。

3. 面试官问:你怎样评价你的前任老板?

解析:这是一个严重的面试陷阱,如果一不小心跳进陷阱,则很容易被淘汰。面试时,就算对前任老板不满意,也不要在面试官面前贬低他们。否则,会给面试官留下糟糕的印象。面试官会认为,你是一个不懂感恩的人,以后也会在他人面前说他的坏话。放平心态,列举前任老板的优点以及他给自己带来的帮助和成长。通过这种回答方式,既能表现出自己与老板的关系融洽,又能展示出自己的感恩之心。

参考:我的前任老板非常注重细节,从他那里我学到了如何提高工作质量。

4. 面试官问:你为什么选择离职?

解析:这是一个挑战性极强的问题,在回答这个问题的时候,即使前公司的确存在某些问题,但也不要对其进行吐槽或贬低。一方面,你可以表述自己在前公司主要负责哪方面的工作,取得了怎样的成绩,与团队关系如何等,从积极的方向塑造自己,让面试官在短时间内了解你过去的工作环境及状态。另一方面,抛出自己离职的原因,向面试官简述你的职业规划,并说明自己出于个人职场发展的考量,想要在新公司获得更多机会和锻炼。

参考:我在前公司积累了宝贵的经验,但随着职业规划的深入,我渴望在更广阔的平台上挑战自我,实现更高的职业目标。贵公司提供的岗位与我的职业规划高度契合,我相信在这里我能获得更多成长机会。

5. 面试官问:你认为自己能否胜任这份工作?你的胜任力是什么?

解析:面试官其实是想通过这个问题了解你对这份工作的认识和理解,了解你的个性、知识技能、对行业的认知是否能够满足岗位的需求,以及你的个人态度是否与企业文化相匹配。回答这个问题时，你需要表示出对这个行业的热情，以及对行业未来发展前景的分析；充分将自己的知识、技能、特长、类似工作经验与该职位的任职要求进行结合阐述，更重要的是要列举过往成绩的突出亮点，证明自己的实力；要强调自己具有较强的解决问题的能力，以及对新事物的学习能力。

参考：我深信自己能够胜任这份工作。我具备扎实的专业知识、丰富的行业经验和良好的团队协作精神。在过去的工作中，我成功完成了多个类似项目，展现了强大的问题解决能力和创新思维。我相信这些能力将使我在贵公司发挥出色。

6. **面试官问：你希望与什么样的老板共事？**

解析：这也是一个面试陷阱。当面试官问到这个问题时，千万不要按照自己心中理想老板的模型做出描述。面试官问你对老板的期望，其目的是想要知道你是如何看待上下级关系。对于任何企业来说，他们都希望招聘一个具有强执行力和适应能力的人，而不是一个挑剔的人。一旦你的要求和公司的实际情况不一致，很有可能会因此放弃录用你。

参考：我觉得，职场重要的是做事，无论面对怎样的老板，我都会努力适应，尽快地磨合好工作关系。并且，既然他可以做我的老板，那么必然有他的过人之处。与他人的优点共事，这样自己可以更快地进步和成长。

7. **面试官问：你为什么选择我们公司？**

解析：面试官问这个问题是想了解你的求职动机、对工作的态度、对公司的认识、对行业的理解，他们想从你的答案中获取其他的信息。因此，在面试前，一定要对自己所应聘的企业有充足的了解，被问到这个问题的时候才有内容可谈，从而展示更多的优势。在回答时，你可以表达出对这个行业的热爱，并且看好行业发展的前景，紧接着提出对方公司在这个行业的优势。说明对方公司与自己职业规划目标高度契合，如果能被聘用，会在这个岗位上创造出怎样的价值。

参考：我经过深入研究，发现贵公司在行业内具有领先地位，其企业文化和价值观与我的个人理念高度契合。此外，贵公司提供的岗位与我的职业规划目标紧密相连，我相信在这里我能实现个人价值的同时，也为公司的发展贡献自己的力量。

8. **面试官问：对这项工作，你有哪些可预见的困难？**

解析：任何职场都不可能是一帆风顺的，都可能会遇见大大小小的困境。在回答这样问题的时候，不宜直接说出具体可能出现的困难，而是要表达出自己态度，并说明工作中出现困难是很常见的事情，自己具备解决困难的毅力和能力，如果真的碰见很难解决的事情，自己也愿意去提升学习，从而解决问题。此外，你也可以简单列举出自己曾经在工作中遇到的难题，以及自己是如何成功解决这个难题的。

参考：任何工作都可能面临挑战和困难，但我相信通过努力和团队合作，我们能够克服一切障碍。如果遇到问题，我会首先分析原因，制定解决方案，并寻求团队成员或上级的支持。我相信自己的学习能力和适应能力能够让我在工作中不断成长。

9. 面试官问：你的优点是什么？

解析：面试官问你的优点是想知道你的优点与这个岗位的匹配度。所以，建议在回答这个问题时，不要直接罗列自己的一些优点，而是要针对你所要应聘的岗位，列举自己的优点。

参考：我认为自己具备出色的沟通能力和团队合作精神。在以往的工作中，我能够清晰地表达自己的想法，同时倾听他人的意见，促进团队内部的良好沟通。此外，我还具备较强的学习能力和适应能力，能够迅速掌握新知识和技能，适应不同的工作环境。

10. 面试官问：你还有什么问题要问吗？

解析：面试官问这个问题，其目的是想了解你的关注点在哪里。如果你上来就问工资，面试官就可能认为你的关注点在工资上面，你如果问工作内容，面试官就可能认为你的关注点在工作本身。尽可能地问与岗位相关的专业问题。一方面你可以得到自己想要的信息；另一个方面也能够体现你的专业度，给面试官留下好感。

参考：请问这个岗位的具体工作内容和职责是什么？另外，公司对于新员工的培训和发展有哪些具体的计划和支持措施？我非常期待能够加入贵公司，并为公司的发展贡献自己的力量。

4. 善于思考，争取主动

通常而言，用人单位倾向于避免招聘那些仅能机械执行指令、缺乏灵活性、工作表现僵化、面对挑战时手足无措、主动性不足、缺乏创新思维及深度思考能力的求职者。因此，求职者应当致力于培养自身的独特魅力与敏锐洞察力，学会主动思考，勇于担当，并善于捕捉机遇。在求职过程中，应积极展现个人见解与创意，及时将新颖的观点和想法呈现给面试官，以此全面彰显自己在岗位适应、问题解决及特定领域的才能与潜力，从而吸引并赢得面试官的高度关注与认可。

【案例】

职场面试故事1

一位刚毕业的女大学生到一家公司应聘财务会计工作，面试时即遭到拒绝，因为她太年轻，公司需要的是有丰富工作经验的资深会计人员。女大学生却没有泄气，一再坚持。她对面试官说："请再给我一次机会，让我参加完笔试。"面试官拗不过她，答应了她的请求。结果，她通过了笔试，由人事经理亲自复试。

人事经理对这位女大学生颇有好感，因为她的笔试成绩最好。不过，女孩的话让人事经理有些失望，她说自己没工作过，唯一的经验是在学校掌管过学生会财务。他们不愿找一个没有工作经验的人做财务会计。人事经理只好敷衍道："今天就到这里，如有消息我会打电话通知你。"

女孩从座位上站起来，向人事经理点点头，从口袋里掏出两元钱双手递给人事经理："不管是否录取，请都给我打个电话。"

人事经理从未见过这种情况，竟一下子呆住了。不过他很快回过神来，问："你怎么知道我不给没有录用的人打电话？"

"您刚才说有消息就打，那言下之意就是没录用就不打了。"

人事经理对这个年轻女孩产生了浓厚的好奇，问："假如你没被录用，我打电话，你想知道些什么呢？"

"请告诉我，我在什么地方没有达到你们的要求，我在哪方面做得不够好，我好改进。"

"那这两元钱……"

没等人事经理说完，女孩微笑着解释道："给没有被录用的人打电话不属于公司的正常开支，所以由我付电话费，请您一定要打。"

人事经理马上微笑着说："请你把两元钱收回。我不会打电话了，我现在就正式通知你，你被录用了。"就这样，女孩用两元钱敲开了机遇大门。

这一故事深刻启示我们：在竞争激烈的现代社会，单一的思维模式已难以满足复杂多变的需求。唯有像这位女孩一样，勇于挑战常规，立体思考，灵活应变，才能在机遇与挑战并存的环境中脱颖而出，成就非凡。

5. 诚实坦率

在面试这一关键环节中，诚实与自知之明是不可或缺的品质。面对超出自身知识范畴或未曾深思的问题，最明智的做法是坦然以对，诚恳地说："这个问题我确实未曾深入思考过，目前无法给出确切答案。"这样的回答不仅体现了求职者的诚实与坦率，更能赢得面试官的好感，因为他们看重的是求职者面对未知时的真实态度与解决问题的能力。

【案例】

职场面试故事2

去年年底，因与公司领导发生了一点小矛盾，我选择了提前休假以平复情绪。春节回来后，老板让我写辞职申请，在我认真检讨了自己的错误和表达了强烈希望回到公司的愿望后,他给了我一个机会,但有两个条件:一是写一份深刻的检讨和心得;二是写几篇有一定质量的文章;同时多次建议我在外找工作试试。

在这种情况下,我便试着在外找工作,当前定位还是希望从事咨询工作,并做好打算,若在两个月内找不到咨询工作,便找在企业工作的机会。

我找工作主要有两条路:一是找朋友问有没有相关信息;二是在网上投简历。在发出简历的一周内,我接到8个通知面试的电话,还有两个朋友的内推,共获得了10个面试机会。经过筛选,我选择了4家单位咨询顾问的工作岗位进行面试,而且都取得了不错的面试效果。细想起来,除专业知识外,每一次面试真正打动面试官的地方都不一样。

第一家:我做了翔实的准备,在接到面试电话时询问了对方希望了解的专业知识,并据此准备了一个系统性强的绩效考核PPT。我向对方展示了自己认真对待每一件事的态度,即使是电话中的随口要求,我也承诺并兑现了。

第二家:当被问及离职原因时,我认真说明了自己在工作中存在的问题,表达了对老板的歉意和希望得到原谅的愿望,并分享了这一经历给我带来的深刻启示。

第三家:在谈到收入期望时,我坦诚地表达了自己的市场价值和能力匹配度,同时对原单位的培养表示了深深的感激。我强调,尽管我期望的薪酬是现有工资的两倍多,但这是基于行业水平和自身能力的提升,并非对原单位有任何不满。

第四家:面对专业问题,我展现出了谦逊好学的态度,及时记录疑问并向面试官致谢,感谢他提供的知识帮助,并对自己可能无法满足招聘要求表示歉意。

通过这次求职经历,我深刻体会到,坦诚、真实以及一颗平常心和感恩之心,是打动人心的最佳武器。这些品质不仅帮助我在面试中赢得了面试官的欣赏和合作意愿,也为我未来的道路铺就了更广阔的前景。

(四)告别礼仪

当面试接近尾声时,求职者可能会听到面试官使用一些常见的结束语,如"今天就谈到这里""你的情况我们已经了解了""我们一旦有决定,就会立即通知你""谢谢你对我们招聘工作的关心"。在这种情况下,求职者可以主动告辞,同时要保持礼貌和尊重。

如果面试官告知你被录用,应保持镇定,向面试官表示感谢,并表达对未来合作的期待。

如果面试结果尚未确定,应重申你对这份工作的热情,并感谢面试官付出的时间。同时,可以表达对面试过程中所获得经验和知识的感激,并表达希望未来有机会再次得到指导的愿望。

即使面试结果不尽如人意,也应保持专业和礼貌,避免过度申辩或强行推销自己。

无论结果如何,都应以微笑结束面试,感谢面试官付出的时间,以一种光荣和体面的方式退出。

三、面试后必备礼仪

许多求职者在面试结束后，往往只等待聘用通知，而忽视了面试后的一系列重要步骤。实际上，面试后的善后工作同样关键，能够加深面试官对你的印象，并可能影响最终的录用结果。

（一）感谢对方

面试结束后，及时向招聘人员表达感谢是提升个人形象和增加求职成功机会的有效手段，可以根据个人偏好和公司文化，选择打电话或写信的方式表达感谢。

（1）感谢电话。

通话时间最好不要超过5分钟，直接表达对面试机会的感激之情。重申对职位的兴趣，并简洁地提及自己在面试中提到的优点或经验。

（2）感谢信。

感谢信要简洁，最好不超过一页。感谢信的开头提及个人信息和面试情况，包括面试时间和对招聘人员的称呼。重申对公司和职位的兴趣，强调自己为什么适合这个职位。加入一些在面试中可能未充分表达的有用信息。如果可能，修正面试中可能留下的任何不良印象。感谢信的结尾可以表示你对自己能够满足公司要求的信心，主动提供额外材料或信息，展示自己的专业和热情，并表示希望为公司的发展壮大做出贡献。

面试后表示感谢是十分重要的，因为这不仅是礼貌之举，也会使面试官加深对你的印象。

（二）适时打听

面试结束后，招聘团队通常会进行一系列的后续工作，包括讨论、投票和汇总结果，这个过程可能需要3~5天。对于求职者来说，在这段时间内一定要耐心等候消息，不要过早打听面试结果。

（三）收拾心情

面试结束后，虽然你已经完成了一个重要阶段，但在整个求职过程中，这只是一个开始。如果你同时向多家公司求职，则应该收拾心情，全身心地准备第二家公司的面试。不要因为一次面试而停止其他求职活动，应该继续寻找和申请其他职位。

（四）查询结果

一般来说，在面试两周后或面试官承诺的答复时间到期时，仍然没有收到任何消息，此时可以写信或打电话给招聘单位或面试官，询问是否已做出了决定。

（五）有备无患

在求职过程中，面对失败是不可避免的一部分，重要的是如何从失败中学习并准备下一次的尝试。就业机会不止一个，关键是必须总结经验教训、分析失败的原因。根据总结的经验，制定具体的改进措施，如提升专业技能、改善面试表现等。不断学习新知识和新技能，以适应不断变化的就业市场。根据市场和个人情况的变化，灵活调整求职策略。做好思想准备，以饱满的热情和充分的准备迎接下一次求职机会。

求职是人生大事，求职者应以正确的求职观念和心态，充分发挥礼仪的作用，全面审视自己，客观地了解市场，做出理性的抉择。

【模拟训练】

1. 结合自身实际，有针对性地展开模拟训练
2. 训练指导

教师要做好学生求职情况的调查，有针对性地对学生进行指导，引导学生认真总结。学生要结合自己的专业和自身实际，进行有针对性的个人演练与总结。

训练一：撰写个人简历及求职信。

训练二：请设定一个面试情景，做一个3分钟的自我介绍。

训练三：基于训练二的面试情景，给用人单位写一封感谢信。

训练四：根据自己的求职情况，写一篇求职总结。

【案例分析】

小郑的疑惑

小郑刚参加工作不久，公司举办了一次大型的产品发布会，国内很多知名企业的管理者参加。小郑被安排在接待岗位上。接待当天，小郑早早来到机场，当等到来参加发布会的人时，他便开口说："您好！是来参加发布会的吗？告诉我您的单位及姓名，以便我们安排就餐与住宿的问题。"小郑有条不紊地做好了记录。后来，在会场，小郑帮客人引路，小郑一直小心翼翼，虽然自己一向走路很快，但是他放慢步伐，很注意与客人的距离不能太远。在穿梭于会场、引导客人乘坐电梯的过程中，小郑始终走在前方，做好带路工作。

然而，令小郑感到意外的是，尽管他自认为已经尽心尽力，却仍几次受到了上司的批评。

思考并分析：

（1）小郑在哪些方面做错了？

（2）如果你是小郑，你会怎么办？

我将是您手中的一张好牌

王智大学毕业时，在宣传栏上看到一则招聘销售主管的广告，率性不羁的他马上决定去试一试。

他精心筹备了一份个人简历，字里行间不仅彰显了他作为本科毕业生的学术成就与良好品德，还特别强调了在校期间积累的宝贵工作经验。为了给自己的申请增添一抹独特色彩，王智巧妙地运用计算机技术，将个人照片与扑克牌中的红桃A巧妙融合，将自己置于象征勇气与机遇的红色桃心之中，并在照片底部附上寓意深长的文字："我将是您手中的一张好牌。"

随后，他利用扫描仪将这份创意满满的简历与照片上传至个人主页，并通过电子邮件迅速发送给目标公司，同时，为确保万无一失，他还精心准备了纸质介绍信与照片，通过传统邮寄方式送达公司。

面试当天，王智发现自己是唯一应约而至的候选人，心中虽有疑惑，但更多的是对即将展开的对话充满期待。面对面试官的提问，他从容不迫，对答如流，展现出扎实的专业功底与良好的应变能力。当被要求即兴写作时，他灵感突发，将办公楼外观察到的管理细节融入文中，撰写了一篇见解独到的《管理公关之我见》，赢得了面试官的赞赏。

很快，他就被请到了总经理办公室。总经理很随意地和他聊起天来："知道为什么今天就你一个人来面试吗？"王智摇摇头。总经理说："我们最先收到你的个人资料，你可能是唯一通过电子邮件发送个人简历的应聘者。"王智恍然大悟。

"你的照片背景为什么不是王牌，而是一张红桃A呢？"总经理问。王智胸有成竹地说："你们的招聘广告上不是写着'招纳贤士，共创大业'吗？我不想做王，只希望成为您麾下的一把利剑，冲锋陷阵，共创大业！"

三天后，一封承载着荣耀与期待的聘书翩然而至，王智正式被聘任为销售主管，开启了职业生涯的新篇章。

思考并分析：

"我将是您手中的一张好牌"体现了王智什么样的求职理念？为什么该理念得到了招聘单位的欣赏和认可？

【本章小结】

职场如战场，礼仪是利器。办公室是处理日常公务和进行公务洽谈、交接的场所。办公室礼仪要求正确处理好与同事之间、与上下级之间的关系。

公务迎送是协调上级与下级、单位与单位之间的关系的一项重要的公务活动，除了要秉持高度的工作责任感，全心全意为人民服务的宗旨和较强的公关意识，最重要的就是要讲究接待迎送的礼仪。

会议是党政机关、企事业单位和群众团体处理重大事务、商讨问题、做出决策、交流信息、总结经验、协调关系的重要工作形式。只有做好会前的筹划与准备、会议进程中五个明确和三个必要条件、会议结束后的六项收尾工作，才能确保会议圆满落幕。

求职礼仪是求职者在求职过程中与招聘单位接待者接触时应具有的礼貌行为和仪表仪态规范。它通过求职者的应聘资料、语言、仪态举止、仪表、着装打扮等方面体现其内在素质。求职者在择业之前必须做好充分准备。一般而言，求职前的准备包括四项内容，即认知准备、材料准备、心态准备和模拟演练。面试时还要注意等候礼仪、见面礼仪、应答礼仪及告别礼仪。面试结束后要感谢对方、适时打听、收拾心情、主动查询等，特别是要总结经验与教训，最终实现成功就业。

【复习思考题】

（1）当你来到一个新单位，如何处理好与同事之间的关系？
（2）办公室着装要遵守哪些礼仪要求？
（3）公务迎送有哪些礼仪？
（4）会议准备与筹划阶段应注意哪些礼仪？
（5）求职应聘准备阶段应注意哪些礼仪？
（6）求职面试的内容包括哪些方面？
（7）面试时应注意哪些问题？
（8）面试后应注意哪些礼仪？

第十章　宴请礼仪

【学习目的】

（1）了解宴会的筹备工作。
（2）熟悉宴会服务礼仪与酒水礼仪。
（3）熟练掌握用餐礼仪。

【课程导入】

中国人吃饭有一个习惯：给别人夹菜。长辈给晚辈夹菜，主人给客人夹菜，以示谦让和友善。但国际礼仪是绝不允许此举的。国际礼仪讲究：让菜不夹菜。为什么？道理很简单。换成另外一个角度，你又不知道我是谁，你又不知道我爱吃什么，你凭什么给我夹菜。不是讲尊重吗？尊重别人，就是要尊重别人的选择。你给我夹的那筷子菜，万一我不愿意吃呢？

有一次，我就非常倒霉。我肠胃不太好，不爱吃比较寒的东西。那天被一个同志请吃大闸蟹，他一会儿给你夹一只，夹过来我就得吃。然后再给你夹一只，我又吃了。他连着让我吃了三只，我被他弄得连续一个星期胃痛。

他给你夹了菜，你没办法不吃。这还算好的，还有更差劲的。有人拿自己筷子给你夹，还把筷子先在嘴里"处理"一下，等于给你派送一口唾沫，你说恶心不恶心？！

（资料来源：金正昆.社交礼仪[M].北京：北京联合出版公司，2013.）

在《论语》这部儒家经典中，孔子关于饮食文化的深刻见解，尤其是国君赐食设宴的礼仪、君子依礼而食的准则、民间饮食习俗的规范，以及膳食均衡搭配的原则，包括食物的色、味、形、质、营养与器皿选择等，均被后世奉为圭臬，被誉为"孔食箴言"。尤为值得一提的是，《论语·乡党篇》集中而详尽地展现了孔子的膳食观念，其内容可精辟地概括为七个方面：一是君子膳食讲求精细之道；二是注重膳食营养均衡；三是重视食物安全；四是讲求饮食规律；五是讲求厨艺烹调并且身体力行；六是饮酒要有节制，提倡适度饮酒；七是恪守饮食斋膳礼仪礼节。

时至今日，随着社会经济的蓬勃发展，宴请活动的意义已远远超出了最初的范畴，它更多地承载着国际交往、情感交流、信息沟通等多重功能。因此，宴请作为公关与社交活动中不可或缺的一环，其礼仪形式愈发显得重要且常见，成为展现个人修养、促进社会和谐的重要手段。

第一节 宴会的筹备

宴会的筹备工作是一项极其严谨且细致的任务，其要求之高不言而喻。在筹备过程中，必须周密考虑多个关键要素，如宴请目的、宾主身份、宴请规格和种类、请柬的设计及发送、场地布置、餐饮安排等。值得注意的是，宴会筹备的各个环节是相互关联、密不可分的。任何一个环节的疏忽或处理不当，都可能对宴会产生连锁反应，甚至影响整个宴会的顺利进行。

一、宴请的几种常见形式

宴请活动因目的、场合及参与者的不同而展现出丰富多样的形式。根据宴请的初衷，可细分为迎送宴会、答谢宴会、喜庆宴会、祝寿宴会及商务宴会等，每种形式都承载着特定的情感与目的。此外，从餐饮文化的角度，宴请还可分为中餐宴会与西餐宴会，满足了不同文化背景与口味偏好的需求。

常见的宴请形式有以下几种。

（一）宴会

宴会是宴请活动中最为隆重且正式的形式，旨在通过精心策划的餐饮盛宴来表达敬意、谢意或扩大社交影响力。根据层次不同，宴会可分为国宴、正式宴会、便宴、家宴。根据举行的时间，宴会可分为早宴、午宴、晚宴。不同的宴会种类，其隆重程度、出席规格以及菜肴的品种与质量等均有区别。一般来说，晚上举办的宴会较之白天举办的更隆重。

（1）国宴。国宴是国家层面的最高规格宴请，国宴通常为国家庆典或外国元首、政府首脑来访时举行。其特点在于规格极高，需排定座次，宴会厅内悬挂国旗，并安排军乐队演奏国歌及席间乐。主宾双方通常需发表致辞与祝酒词，营造出庄重而热烈的氛围。

（2）正式宴会。在规格与程序上虽略逊于国宴，但同样注重礼仪与规格。宾主双方需按宴会要求着装，按身份就座，菜肴、酒水、餐具均力求上乘，服务也需规范周到。

（3）便宴。相较于正式宴会，便宴更加随意与亲切。其规格可大可小，不拘泥于严格的礼仪与程序，旨在营造轻松愉悦的进餐环境，便于情感交流与信息沟通。常见的便宴形式包括午宴、晚宴，有时也包括早宴。

（4）家宴。以私人名义在家中举行的宴请活动，通常不设太多礼仪限制，重在深化情感与发展友谊。家宴的温馨氛围与私密性使其成为公关与社交活动中不可或缺的一部分。

（二）招待会

招待会作为一种独特的宴请形式，其精髓在于不备正餐却同样能营造出温馨而活跃的社交氛围。在这里，宾客们不仅能品尝到精心准备的美食与饮品，还能在轻松自在的环境中自由交流，增进彼此之间的了解与情谊。

（1）冷餐会。冷餐会的菜肴以冷食为主，但也提供热菜。宾客们可以自由活动，根据个人喜好自取食物，享受无拘无束的用餐体验。酒水方面，同样提供自取与服务员端送两种选择，满足不同宾客的需求。冷餐会的举办地点灵活多样，无论是室内还是室外，都能营造出独特的氛围。可设小桌、座椅供宾客们自由入座，也可选择不设座椅，让宾客们站立进餐。冷餐会的规格与隆重程度可根据实际情况灵活调整，时间则多安排在中午或傍晚，便于宾客们在闲暇之余参与其中。

（2）酒会，又称鸡尾酒会，以招待酒水为主，辅以各式小吃。在这里，不设座椅，仅设小桌，宾客们可以自由走动。酒会的时间安排同样灵活多样，无论是中午、下午还是晚上，都能根据宾客们的实际情况进行调整。请柬上通常会注明活动的持续时间，让宾客们能够自由安排自己的行程。酒会不一定都用鸡尾酒，但通常酒类品种较多，并配以各种果汁，一般不用或少用烈性酒。食品多为三明治、小香肠、炸春卷等小吃，以牙签取食。饮料和食品由招待员用托盘端送，或部分放置在小桌上供人们自取。酒会以其活泼的形式与宽松的氛围成为广泛接触与深入交谈的理想场所。

（三）茶会

茶会是一种更为简便的宴请形式，其核心在于通过品茶这一雅致的活动来促进宾客间的交流与沟通。茶会通常设在客厅、花园或会议厅，不排座次；举行时间一般在上午10时或下午4时左右。茶会对茶叶与茶具的选择都极为讲究，这不仅是对传统文化的尊重，也是对宾客的一种尊重与礼遇。茶具则通常选用精美的陶瓷器皿，茶具要用陶瓷器皿而不用玻璃杯，用茶壶而不用热水瓶，还要略备一些点心或地方风味小吃。

（四）工作进餐

工作进餐是现代交际中经常采用的一种非正式宴请形式。这种宴请只请工作人员，不请配偶及与工作无关的人员。工作进餐按时间分为早餐、午餐和晚餐。双边工作进餐往往排席位，为便于谈话，常用长桌。

二、宴请安排

1. 宴请的目的、名义

宴请的目的具有多样性，既可以是为某一件事而举行，也可以是为某一个人而举行。在确定宴请目的的同时，需清晰界定邀请与受邀双方的名义，确保双方身份的对等与

— 215 —

尊重。大型正式活动往往以显赫人物之名发出邀请，而日常小聚，则可根据亲切程度选择个人或夫妇名义，传递温情与诚意。

2. 宴请的对象、范围和形式

宴请需综合考量宴请性质、宾客身份、国际礼仪、双方关系及当前社会背景，确保邀请名单的精准与全面。名单上，每位宾客的姓名、性别、职务均应详尽标注，以便提前发出诚挚邀请，让每一位受邀者都能感受到被重视与期待。

至于宴请形式，则需根据目的、规格、活动内容及宾客数量灵活选择。正式而高级的场合，宴会是首选；若人数众多，则冷餐会、酒会或茶会等轻松形式更为适宜，既便于交流，又能营造愉悦氛围。

3. 宴请的时间和地点

宴请的时间和地点是影响宴会能否成功举行的关键因素。时间需精心挑选，避开对方的繁忙时段、重要节日或文化禁忌日，确保双方都能以最佳状态参与。在西方文化中，13日与星期五或许需谨慎避开；而在伊斯兰教的斋日里，晚宴应安排在日落之后，以示尊重与体贴。

地点的选择同样重要，需根据宴请对象的身份、活动性质及规模大小来决定，如官方正式、隆重的宴会一般安排在政府议会大厦或客人下榻的酒店。

三、宴会的席位安排

宴会的席位安排是一门精细的艺术，其中蕴含着深厚的礼仪与文化内涵。中餐宴会习惯使用圆桌，而西餐宴会习惯使用长桌，桌次的设定依据宴会厅的布局来灵活调整。不论桌数多少，其核心原则一致：主桌确定后，其余桌次的尊贵程度依据其距离主桌的远近来判定，越近则地位越高，越远则地位越低；对于平行排列的桌席，则遵循右为尊、左次之的传统。当桌数较多时，增设桌次牌以清晰引导，确保每位宾客都能找到对应席位。

席位的高低与桌次的高低原理基本相同，即右高左低，先右后左。按照国际礼仪，男女宾客穿插而坐，以女主人为基准点，主宾坐于其右侧，而主宾夫人则安排在男主人的右侧，这样的安排既体现了对宾客的尊重，也促进了不同性别之间的交流。在我国，除了遵循上述原则外，还常依据职务高低来安排席位，便于工作中的沟通与交流。同时，注重将女士及夫人安排在一起，既体现了对女性的尊重，也便于她们相互熟络。

对于两桌及以上的宴会，其余各桌的首席位置可选择与主桌主人相对应，或是直接面向主桌，以增加整体的连贯性与互动性。此外，席位安排还需考虑宾客之间的关系，若事先得知有宾客希望通过宴会结识新朋友，不妨巧妙安排座位，促进彼此之间的交流与了解。宴会开始前，主人的适时介绍更是不可或缺，它如同一座桥梁，帮助宾客之间迅速建立联系，营造出更加温馨、融洽的宴会氛围。

四、宴会的现场布置和餐具摆放

（一）宴会的现场布置

若宴会中安排有乐队演奏，乐队的布局需考虑与宾客保持适当距离，以确保乐声柔和悠扬，既不干扰交谈，又能为宴会增添一抹温馨的背景音乐。尤为贴心的是，可预先准备几首主宾家乡的经典曲目或他们个人偏爱的音乐，让这份细节之处尽显尊重与关怀。

宴会现场的布置取决于活动的性质和形式。对于官方正式活动，布置应着重体现严肃、庄重而又不失高雅的格调，应避免使用过于张扬的霓虹灯装饰，转而采用简约而不失精致的装饰手法，如精选少量短茎鲜花、雅致的盆景及细腻的刻花作为点缀，既彰显尊贵，又不失自然清新。

在餐桌布置上，根据宴会规模与需求灵活选择圆桌、长桌或方桌，确保每一张餐桌都能成为宾客交流的温馨角落。对于两桌及以上的宴会，应精心规划桌子之间的距离，既要便于宾客走动，又要保持空间感，避免拥挤。同时，各个座位之间的距离也应保持均等，确保每位宾客都能享受到舒适的用餐体验。

（二）餐具摆放

餐具的摆放是宴会准备中至关重要的一环，需根据宴请的具体人数及酒、菜品的种类精心筹备。餐桌上的一切用品均要清洁卫生，桌布、餐巾都应洁白平整；玻璃杯、酒杯、筷子、刀叉、碗碟，在宴会之前应洗净擦亮。

1. 中餐具的摆放

中餐用筷子、餐盘、碗、匙、小碟等。一般白酒杯放在味碟右上方，正上方放红葡萄酒杯，左上方放水杯，如图10-1所示。酒杯的数量应与所提供的酒品种类相匹配。餐巾叠成花插在水杯中，或平放于餐盘上。在宴请外国宾客时，除摆放筷子外，还要摆上刀叉。酱油、醋、辣油等佐料应适量准备，并以一桌数份的形式摆放，方便宾客根据个人口味调节。为了公共卫生考虑，公筷与公勺的设置不可或缺，并应配有专门的筷、勺座，既卫生又美观，其中一套特别放置于主人面前，以示引领与尊重。此外，餐桌上还应细心准备烟灰缸与牙签，以满足宾客的不同需求。

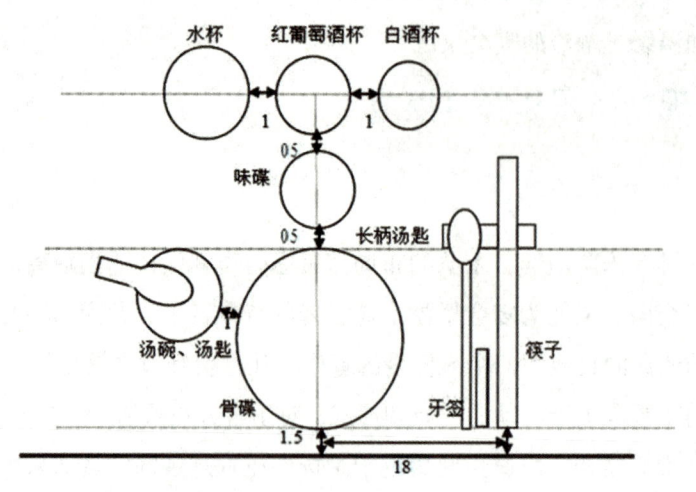

图 10-1 中餐具的摆放

2. 西餐具的摆放

西餐具有刀、叉、匙、盘、杯等。刀分主菜刀、鱼刀、冷菜刀、奶油刀、水果刀，叉分主菜叉、鱼叉、冷菜叉、龙虾叉，匙有汤匙、茶匙等，杯有茶杯、咖啡杯、水杯、酒杯等。宴会上有几道酒，就配有几种酒杯。公用刀叉的规格一般大于食用刀叉。

西餐具的摆放如图10-2所示。餐盘（汤盘）居中摆放，作为整个餐具布局的核心。左手边放置叉具，右手边则是刀具，酒杯则位于餐盘的右上方，根据宴会酒品顺序排列，既美观又实用。餐巾插在水杯内或摆在餐盘上，面包、奶油盘置于左上方。

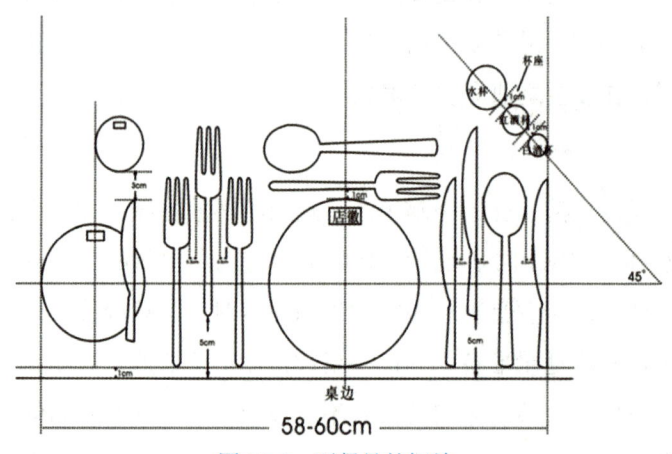

图 10-2 西餐具的摆放

五、宴会菜单确定和酒水安排

在拟定宴会的菜单时要考虑以下几个方面的因素。

（1）菜肴的选定与酒水的搭配主要以主宾的口味习惯为依据，而不是以主人的喜好为标准。另外，要注意尊重对方的民族饮食习惯和宗教信仰，如印度教徒不吃牛肉；伊斯兰教徒不饮酒，也不饮含有酒精的饮料；回民不吃猪肉等。

（2）在菜肴的选择上，注重营养的全面与均衡，荤素搭配得当，既满足味蕾享受，又兼顾健康需求。精选时令鲜蔬、地方特色菜及经典传统佳肴，确保每一道菜都能成为餐桌上的亮点。同时，考虑到酒水与菜肴、饮料的和谐搭配，力求满足大多数宾客的口味偏好，营造愉悦的用餐氛围。

（3）宴会的精髓在于氛围的营造，而非单纯的美食堆砌。因此，在选择菜肴时，不必一味追求名贵食材，而应注重菜品的精致度、卫生标准及口感美味。菜肴的分量应适中，既能让宾客品尝到多样美食，又不会造成浪费，让宴会更加温馨而不失格调。

（4）量力而行。在确定菜单时，还需充分考虑经费预算及厨师团队的烹饪能力。

第二节　用餐礼仪

餐桌礼仪在中国文化中占据着举足轻重的地位，它不仅关乎个人修养与品位的展现，更是社会交往与和谐共餐的重要基石。因此，掌握餐桌用餐礼仪显得尤为重要，无论你是主人还是客人，都必须掌握一些规则。

一、应邀

收到赴宴请柬时，首要任务是仔细阅读请柬上的信息，了解宴会的类型（中式或西式）、地点（家中或饭店），以及是否需要陪同外国代表团等细节。请柬上通常会注明宴会的具体要求和期望。请柬上可能印有"敬候回音"或"如不光临，请予回复"的字样。前者要求无论是否出席，被邀请者都应给予回复；后者则仅在无法出席时需要回复。在国际礼仪中，对于回复邀请的要求通常更为严格。按照传统，应在收到请柬的当日或次日给予回复，延迟回复可能被视为失礼。

一旦接受了邀请，应尽量避免更改计划。如果遇到特殊情况无法出席，则应及时、有礼貌地向主人说明情况并表达歉意。不出席宴会且不提供任何解释是极不礼貌的行为。

二、仪表服饰

盛大的宴会，主人通常会在请柬上注明宾客应穿着的服装类型。因此，在赴宴前，宾客应仔细阅读并遵守这些着装要求。在国外，进餐被视为一种仪式和社交的重要机会。因此，精心打扮，认真对待宴会是最基本的礼仪。

参加正式宴会时，男士应选择深色系的西装，搭配白色衬衫、合适的领带、领结以及擦得光亮的皮鞋。即使宴会非常隆重，这样的着装也是完全合适的。对于女士而言，如果穿着的是长袖礼服，可以佩戴短手套；如果是短袖或无袖礼服，则应选择长手套。穿着旗袍时，应选择色调高雅且艳丽的款式，避免穿着过于休闲的衬衫和西裤，这在正式场合中会显得非常失礼。

对于普通宴会，虽然不必像正式宴会那样严格讲究着装，但仍然需要保持整洁。如果是家庭晚宴或与好友、同事的小型聚会，宾客可以不必过分修饰，以免显得过于华丽，可能会让主人感到不安，担心自己的菜式不够精致。

三、入席

当赴宴者抵达宴会地点时，首要之事是向主人及其他来宾致以问候和敬意。随后，宾客应根据主人的安排，找到自己的座位。若未明确指定座位，应遵循主人的指引，避免随意选择座位。入座时应从座椅左侧进入，并注意礼让领导、长辈和女士先行就座。

坐下后，宾客应保持良好的坐姿，避免过分倚靠椅背或将手臂搭在桌上。双手应保持在膝部，以减少不必要的动作，如拉扯桌布或检查餐具。避免用手频繁整理头发或长时间托腮，以免显得不自在或不尊重。

餐巾的使用方式因文化和场合而异。在中式宴会中，餐巾通常展开铺在膝上，以防油渍。在西式宴会中，餐巾主要用于擦嘴和手指，以及防止食物弄脏衣物。现代餐巾多为一次性纸制品。若需暂时离席，应将餐巾放置在椅子上；用餐结束后，将餐巾随意放置在餐桌上即可。在家庭宴会中，避免使用餐巾擦拭餐具，以免给主人带来不尊重的印象。

四、中式进餐礼仪

1. 进餐

（1）中式进餐时，应先将餐巾打开铺在膝上。上菜后，由主人举杯示意，即可开始进餐，客人不能抢在主人前面。用餐时不要把胳膊横放在餐桌上，也不要在餐桌上服药，这会引起同桌客人的不快。

（2）遇到不熟悉的民族菜肴，可以观察女主人的用餐方式，或礼貌地向女主人询问菜肴的原料。这种询问是对主人准备特色菜肴的尊重，有助于了解不同文化的饮食特色。

（3）夹菜时要文明，要等菜肴转到自己面前时，再动筷。夹菜时要避免翻动菜肴，不要吮舔筷子，夹取适量食物。进食时应闭嘴细嚼慢咽，避免大口吞咽或盯着某一道菜猛吃，以免给人留下不良印象。

（4）口含食物时，最好不要与人交谈。如他人提问，要咽下食物后，用餐巾擦净嘴再说。说话时，要放下手中的餐具，不能手拿餐巾指指点点。不要发出不必要的声音，如喝汤时，"咕噜咕噜"；吃菜时，嘴里"叭叭"作响，这些都是粗俗的表现。

（5）需要吐痰或擤鼻涕时，应到洗手间处理。想要打嗝、打喷嚏或咳嗽时，应用餐巾或手帕捂住口鼻，并将头转向后方。用餐期间如需抽烟，应征得同桌客人同意。敬酒时应尊重他人意愿，避免强迫饮酒或自己过量饮酒。

2. 祝酒

在祝酒前，要了解宴会的性质和目的，明确为何人何事而祝酒，这有助于准备合适的祝酒词。了解并尊重宾客的祝酒习惯，确保祝酒词既高雅又具有针对性，以适应不同文化和个人偏好。碰杯时，主人和主宾先碰，在人数较多的情况下，可以同时举杯示意，不必每杯都进行碰杯。宴会中的相互敬酒可以活跃气氛，但应注意适度，避免过度饮酒影响宴会的整体氛围。

3. 交谈

宴会的核心在于交流，食品和酒虽然重要，但它们更多是作为交流的媒介。良好的餐桌礼仪不仅包括吃喝技巧，还包括精于交谈，以促进友谊的发展。

为了使宾客不感到寂寞无聊，应根据职务、年龄、性格和气质特点安排座位，以营造友好和充满情趣的氛围。例如，将性格内向的宾客安排在善于说笑的人旁边，鼓励他们参与交流。每位宾客都有责任确保谈话不中断，特别是与左右邻座的交流。无论是赴宴还是参加招待会，人们通常认为建立联系、交流家常、讨论话题、结识新朋友比吃饭本身更为重要，这是中外人士的共同之处。

4. 宽衣

在正式宴会中，无论天气如何，都不宜在众人面前解开或脱掉外衣。在小型便宴中，如果主人邀请客人宽衣，男士可以脱下外衣并搭在椅背上。

5. 致谢

用餐结束后，宾客应等待主人起身表示用餐结束，然后才能起身；离开宴会时，应向主人表达感谢，或者在第二天通过电话表达感激之情。

五、西式进餐礼仪

1. 上菜的次序

西餐在菜单的安排上与中餐有很大不同。以举办宴会为例，中餐宴会通常包含近10种冷菜，6至8种热菜，以及点心、甜食和水果，展现出菜品的多样性和丰富性。相比之下，西餐虽然看似包含6至7道菜，看似烦琐，但每道菜通常只有一种选择。对于不熟悉西餐的客人来说，点菜可能稍显陌生。

下面是西餐的上菜顺序。

（1）头盘。头盘也称为开胃品，一般有冷盘和热盘之分，常见的品种有鱼子酱、鹅肝酱、熏鲑鱼、鸡尾杯、奶油鸡酥盒、焗蜗牛等。

（2）汤。汤大致可分为清汤、奶油汤、蔬菜汤和冷汤等4类。品种有牛尾清汤、各式奶油汤、海鲜汤、美式蛤蜊汤、意式蔬菜汤、俄式罗宋汤、法式葱头汤等。

（3）副菜。副菜通常包括水产类菜肴，如鱼类，以及蛋类、面包类和酥盒菜肴。鱼类菜肴搭配专用的调味汁，如鞑靼汁、荷兰汁、白奶油汁等。

（4）主菜。主菜以肉、禽类菜肴为主，牛肉或牛排尤为代表性。肉类菜肴常搭配西班牙汁、浓烧汁、蘑菇汁等调味汁。禽类菜肴多以鸡肉为主，可搭配咖喱汁、奶油汁等。

（5）蔬菜类菜肴。蔬菜类菜肴也就是沙拉，可在肉类菜肴之后或与之同时上桌。生蔬菜沙拉通常由生菜、番茄、黄瓜、芦笋等制作，而以鱼、肉、蛋类为原料的沙拉一般不加味汁。

（6）甜品。西餐的甜品是主菜后食用的，可以算作第六道菜。从真正意义上讲，它包括所有主菜后的食物，如布丁、冰激凌、奶酪、水果等。

（7）咖啡。咖啡作为餐后的饮品，通常加入糖和淡奶油。

2. 餐具的使用

（1）刀叉的摆放。

① 餐盘居中，刀和勺置于盘子右侧，叉置于左侧。大多数人习惯用右手拿刀或勺，左手拿叉，杯子也用右手端起。

② 桌面上摆放的刀叉一般不超过三副。若套餐包含三道菜以上，用完后随上菜再放置新的刀叉。

（2）刀叉的规范使用。

① 刀叉使用顺序从外侧向内侧，即按使用顺序由外向内摆放。

② 进餐时，通常左右手配合使用，一刀一叉成对使用。也有例外的情况，如喝汤时，只用勺子，勺子放在右侧。

③ 刀叉有不同规格，根据用途选择合适尺寸。吃肉时使用大号刀，吃沙拉或甜食时使用中号刀。叉或勺的大小与刀相对应。喝汤用大号勺，喝咖啡或吃冰激凌用小号勺。

（3）刀叉的使用禁忌。

① 不宜用个人餐具为他人布菜。

② 叉子应铲起食物入口，而非扎着食物。不同地区有不同习惯，但现代餐桌礼仪对此较为宽松。

③ 如食用某道菜不需要用刀，也可用右手握叉，如在吃面条时，只使用一把叉，不需

要其他餐具，那么可以用右手来握叉。

④ 为了安全起见，手里拿着刀叉时切勿指手画脚。发言或交谈时，应将刀叉放在盘上才合乎礼仪。这也是对旁边的人的一种尊重。

⑤ 叉子和勺子可入口，但刀子不能放入口中，不管它上面是否有食物。除了礼节上的要求，刀子入口也是危险的。

第三节　酒水礼仪

一、饮酒礼仪

（一）中餐酒水礼仪

中国的饮酒文化源远流长，自商朝起已有饮酒习俗，并以酒祭神。历经汉、唐等朝代，黄酒、白酒、药酒、果酒等酒类不断发展，酒与菜的故事丰富多彩。

在正式宴会中，服务员应先为主宾斟酒，然后依次为其他宾客服务。斟酒时，酒杯应置于桌上，避免酒瓶直接触碰杯口。不同酒杯有相应的持杯方式：高脚杯以手指捏住杯腿，短脚杯则用手掌托住。关于斟酒，中国有"酒满情深"的说法，就是说斟酒以满为敬。因此，酒桌上不论是什么酒，一律以斟满为敬。中餐酒水礼仪归纳起来有以下几个方面。

（1）饮酒要留有余地。品酒应细酌慢饮，尤其是烈酒，切忌一饮而尽。宴会上，建议饮酒量控制在平时酒量的三分之一左右，既享受了酒的乐趣，又不失风度。避免逞强斗酒，以免酒后失态，破坏宴会和谐氛围，更不应让酒精成为不礼貌或失态行为的借口。

（2）礼貌祝酒。作为主宾参加宴请，应了解对方祝酒的习惯，即为何人祝酒、何时祝酒等以便做必要的准备。祝酒时还应注意不要交叉碰杯。在主人和主宾祝酒时，应暂时停止用餐，停止交谈，注意倾听，不要借此机会抽烟。主人和主宾讲完话，与贵宾席人员碰杯后，往往要到其他各桌敬酒，遇此情况，应起立举杯，要目视对方致意。祝酒时要注意，祝酒词既要满足祝福又要有文采。

（3）祝酒不劝酒。饮酒应出于自愿，不强人所难。若不善饮酒，可礼貌地婉拒敬酒，或选择低度酒、饮料作为替代，以表尊重与参与。作为敬酒方，亦应体贴入微，不强求对方过量饮酒，保持宴会轻松愉快的氛围。

（二）西餐酒水礼仪

1. 菜肴与酒水搭配方法

在西餐中，酒水与菜式的搭配有一定的规律，这些规律是人们长期饮食实践的总结，

— 223 —

也可以称之为饮食习惯。总的来说，色、香、味淡雅的酒应与色调冷、香气雅、口味纯、较清淡的菜肴搭配，如头盘、鱼、海鲜类应配白葡萄酒。香味浓郁的酒应与色调暖、香气浓、口味杂、较难消化的菜肴搭配，如肉类、禽类配红葡萄酒。另外，咸食选用干、酸型酒类，甜食选用甜型酒类。在难以确定时，可以选用中性酒类。

（1）餐前酒。用餐前可选用具有开胃功能的酒，如鸡尾酒和软饮料等。

（2）汤类。一般不用酒。如需要可配较深色的雪利葡萄酒或白葡萄酒。

（3）头盘。头盘大多是较清淡、易消化的食品，可选用低度、干型的白葡萄酒。

（4）海鲜。海鲜的鲜美与干白葡萄酒或玫瑰露酒的清新相得益彰，冰镇后更佳。红葡萄酒则一般避免与鱼类及海鲜同享，以免味道冲突。

（5）肉、禽。对于小牛肉、猪肉、鸡肉等白色肉类，建议选择酒度适中的干红葡萄酒；而牛肉、羊肉、火鸡等红色、浓郁、难消化的肉类，则更适合高酒度的红葡萄酒，以助消化并提升风味层次。

（6）奶酪类。食用奶酪时一般配较甜的葡萄酒，也可继续使用配主菜的酒品。

（7）甜食类。宜选用甜葡萄酒或葡萄汽酒。

（8）餐后酒。用餐完后，可选用甜食酒、蒸馏酒和利口酒等酒品，也可选用白兰地、爱尔兰咖啡等。香槟酒则在任何时候都可配任何菜肴饮用。

2. 西餐饮酒礼仪

（1）斟酒。

在西餐场合，斟酒是一门细致入微的艺术。一般而言，红葡萄酒应斟至杯中的1/2处，而白葡萄酒则宜斟至2/3，这样既便于品鉴，又能避免溢出造成的不雅。斟酒时应格外留意，避免酒液外溢，此乃餐桌礼仪之大忌。遵循的次序是先为主人服务，随后是主宾，最后才是其他宾客，以此彰显对主人的尊重与礼遇。

（2）品酒。

① 不劝酒。西餐文化中，饮酒多寡全凭个人意愿与情绪，鲜有劝酒之举，这与东方酒桌文化大相径庭。因此，在西餐桌上应保持此份尊重，即便出于好意，劝酒也应适可而止，避免造成他人不适。若不善饮酒，不妨坦诚相告，主人通常会给予理解与体谅。作为变通，可请服务员象征性地在杯中添少许酒，仅以唇轻触杯沿，以示尊重，即可避免进一步劝酒。

② 通常由男主人发起举杯祝酒，以示宴会正式开始。作为宾客，不宜抢先提议干杯，以免有喧宾夺主之嫌。女士亦不宜主动为男士干杯。在人数众多的场合，干杯时不必一一碰杯，以眼神交流代替，既显礼貌又显高效。与外宾干杯时，切记避免交叉干杯，以免形成不吉利的十字形，触犯西方文化中的禁忌。

（3）禁忌。

① 西餐桌上，任何形式的喧闹、高声喧哗、猜拳行令等行为均被视为粗俗无礼，应严格避免。保持餐桌的宁静与优雅，是每位宾客应有的修养。

② 忌干杯。正确的做法是先举杯欣赏酒液的色泽，随后轻嗅酒香，最后小口品尝，让酒液在口中缓缓流淌，享受其独特的风味与韵味。

二、茶道礼仪

中国是茶的故乡，中国茶文化博大精深、源远流长。茶道最早起源于中国，是一种以茶为媒的生活礼仪，也被认为是修身养性的一种方式，它通过沏茶、赏茶、饮茶来增进友谊、美心修德、学习礼法。"以茶待客"是中国自古以来的待客之道。一杯看似简单的茶，其中蕴含了许多的学问，泡茶、斟茶、品茶、添茶都讲究礼仪。

（一）茶道礼仪之主人篇

朋友来访，泡好茶招待客人这是必备技能。作为主人，如何泡茶待客而不失礼仪之范，以下乃关键要点。

1. 待客之礼：洒扫庭除，以待嘉客

主人应事先清理茶室，将杂物归置，营造整洁雅致的品茶环境，让客人一进门便能感受到宾至如归的温馨与舒适。

2. 选茶之礼：询问喜好，细心待客

茶是一种媒介、一种载体，蕴藏着你的礼仪与用心。泡茶前，询问客人的饮茶偏好与身体状况，如是否偏好某种茶类，或有无特定禁忌，以此为依据精心挑选茶叶，彰显主人的贴心与尊重。

3. 取茶之礼：忌徒手抓茶叶

将茶叶放入壶或杯中，建议使用竹或木制的茶匙取茶，切忌用手抓；若没有茶匙，可将装茶器具倾斜，对准壶或杯轻轻抖动，使适量的茶叶落入壶或杯中。徒手抓茶叶时手上的污渍容易让茶叶受潮，气味也容易沾染到茶叶上，既影响茶的品质，也给人不讲卫生的感觉。

4. 备具之礼：温杯烫壶，摆放有礼

当着客人的面进行温杯烫壶，提升茶具温度，确保茶的口感更佳。同时，注意茶壶摆放，壶嘴不可正对他人，因为正对他人则表示请人赶快离开，非常不礼貌。

5. 倒茶之礼：公杯匀汤，一视同仁

茶冲泡后，倒茶时最好用公道杯，可以均匀茶的浓度、平衡茶水的多寡，同时也表现

出主人对客人的一视同仁、平等对待。

6. **斟茶之礼：茶斟七分满，留下三分情**

斟茶时以七分满为宜，既便于客人饮用，又寓含"七分茶，三分情"的深意。俗话说"茶满欺客"，茶水太满，不便于握杯啜饮，而且容易溢出杯子烫伤客人的手，或者弄得桌面不整洁，坏了品茶的兴致。

7. **分茶之礼：尊卑有序，分茶有道**

首杯茶应敬予席上尊贵者或主宾，随后按序奉茶，展现主人的谦逊与礼让。

8. **奉茶之礼：双手端杯，礼敬客人**

端茶时，一定要用双手，一只手托住杯底，另一只手则扶住茶杯把环或下半杯身，注意手指不要接触到杯沿。端茶要保持身体的协调性，双手保持平衡，切勿倾倒。在请客人喝茶时，将茶杯放在客人右手前方的茶桌上，行伸掌礼，礼貌地说"请用茶"。

9. **待客之礼：新客换茶，避免慢客**

若席间有新客加入，应立即换茶，以示欢迎与尊重，避免"慢客"之嫌。新茶冲泡后，应先请新客品尝，以示礼遇。

10. **添茶之礼：添茶续水，诚心待客**

茶话间，主人需适时为客人添茶续水，保持茶水的热度与口感，同时观察茶水的颜色，适时更换新茶，以免"无茶色"而显怠慢。添茶时，要把茶杯放在桌边，不正对客人，以免茶水溅到客人。此举不仅体现主人的细心与周到，更彰显了对客人的真诚与重视。

（二）茶道礼仪之宾客篇

走亲访友，上门做客，当主人以茶相待时，作为宾客也需遵守茶道礼仪。

1. **执杯之礼：忌强宾压主，响杯檫盘**

客人右手持杯，左手托住杯底，双手接杯才是对主人的尊重。同时，放置茶杯时要注意轻拿轻放，避免杯碟相碰发出声响，否则会被视为"强宾压主"。一般爱茶之人对茶具也有爱惜之意，举轻若重，小心轻放，做一个优雅得体的茶友，也会令主人心生喜悦，得意有如此佳友。

2. **叩指礼仪：辈分不同，礼仪不同**

主人以茶传情，宾客则以叩指回礼，无声胜有声，传递着深深的感激之情。依据传统茶道礼仪，叩指方式因辈分而异：平辈之间，食指中指并拢轻敲桌面三下，如同抱拳作揖，表达尊重；长辈对晚辈，食指或中指敲击桌面，如同点头赞许；晚辈对长辈，则五指并拢成拳，轻敲桌面三下，寓意五体投地之敬。

3. 品饮礼仪：忌喝茶皱眉，嫌茶厌主

饮茶时，应保持平和之态，不咂嘴、不皱眉，以免给主人留下嫌弃之印象。品茶应客观公正，避免言辞过激，即使茶味不合口味，也应保持礼貌，可留半杯以示意。

此外，饮茶不同于饮酒，不宜"一口闷"或"亮杯底"，而应遵循"三口为品"的传统，细细品味，方能不负主人一番心意。最后，将杯中茶饮尽，是对主人热情款待的最好回应。

三、饮咖啡礼仪

1. 咖啡杯的正确拿法

品尝咖啡时，应以拇指与食指轻轻捏住杯耳，优雅地将杯子端起。右手持杯耳，左手轻托咖啡碟，缓缓移向唇边，浅尝轻啜，确保过程无声无息。避免满手握住杯身、大口吞咽或俯身吸饮，这些举止皆显失态。在特殊环境下，如远离桌面的沙发上，可将咖啡碟置于胸前，右手持杯饮用，饮毕即归碟中，保持餐具整齐，添加咖啡时，也不要将杯子移出碟外。

2. 咖啡匙的使用

搅拌咖啡时，应将咖啡匙竖直置于杯中，采用双重循环搅拌法：先顺时针由内向外划圈至杯壁，再逆时针由外向内划回中央，如此往复，确保咖啡浓淡均匀。搅拌后，匙上若有咖啡残留，应轻贴杯壁抹去，切忌甩动或舔舐。搅拌后的咖啡匙应放置于托盘内侧，避免碰落。切记，咖啡匙非舀饮工具，亦不可用于捣碎方糖。

3. 加糖的方法

加糖要轻。给咖啡加糖时，有两种情况：若添加砂糖，应使用咖啡匙轻轻舀取，并尽量靠近杯口投放，减少溅出可能；若选择方糖，可先用糖夹将其置于咖啡碟旁，再以咖啡匙缓缓加入杯中，避免直接用手或糖夹投放，以免咖啡溅出，造成不雅。

4. 咖啡的饮用方法

面对一杯精心调制的咖啡，不妨先沉静片刻，效仿品茶或品酒的方式，细细品味其韵味。首先，深吸一口气，让咖啡的醇香萦绕鼻尖，这是咖啡之旅的美妙开端。随后，轻轻吹散表面的咖啡油层，小抿一口，感受那最纯粹的咖啡原味。此后，根据个人口味，缓缓加入糖或奶，继续享受这独特的咖啡时光，让每一次品尝都成为一次心灵的放松与提升。

【案例分析】

W市与国外某市缔结友好城市，在某著名饭店举办了一场大型的中餐宴会，邀请本市最著名的演员到场助兴。这位演员到达后，费了很多时间才找到了自己的位置。当他入座

后发现与其同桌的许多客人，都是接送领导和客人的司机，演员感到自尊心受到了伤害，没有同任何人打招呼就悄悄离开了饭店。然而，宴会组织者并没有觉察到这一点，一直等到宴会进行中主持人拟邀请这位演员表演时，才发现演员并不在现场。幸好主持人灵活，临时改换其他演员顶替，才算没有出现"冷场"。

思考并分析：
（1）演员为什么不辞而别？
（2）座次安排有何不妥？应怎样避免类似事件发生？
（3）情况发生后该如何处理？

【本章小结】

随着世界全球化和多极化进程的发展，宴请礼仪在国际交流中的地位和作用越来越突出，宴请礼仪教育已经成为中国传统文化对外传播的重要"推手"。

（1）宴请的常见形式分为宴会、招待会、茶会、工作进餐等。其中宴会又分为国宴、正式宴会、便宴、家宴等形式。宴会的桌次安排在主桌排定后，其余桌次的高低以离主桌的远近而定。席位的高低与桌次的高低原理基本相同，即右高左低，先右后左。

（2）席上用餐礼仪。席上用餐礼仪按照时间顺序分为应邀、仪表服饰和入席礼仪。按照就餐类型分为中式进餐礼仪和西式进餐礼仪。

（3）酒水礼仪。酒水礼仪按照大类可分为饮酒礼仪、茶道礼仪和饮咖啡礼仪。其中饮酒礼仪主要分为中餐酒水礼仪和西餐酒水礼仪。

【复习思考题】

（1）宴请的形式是如何划分的？
（2）宴请者在举办宴会时应做好哪些方面的准备工作？
（3）西餐宴会菜点与酒水的搭配有哪些原则？
（4）出席中餐宴会应注意哪些礼仪规范？
（5）参加西餐宴会有哪些礼仪要求？
（6）作为主人与宾客，应分别注意哪些茶道礼仪？